朱其智 著

朱其智学术论文自选集

ZHUQIZHI
XUESHU LUNWEN ZIXUANJI

中山大学出版社
·广州·

版权所有　翻印必究

图书在版编目（CIP）数据

朱其智学术论文自选集/朱其智著.—广州：中山大学出版社，2020.1
ISBN 978-7-306-06789-0

Ⅰ.①朱… Ⅱ.①朱… Ⅲ.①汉语—文集 Ⅳ.①H1-53

中国版本图书馆 CIP 数据核字（2019）第 279402 号

| 出 版 人：王天琪
| 策划编辑：李海东
| 责任编辑：李海东
| 封面设计：曾　斌
| 责任校对：赵　婷
| 责任技编：何雅涛
| 出版发行：中山大学出版社
| 电　　话：编辑部 020-84111996，84113349，84111997，84110779
| 　　　　　发行部 020-84111998，84111981，84111160
| 地　　址：广州市新港西路 135 号
| 邮　　编：510275　　　　传　真：020-84036565
| 网　　址：http://www.zsup.com.cn　　E-mail：zdcbs@mail.sysu.edu.cn
| 印　刷　者：佛山市浩文彩色印刷有限公司
| 规　　格：787mm×1092mm　1/16　15.25 印张　380 千字
| 版次印次：2020 年 1 月第 1 版　2020 年 1 月第 1 次印刷
| 定　　价：60.00 元

如发现本书因印装质量影响阅读，请与出版社发行部联系调换

序

本书收集了朱其智老师 1996 年到 2019 年二十余年公开发表的学术论文三十余篇，内容包括四个部分：对外汉语研究，现代汉语语法研究，西周金文研究，其他。即将出版之际，朱其智让我为之做序，我欣然表示同意。

1. 对外汉语研究

1988 年，朱其智北京大学研究生毕业后，到中山大学中文系汉语培训中心教留学生汉语，对外汉语自然成为他主要的研究内容。研究主要包括两个方面：教学法研究，汉语偏误研究。

《直接法与生词教学》（1996）和《汉语说话课要讲清语境》（1999）主要探讨教学法的应用。《语篇分析技巧在汉语精读课中的运用》（2001）则把语篇分析的研究成果应用到汉语的教学实践中。该文从词语复现和同现、指称替代和省略、语篇衔接成分和语篇宏观结构三个方面，具体介绍在精读课上怎样运用语篇分析技巧。主要探讨如何利用原形复现频率来确定语篇的中心话题，如何利用关键词原形复现的位置及其循环及其他语篇衔接成分来分析段落的层次，如何利用代词找回其所指对象从而把握文章的发展脉络，如何利用图表来揭示语篇结构。如：

> O 告别了亲爱的巧珍，高加林来到了县城。他激动的心情好几天都不能平静下来。高加林不会满足一生都呆在这里，可现在他完全满足了，他决心要好好工作，干出成绩来，他工作得很努力，他的才能也充分发挥出来了。高加林很快成为了县城里一个引人注目的人物，他的心中充满了自豪和自信。（《新汉语》第六册《高加林》）

这一段有三个层次，第一个循环为："O……，高加林……。他……。"第二个循环为"高加林……，他……，他……，，他……，他的……。"第三个循环为"高加林……，他的……。"课文用原形复现、代词指称和省略互相配合来展示段落的层次。处于主位的关键词复现处往往是一个新层次的起点。

《初级口语教学原则与教学环节之我见》（2004）基于教材《汉语会话 301 句》的使用，以及多年教学经验，提炼出汉语初级口语教学的原则，如"i＋1"、交际法、个人化、地方化、精讲多练等，并将这些原则落实到各教学环节。在我主编的《对外汉语教学入门》（中山大学出版社，2004 年第一版，2017 年第三版）中，该文主要观点体现在口语教学的章节中，对口语教学的具体实施有指导意义。

朱其智在北京大学读硕时主要研习现代汉语语法，他对外汉语研究的另一个方面是语法偏误分析。《语法偏误类别的考察》(2007)从五个方面对语法偏误进行考察：真偏误和假偏误，偏误和失误，显性偏误和隐性偏误，语义偏误、语篇偏误和语用偏误，整体性偏误和局部性偏误；并结合汉语作为外语教学和习得的实际情况，分析了不同偏误的性质特点、产生原因和处理方法。整体性偏误如：

　　*天气暖和，很多人去河边或者去公园看樱花。入学、参加工作等，这个季节也是新生活开始的季节。

整体性偏误，目标语母语者不容易理解句意，也不容易修改；修改可能牵涉整句格局。如：

　　天气暖和，很多人去河边或者去公园看樱花。这个季节也是<u>入学、参加工作等</u>新生活开始的季节。

而局部性偏误，意思容易理解，修改不牵涉整个句子结构。如：

　　*天气很冷，冷风刮，有时下雪。

该文把英语二语习得研究引入对外汉语教学界，加上自己的研究，在学界有一定影响。

《留学生汉语杂糅偏误分析》(2007)认为杂糅是除遗漏、误加、误代、错序以外的第五种偏误，并确定了杂糅的两种亚类型——叠加和拼接，如：

　　*他的眼很非常不好。("很不好"和"非常不好"的简单叠加)
　　*好一会儿他看到旁边的妻子，大吃惊一跳。("大吃一惊"和"吓了一跳"的拼接)

该文分析了杂糅偏误的生成原因：一是因近义形式误辨而堆砌，二是因举棋不定而纠缠。可以说，该文确立了汉语二语学习杂糅偏误的研究框架。

《偏误生成学的范围和方法》(2009)在总结前人研究的基础上构建了"偏误生成学"。偏误生成学的内容包括偏误类型、偏误成因和偏误严重度，其研究方法有描写、比较、归纳和统计等。《留学生汉语偏误严重度的考察》(2010)则做出了新的尝试：以偏误跨度、偏误频率和偏误密度三个指标来确定偏误的严重度。偏误跨度越大，偏误频率越高，偏误密度越大，偏误严重度就越高。

上述偏误研究成果，大多被吸收进专著《外国人学汉语语法偏误研究》(北京语言大学出版社，2007)；该书于2009年获得教育部人文社会科学高等学校科学研究优秀成果三等奖。

2. 现代汉语语法研究

"由"字句是朱其智语法研究的一个重点,他发表了三篇相关论文,其中《"由"字句的语篇分析》(2002)是代表。该文以话题的两种基本推进模式(平行式、链接式)为框架,研究"由"字句两种基本句型——主动句型和被动句型的语篇条件,发现决定主动句或被动句的关键,是语篇对话题的选择。如例(1),选择 $N_{受}$(表示受事的名词词语)为话题,其句式为被动句,可以用公式 A 表达:

(1) 全国人大常委会副委员长彭佩云出席会议。会议由全国人大科教文卫委员会副主任委员李绪鄂主持。
　A. 话题1+述题1(V_1+N_1)。话题2+述题("由"$N_{施}+V_2+N_2$)。
　　　　　　　　　　　　　　　(指同)

公式 A 中话题2"会议"承上"出席会议",两个"会议"所指相同。

如果选择 $N_{相}$(表示相关的名词词语)为话题,$N_{受}$ 后置句末,其句式为主动型。如例(2),可用公式 B 表达:

(2) 商标局依照……的决定,应当书面通知商标注册人,同时抄送原核转机关,由核转机关收缴《商标注册证》,并寄回商标局。
　B. 话题1+述题1(V_1+N_1)。"由"话题2+述题2(V_2+N_2)。
　　　　　　　　　　　　　　(指同)

公式 B 中话题2"核准机关"承上"抄送原核准机关",两个"核准机关"所指相同。

该文结合句法、语篇进行研究,找出了选择"由"字句主动句型和被动句型的语篇条件,对三个平面的语法研究有所启发。

另外两篇文章《"V/A 得 OC"结构中"得"具有致使义》(2009)和《"随着 V"与"越来越 A"同现研究及其历时考察》(2010),结合共时、历时研究汉语本体,得出有价值的结论。

《"V/A 得 OC"结构中"得"具有致使义》一文从两种"得"字补语句"V/A 得 C"与"V/A 得 OC"出发,研究确定"V/A 得 OC"结构中"O"是"V/A 得"的宾语,即在"你气得他跑回去了"中,"他"是"气得"的宾语,其中的"得"具有致使义,与"V/A 得 C"如"马跑得很快"中的"得"是不同的。并进一步从历时角度论证了"V/A 得 OC"结构中的"得"来源于中古汉语中表致使义的独立使用的动词"得",经过类推和重新分析演变成为谓词的词尾,最终形成现代汉语"V/A 得 OC"句式。

《"随着 V"与"越来越 A"同现研究及其历时考察》首先确定了在"越 V 越 A"结构中,V 和 A 是正比函数关系,V 是自变量,A 是因变量。例如"越跑越快"中,"快"

与"跑"成正比。然后得出结论：介词"随着"将双音节 V 前置，后续句"越来越 A"中的代动词"来"指代前置的 V。例如，"随着生产社会化程度的提高，管理工作越来越重要"中，"来"指代"提高"。接着通过历时考察，追溯了"越来越"格式与代动词（pro-verb）"来"都产生于清代中叶，使得我们有理由相信："来"成为代动词的时候，才形成了"越来越"句式；民国时代"随着 V"开始与"越来越 A"同现，则是当代汉语该句式的滥觞。

3. 西周金文研究

朱其智 2000 年跟随中山大学张振林老师在职攻读古文字方面的博士学位，主攻西周金文语法研究。容庚先生《周金文中所见代名词释例》（1929）一文可以说是金文语法研究的开山之作，张振林老师《先秦古文字材料中的语气词》（1982）、《篇章语法分析在铭文解读中的意义》（2004）等是其赓续之作，朱其智在这方面的研究也有所斩获。

"其"在上古能否作主语/主格代词，是汉语史研究的公案。朱其智《西周金文"其"的格位研究》（2002）一文，证明了西周金文的代词"其"可以作主格代词，在汉语史研究领域有一定的参考价值。该文研究的出发点从"其"的句法位置开始，证明了"其 SVO"中的"其"是领格代词；"其 VO"和"S 其 VO"中的"其"为主格代词。《西周金文研究札记两则》（2006）证明沈子它簋盖铭中"其虱哀乃沈子它唯福"之"其虱"为"其"字繁体"期"之分书，班簋等铭中之"虱"为"其"之异体。

《西周金文第一人称代词"余""朕"和"我"的区别与混用》（2017）穷尽收集和统计了西周金文第一人称代词"余""朕"和"我"的相关文例，并对它们的搭配/组合进行了分析，结论是：这几个词的区别跟单数复数没有关系；"余"和"朕"是下对上的自称，而"我"是上对下的自称。该文揭示出古代社会等级制度——孔子所说的"君君、臣臣、父父、子子"上下有别的等级关系——在语言上的反映。该文为上古汉语代词乃至古代汉语研究提供了新的视角。如果结论成立，那么，上古汉语语法史关于第一人称代词部分就要考虑补充或改写，且上古文化史的研究也因此得到充实。

朱其智西周金文研究的论文还有：《"蔑厤（历）"新说》（2010），证明了"蔑某厤"是"动词+宾语₁+宾语₂"双宾语句式；《五年琱生二器铭文对勘》（2016），运用对比的方法研究西周五年琱生簋和五年琱生尊铭文，将语法与考释相结合，对两器文句的句读和解释提出了自己的观点，并将二器铭文定为传命类铭文。

4. 其他

《韩礼德篇章衔接理论的中国源头》（2010），试图证明韩礼德创立的篇章衔接理论是有其中国源头的，篇章衔接理论中的一些基本概念和规则可以在中国传统语法学中找到源头。这就是："一事再见（现）""前目后凡"和"蒙上省、探下省"等。

朱其智教授的文集主要涵盖了对外汉语、现代汉语语法和古文字三个方面的研究。这些论文都是应用实证的研究方法，不做无根之谈，相信其中不少文章是能够经得起时间考验的。

　　该文集涵盖了对外汉语、现代汉语语法和古文字三个方面的研究。这三个领域的研究当然有各自的特点、规律和研究范式；但是，科学研究往往具有潜在的共性。我希望，作者一方面可以继续深化相关领域的研究，另一方面可以进行跨学科的综合研究。例如，某种语言自然历史的发展，有一些语言点，有一些发展阶段，可能跟该语言作为第二语言学习发展的历史（中介语发展过程）有相似之处，有相似的发展规律。类似的研究，国外的语言发展和语言习得有不少成果，我培养的一些博士，其论文里也有体现。再如，留学生汉语语法偏误研究采用了跨语言研究方法，现代汉语语法研究、利用金文语料进行的古代汉语语法研究是否也可以进行可能的跨语言研究？事实上，普通文字学研究（包含古代文字研究）有很多非常有启发的成果。如果能将这些成果引入古代汉字研究，不但能促进中国文字学研究，还可以对世界文字学研究做出更多的贡献。

　　是为序。

周小兵
2019 年 12 月 22 日

目 录

第一部分 对外汉语研究

偏误生成学的范围和方法 /003

语法偏误类别的考察 /012

留学生汉语杂糅偏误分析 /022

留学生生造词语的偏误类型及偏误成因分析 /031

留学生汉语偏误严重度的考察 /039

"由"字句的语法项目选取依据研究 /045

留学生汉语病句分析 /056

语篇分析技巧在汉语精读课中的运用 /061

初级口语教学原则与教学环节之我见 /069

汉语说话课要讲清语境 /075

直接法与生词教学 /080

泰国华侨崇圣大学的汉语教学 /084

中山大学国际汉语学院汉语国际教育硕士专业学位研究生教学实习管理措施 /089

第二部分 现代汉语语法研究

"由"字句的语篇分析 /097

"由"字句的句型研究 /103

用于"由"字句中典型动词的研究 /111

"V/A 得 OC"结构中"得"具有致使义 /116

"随着 V"与"越来越 A"同现研究及其历时考察 /124

"N + 的 + $V_{非谓}$"之 $V_{非谓}$ 作为有标记项在语法手段选取上包含在无标记项 $V_谓$ 中 /131

现代汉语概率值的系统研究 /140

从方位词的构成看琉球官话课本南京方言的特征 /149

《语言自迩集》汉语语法研究札记 /161

第三部分　西周金文研究

西周金文第一人称代词"余""朕"和"我"的区别与混用　/169
西周金文"其"的格位研究　/182
"彤矢其央"之"其"为代词复指主语作系词　/188
西周金文研究札记两则　/190
五年琱生二器铭文对勘　/194
散氏盘还是矢人盘？——兼与张振林先生商榷　/200
"蔑曆"新说　/204
也说"繇"　/207
语法律考释——论语法在金文考释中的作用　/213

第四部分　其　他

韩礼德篇章衔接理论的中国源头　/225
"中"与"排中"　/231

跋　/235

第一部分 对外汉语研究

偏误生成学的范围和方法

自从鲁健骥1984年开始引进中介语理论进行留学生汉语偏误分析至今20多年，偏误分析在我国已经全面展开研究。赵春利对偏误分析20年研究进行回顾总结时，就涉及86篇论文[1]，目前仍然有迅速增长的势头；已经出版的专著有李大忠《外国人学汉语语法偏误分析》[2]、程美珍《汉语病句辨析九百例》[3]、吴丽君等《日本学生汉语习得偏误研究》[4]等。

但是，学术界仅仅将偏误分析作为一种在操作层面使用的方法，没有考虑到将它形成一门体系较为完善的学问。偏误分析的单篇论文往往局限于某一个点、某一个方面；而对外汉语偏误分析的专著，有的是病句的汇集，有的是若干语法点偏误的分析，要不就是个别母语者偏误的分析，可以说只是单篇论文的放大。本文提出"偏误生成学"这一名称，并对其范围和方法进行探讨，将偏误分析这一种操作层面的方法上升为一种系统的知识。本文借鉴Carl James（2001）等人偏误分析的研究体系[5]，立足于现有的对外汉语偏误分析的研究成果，试图初步建立起偏误生成学的系统框架。

我们认为偏误生成学的范围包括以下三个主要方面。

一、偏误类型

（一）四种常见的偏误类型

Dulay、Burt、Krashen[6]和鲁健骥[7]均将二语习得中的偏误类型（types of errors）分为遗漏（omission）、误加（addition）、误代（overrepresentation）、错序（misordering）四大类。遗漏不是省略，而是句子成分的残缺，如"*他打球得很好"，在助词"得"前面遗漏了动词"打"；误加是不该加而加，如"*他常常去了商店"，动态助词"了"误加；误代是从几个形式中选择了不适合的形式，如"*明天还是后天，我去看你"，陈述句中应该用"或者"表示选择，用了"还是"就是误代；错序是指句子成分放错了位置，如"*我学习在中山大学"，应该说"我在中山大学学习"。

在国内，自从鲁健骥的论文发表后，一般进行偏误分析的研究都以此为框架。当然每种偏误类型还可以再细分，但这里不做深入讨论。

(二) 第五种偏误类型——杂糅

杂糅（blends）又叫结构纠缠、结构混乱。周小兵在他的专著《第二语言教学论》中，首次将"杂糅"归纳为一种对外汉语偏误类型，这借鉴了汉语本体研究的成果，丰富发展了偏误分析的内涵[8]161，我们认为是很有必要的。后来，Carl James 也将杂糅列为二语习得偏误的第五种类型。[5]111笔者著文对杂糅偏误进行了专门研究，确定了杂糅的两种亚类型：叠加和拼接。[9]

1. 叠加

叠加是指将两种结构简单相加，如"*我们要买书包，但是价钱有点儿贵，所以我们商量商量一下"。动词的重叠形式表示"短暂"义，它与表短暂的词汇形式"一下"不兼容，即不能同现，二者只应选其一。

2. 拼接

拼接是指两种结构有所取有所不取，又可分为平行拼接和前后拼接两种。

平行拼接，如"*好一会儿他看到旁边的妻子，大吃惊一跳"，偏误点"大吃惊一跳"是"大吃一惊"和"吓了一跳"两种结构有所取舍而拼接生成的。

前后拼接，如"*他住在韩国工作"，"他住在韩国"已经是一个完整的句子，可是没有就此断句，而又接上了另一个动词"工作"，从而造成前后拼接。此句应该改为"他住在韩国，也在那儿工作"。

遗漏、误加、误代、错序和杂糅这五种偏误类型是从语法形式上对偏误进行分类。笔者认为，它们也可以适用于所有语言层面的偏误分析，包括语音/文字偏误、词汇偏误、语法偏误和篇章偏误等各个层面，不过视具体情况要有所调整和改进。如果不按照这五种类型进行分析，那么分出的偏误类别会比较随意。例如，施正宇分析了留学生汉字书写偏误，有关部件的偏误类别有"部件错""部件异位""部件形似""缺部件"和"左右结构"等。[10]"部件错"是比较含混的概念，其实它是"部件的误代"，如"欢"字写成"人+欠"，是"又"被"人"误代，而"部件形似"也应该属于这一类，不过是因为部件形似而误代；"部件异位"很明显是"部件的错序/错位"，如"欢"写成"欠+又"，而所谓"左右结构"也是一种"错序/错位"，不过是将半包围结构的汉字写成左右结构；"缺部件"当然是"部件的遗漏"，如"色"字写成"巴"字。施文没有谈到"误加"和"杂糅"两种类别，但在我们的语料里都有。误加如"苹果"的"苹"写成"萍"，"国"顶上加一横一竖，像"上"的上边两笔；杂糅如"该"写成"讠+应（丢了一点）"，明显是"应"和"该"的杂糅。①

我们从五种基本的偏误类型分析归纳，分类比较明晰，各个层面之间也具有了可比性。

偏误类型研究采取的是描写和比较的方法，就是将留学生在习得汉语过程中出现的偏

---

① 误加和杂糅的例子由中山大学国际交流学院李蕊老师提供。

误从形式上加以描写，并比较偏误点与目的语相关项目之间到底存在着怎样的差距。这是偏误生成学研究的基础，我们只有对偏误形式上的类型分析清楚以后，才能进一步分析偏误的成因和严重度，而偏误成因研究是偏误生成学的关键部分。

二、偏误成因

偏误成因（cause of errors）有以下四种：母语负迁移（negative transfer）、学习策略（learning strategy）、交际策略（communication strategy）和误导（inducement）。

（一）母语负迁移

这是母语对于目的语学习的负面影响。如"*这是我住在的房间"，相应的英语句子为"This is the room which I live in"。英语的从句、不定式和分词短语作定语，如果动词是不及物动词，就需要跟上介词，这里是"in"，如果没有这个"in"则是错的。汉语主谓词组（或其他动词词组）作定语，如果其中的动词是不及物的，并不需要加上介词。英语背景的留学生受英语语法影响，造成偏误，此句删除介词"在"即可。

再如"*他遇到很多苦难，虽然，他还不放弃"。这是越南研究生陈氏虹[①]发现的越南学生的偏误，此例是"虽然"用错了，应该用"然而/但是/可是"等表转折的连词。为什么越南学生误用为"虽然"呢？因为在越南语里"tuy nhiên"是一个表示转折的连词，它是一个汉越词，"tuy"对应于汉字"虽"，"nhiên"对应于汉字"然"。而汉语中"虽然"并不表示转折，而是表示姑且承认某个事实。

迁移是一种认知-心理现象。人们先获得的知识在大脑内形成了相对稳固的系统，对于后学的知识会产生影响甚至干扰。语言迁移是语言之间的相互影响。根据对比分析，母语与目的语的差异决定了语言习得的难度。当两者存在差异时，就产生负迁移，导致偏误产生，给语言习得带来很困难。

对比分析对于母语的负迁移即偏误的发生进行了预测，然而预测并不准确，这使学术界对于对比分析产生了怀疑。Eckman 提出标记性区分假说（markedness differential hypothesis），对对比分析进行了修正。其基本观点为：对于相关的语言项目，母语无标记而目的语有标记，则负迁移发生，导致偏误；相反，母语有标记而目的语无标记，则负迁移不发生。[11]例如，日语是 SOV 语言，那么 SOV 形式对于日语来说是无标记的；汉语是 SVO 语言，在汉语中的"S 把 OV"形式（即"把"字句）则是有标记的。因此，根据标记性区分假说，日本学生学习汉语的"S 把 OV"形式，负迁移会发生而导致偏误；中国学生学习日语的 SOV 形式则不会发生负迁移。

---

① 参见李蕊的硕士学位论文《常用转折关联词语汉——越对比分析、偏误分析以及习得顺序考察》。

（二）学习策略

这是从认知角度（cognitive view）来研究偏误成因，主要是研究学习者使用的策略，探讨他们在学习和交际过程中某个阶段出现的一种心理上或行为上的活动。[12]

采取不恰当的学习策略会导致偏误，这样的学习策略可以分为错误类推（false analogy）、错误分析（misanalysis）、规则的不完整应用（incomplete rule application）、利用羡余（exploiting redundancy）、忽略同现限制（overlooking cooccurrence restrictions）、矫枉过正（hypercorrection）、过度泛化（overgeneralization）等七种，我们将分别进行探讨。

1. 错误类推

错误类推是根据已有的形式类推出不存在的形式。例如，汉语单音节动词有"V了V"和"V了一下"两种形式（如"看了看"和"看了一下"等），而双音节动词只有"Vv了一下"一种形式（如"研究了一下"等）。留学生错误类推出"Vv了Vv"的形式，如"*研究了研究"，究其原因，是因为双音节动词的规则化程度不如单音节动词。邓守信[13]、周小兵[14]认为规则化程度不高，则容易出现错误类推。形容词也是这样，双音节形容词的重叠不如单音节规则，容易出现错误类推，留学生根据"高高兴兴、快快乐乐……"，就会类推出"*幸幸福福"这样的形式。

2. 错误分析

错误分析是指留学生对汉语形成了错误的假设、错误的概念因而产生偏误。例如，高级班的学生有形成这样错误的假设："汉语中"爱"是动词作谓语，而"爱情"是其相应的名词作主语、宾语，因此产生"*父母对孩子的爱情……"这样的偏误。其实汉语中"爱"也可以作主语、宾语，而且是用在更加宽泛的意义上，所以原句应该改为"父母对孩子的爱……"。而对于"发展中国家的经济"的错误分析，使有的留学生将这个短语理解为"发展中国的家庭经济"。这主观上由于留学生还没有学到"中"作为继续体的标志，客观上由于汉语没有按词连写，而且留学生发生了理解上的偏误。

3. 规则的不完整应用

规则的不完整应用是指对于一个语法点，只应用了其中的一个（些）规则，而另一个（些）规则没有落实。如：将"进行"这个形式动词运用到像"认真地研究历史"这一短语中，必须遵守两个规则：①将状语改变为定语，即"认真的研究"；②用"对于"将原句中的宾语"历史"前置，从而转换成"对于历史进行认真的研究"。有的留学生只部分习得了这个转换过程，只应用了第一个规则，因而造成偏误"*进行认真的研究历史"。

4. 利用羡余

所谓的羡余，是指语言中有时既用词汇形式，同时也用语法形式来表达某一个范畴，如英语既用数词，也用词尾"s"来表示复数。研究表明，学习英语的人，单用一个名词时，"s"不会遗漏：books。如果前面有数词，则往往遗漏了"s"：*three book。这是学习者利用语言的羡余现象,将语言系统简化。

汉字羡余度(redundancy)① 比拼音文字要大[15],留学生利用汉字的羡余现象,从而造成汉字偏误。如:"鲤鱼""鲨鱼"等词中,因为有类名"鱼"存在,专名"鲤"和"鲨"字中的形旁"鱼"就是羡余的,留学生因而就写成"*里鱼""*沙鱼",写了别字。而在"锦鲤"和"大白鲨"等词语中,没有类名"鱼"存在,"鲤"和"鲨"字形旁就没有遗漏。

5. 忽略同现限制

汉语中量词和名词组合没有问题,但是,哪些量词和哪些名词能够同现是有限制的。如"*一条衣服",量词"条"不能与"衣服"同现,应该用"件"。量词是汉语特有的词类,留学生往往会忽略其同现的限制而造成偏误。

6. 矫枉过正

矫枉过正是留学生因为害怕出错,就特别注意监督自己的语言输出,结果反而引起偏误。课堂语法教学强调动词谓语前状语应该用"地",而不是"的",过度监督就会矫枉过正。如"*随着经济不断地发展,……","发展"是动词,在通常的语境中,"不断"作状语,用"地","发展"作谓语;而这里"随着"是介词,"发展"不是谓语,而是介词宾语,前面应该是定语,所以应改为"随着经济不断的发展,……"。

7. 过度泛化

过度泛化是指过度使用某个类别中的一种形式,而不用或少用这一类别中的其他形式。汉语中连接两个并列成分常用的连词有"和""并/并且""而且"等。"和"一般连接两个名词,"并/并且""而且"连接谓词。但是留学生不顾语法限制,过度使用连词"和",从而造成偏误,如"*诸葛亮叫船上的士兵大叫大喊和擂起鼓来",此例中的"和"应改为"并/并且"。

儿童习得第一语言,是将成人的语言简化。儿童习得母语分为单词话语(single-word utterances)、双词话语(two-word utterances)、连接语法(connective grammar)和递归语法(recursive grammar)四个阶段。[16]单词话语和双词话语都不用虚词或其他语法形式,显然是成人语言系统的简化。所谓连接语法阶段,也是简化的系统,主要表现为将语言系统规则化(regularization),这和上文中讨论的错误类推是一致的。到了递归语法阶段才逐步建立起与成人相同的语感。

留学生学习汉语也是这样。不过,我们认为,二语习得中的语言简化不仅表现在虚词和词缀的遗漏上,而且是一种普遍的现象。错误类推试图将语法完全规则化,规则的不完整运用就是试图用部分规则代替整体的规则。还有错误分析、利用羡余、忽略同现限制、矫枉过正、过度泛化等策略,目的就是试图将语言系统简化,简化就是不恰当地采取学习策略从而造成偏误的心理语言学动机。

---

① 曾性初将 redundancy 翻译为"冗余量"。

(三) 交际策略

交际策略是留学生在使用目的语交际过程中，为弥补语言能力不足而采取的种种策略，具体可分为采取近似的词、生造词语和迂回三种情况。

1. 采取近似的词

在缺乏所需运用的词时，留学生就会运用他们曾习得的另一个相近的词汇形式来代替，这个近似的形式包括近义词、上下义词和否定词＋反义词等。

近义词。如：

＊我喜欢一个日本电影导演'宫崎骏'的作品，他的作品是漫画。

留学生想表达的是"动画片/卡通片"，但他还没有学到，只好用了已经学过的近义词"漫画"来表达。

上下义词。如：

＊我爸爸开车送我们回家，路途上他发现没有燃料，所以在附近的燃料站停车。

"燃料"是上义词，而"油"是下义词，在这个语境中应该用下义词，而留学生用上义词代替。

否定词＋反义词。如：

＊这就是抽烟的不好处。

留学生的脑词库里缺乏所需要表达的形式"坏处"或"害处""弊端"，用否定词"不"加上反义词"好"来表达。

2. 生造词语

＊那一天天气非常好，天高云爽别提多美丽了。

"天高云爽"是留学生生造的成语，我们应该说"秋高气爽"或者"天高云淡"。

3. 迂回

迂回就是兜圈子，对于一个尚未习得的词，用多个词即短语来表达。如：

＊这个地方竟是把垃圾扔掉的地方。

汉语有"垃圾填埋场"，留学生用了一个迂回的说法："把垃圾扔掉的地方"。再如：

＊在古巴，有很多养老人的地方。

其实该生想表达的是"养老院"。

(四) 误导

由于汉语语法研究的历史不够长久，加上对外汉语是一门新的学科，我们的教材、词典以及教师在教学中都难免存在一些问题，因而诱发了留学生的偏误。

1. 教材误导

我们的对外汉语教材（如：《现代汉语教程·读写课本》第一册）在介绍形容词谓语句的时候强调：在肯定形式中，谓语形容词前经常用副词"很"，但是这个"很"已经不表示程度了。但是在介绍其他程度副词修饰谓语的时候，却没有同时说明这时应该去掉"很"，这就误导了留学生，因此产生了这样的偏误：

*他的眼睛很非常不好。

2. 词典误导

*爸爸使他学习。

李大忠在分析这类偏误时指出：这类偏误的出现既跟外国留学生不能区分"使"与"叫、让"有关系，同时也是汉语的一些工具书释义方式影响的结果。例如《现代汉语词典》和《现代汉语八百词》都用"致使；叫；让"来解释"使"。这对汉语母语者当然没有问题，可是对外国人就有点麻烦。[2]

3. 教师的教学误导

陆俭明和马真曾经讲了一个教师误导学生的故事。一个学生在作文中写了"*他这样做是合情合理"，老师在批改时在句末加了一个"的"，并告诉学生说：根据汉语语法，"是"后面要求有个"的"和它相配，构成"是……的"格式。后来学生写了"*他这样做是偏听偏信的"，老师却把句末的"的"字删去。学生问老师："您上次不是说前面用了'是'，后面要用'的'相配吗？怎么在这个句子里前面用了'是'而后面不能用'的'了呢？"老师被问得答不上话来。[17]

朱其智对此做了初步研究，认为成语在置于"是"之后时，分成两类，一类像"合情合理"是描写性的、限制性的，需要加"的"；另一类像"偏听偏信"是判断性的，不需要加"的"。这样就能够解释上述问题。[18]

三、偏误严重度

偏误严重度（gravity of errors）可以从偏误的跨度（range）和密度（density）两个方面来进行考察。

（一）偏误跨度

Ellis 认为，在评估偏误严重度时可以将其分为两类：整体性偏误（global errors），指影响整句结构从而导致理解困难的偏误；局部性偏误（local errors），指仅影响句中某一个成分而不影响整句理解的偏误。[19]整体性偏误跨度大,严重度高;而局部性偏误跨度小,严重性低。朱其智和周小兵认为:汉语习得中的偏误严重度研究也可以从这两类进行考察。如:

(1) *天气暖和,很多人去河边或者去公园看樱花。入学、参加工作等,这个季节也是新生活开始的季节。

(2) *天气很冷,冷风刮,有时下雪。

例(1)确实让人感到理解困难,而且它的理解难度比例(2)的明显要高。不但如此,例(1)还难于纠正。通过考察,我们知道,该句是受学习者母语日语主题句的影响而产生的。"入学、参加工作等"其实是跟"新生活"相关的。可以改为:

(1′) 天气暖和,很多人去河边或者去公园看樱花。这个季节也是入学、参加工作等新生活开始的季节。

相比之下,例(2)只是个别相邻词语的错序,丝毫不影响句子理解,纠正也非常容易(将"冷风刮"改为"刮冷风"),因此,它只是局部性偏误。[20]

(二) 偏误密度

偏误密度是指每百字中有多少不同的偏误,这包括语音/文字、词汇、语法等各个层面的偏误,相同的偏误不重复统计。偏误密度越大,偏误严重度越高,这不仅是量的增加,而且随着量的变大,其累积效果(cumulative effect)也是相当惊人的。

我们随机抽取中级(上)程度的留学生作文20篇,对每篇作文的偏误密度进行了统计(表1)。

表1 随机抽取的留学生作文的偏误密度

单位:字、个

学生代号	作文总字数	偏误总个数	每百字偏误数	学生代号	作文总字数	偏误总个数	每百字偏误数
A	530	13	2.45	K	530	28	5.28
B	670	28	4.18	L	630	14	2.22
C	540	18	3.33	M	410	18	4.39
D	620	14	2.26	N	500	7	1.40
E	540	18	3.33	O	470	12	2.55
F	560	11	1.96	P	390	20	5.13
G	540	11	2.03	Q	430	9	2.09
H	480	10	2.08	R	380	9	2.37
I	450	16	3.56	S	380	10	2.63
J	590	22	3.73	T	370	7	1.89

统计结果显示，留学生 K 的作文每百字出现 5.28 个偏误，偏误密度最高，偏误严重度最高；留学生 N 的作文每百字出现 1.40 个偏误，偏误密度最低，偏误严重度最低。

四、结　语

通过描写和比较的方法，我们可以确定偏误的类型，即遗漏、误加、误代、错序和杂糅；从母语负迁移、学习策略、交际策略和误导四个方面，我们归纳了偏误的成因，而导致偏误的学习策略有七种，我们将它们归纳为根本的一条，就是语言系统的简化；在探讨偏误严重度的问题时，我们用了统计的方法。我们认为描写、比较、归纳和统计是偏误生成学的基本研究方法。

参考文献

[1] 赵春利. 对外汉语偏误分析二十年研究回顾 [J]. 云南师范大学学报（对外汉语教学与研究版），2005（2）．
[2] 李大忠. 外国人学汉语语法偏误分析 [M]. 北京：北京语言文化大学出版社，1996.
[3] 程美珍. 汉语病句辨析九百例 [M]. 北京：华语教学出版社，1997.
[4] 吴丽君，等. 日本学生汉语习得偏误研究 [M]. 北京：中国社会科学出版社，2002.
[5] JAMES C. Errors in language learning and use：Exploring error analysis [M]. 北京：外语教学与研究出版社，2001.
[6] DULAY H，BURT M，KRASHEN S D. Language two [M]. Rowley，MA：Newbury House，1982.
[7] 鲁健骥. 外国人学汉语的语法偏误分析 [J]. 语言教学与研究，1994（1）．
[8] 周小兵. 第二语言教学论 [M]. 石家庄：河北教育出版社，1996.
[9] 朱其智. 留学生汉语杂糅偏误分析 [J]. 汉语学习，2007（3）．
[10] 施正宇. 外国留学生字形书写偏误分析 [J]. 汉语学习，2000（2）．
[11] ECKMAN F. Markedness and the contrastive analysis hypothesis [J]. Language Learning，1997，27（2）．
[12] ELLIS R. The study of second language acquisition [M]. 上海：上海外语教育出版社，1997.
[13] 邓守信. 对外汉语语法点困难度评定 [C] //国家汉办教学处. 对外汉语教学语法探索. 北京：中国社会科学出版社，2001.
[14] 周小兵. 学习难度的测定和考察 [J]. 世界汉语教学，2004（1）．
[15] 曾性初. 汉字好学好用证（下）[J]. 教育研究，1983（2）．
[16] 桂诗春. 心理语言学 [M]. 上海：上海外语教育出版社，1985.
[17] 陆俭明，马真. 现代汉语虚词散论 [M]. 北京：北京大学出版社，1985.
[18] 朱其智. 留学生汉语病句分析 [J]. 海外华文教育，2000（4）．
[19] ELLIS R. Understanding second language acquisition [M]. 上海：上海外语教育出版社，1999.
[20] 朱其智，周小兵. 语法偏误类别的考察 [J]. 语言文字应用，2007（1）．

原载于《学术研究》2009 年第 8 期

语法偏误类别的考察[①]

偏误研究,是汉语作为外语教学研究的重要内容,横跨汉语本体研究和应用研究。偏误研究可以促进汉语教学,推动汉语习得研究,还可以启发汉语本体研究、检验其研究成果。例如,一个语法规则,如果不能很好地解释偏误,就不能算是对语言规律的成功归纳。本文将语法偏误分成五个部分进行论述,希望对汉语教学和相关研究有所启发。

一、真偏误和假偏误

哪些句子、语篇存在偏误,偏误点在哪里,是偏误研究首先要解决的问题。先看看以下例句,哪些有偏误,哪些没有;如果有,偏误点是什么。

(1) 他回家的时候,在这地方来了一个农民。
(2) 在北京最有名的饭店是北京饭店。
(3) 有的坐在椅子,有的散步,有的聊天,有的下棋。
(4) 有的人在公园打太极拳或跳芭蕾舞,有的人在马路上(练)长跑等等。
(5) 那时候,警察在前面来了。
(6) 兵士们写了信,把信插入衣袋里。

有论著认为以上句子都存在偏误。我们认为,例(1)(3)(5)是真偏误,而例(2)(4)(6)是假偏误。

先看偏误点。例(1)是介词"在"的误加,例(3)是方位词"上"的遗漏,例(5)是介词"在"的误代。可以分别改为:

(1′) 他回家的时候,这地方来了一个农民。
(3′) 有的坐在椅子上,有的散步,有的聊天,有的下棋。
(5′) 那时候,警察从前面来了。

再看语法规则。例(1)可以说存现句要求处所名词充当主语,介词结构一般不充当存现句的主语;例(3)可以说"在"的宾语一般由处所名词或方位词组(事物名词+方位词)充当,而不由一般的事物名词充当;例(5)可以说动词表示位置移动,状语表示

[①] 本文是国家社会科学基金项目"对外汉语语法点学习难度、顺序及偏误研究"(05BYY030)和国家汉办科研项目"留学生汉语语法偏误生成的原因和相关语法规则的解释"(HBK01-05/068)的一部分,是专著《对外汉语法偏误研究》中的一节。

动作起点时一般用"从"不用"在"。

例（2）（4）（6）表面上看分别跟例（1）（3）（5）相似，其实有很大的区别。例（2）的"在北京"虽然在句首，但并不是主语。该句是一般的判断句，主语是偏正词组"最有名的饭店"中的"饭店"，而"在北京"只是句子状语，因此"在"是完全可以出现的。认为例（2）是偏误，可能是将"在北京"看作存现句的主语了。例（4）中的"公园"并非一般名词，而是处所名词，可以独立充当"在"的宾语，如：

他喜欢在公园看书。// 我在公园等你。

类似的处所名词还有"学校、银行、商店、车站、机场"等，充当"在"的宾语时都无需后加"里"等方位词。认定例（4）是偏误，实际上混淆了"椅子"类事物名词和"公园"类处所名词的界限。例（6）"把信插入衣袋里"完全符合汉语母语者的语感。有人认为"入"是表示动态的，这里应该用表示静态的"插在衣袋里"。这其实是用语法概念、语法术语束缚了活生生的语言事实。

类似例（2）（4）（6）的句子，其实是人为误解成的"假偏误"。

此外，一些学习者的句子、语篇并没有句法错误。相同的意思，汉语有多种形式表达。学习者只是选用了母语者使用频率较低的那种形式。如：

a. 有时候写不出东西来，我十分烦恼。

有教师认为"省略句中重现部分保留的应该是第一个"，应改为：

b. 我有时候写不出来东西，十分烦恼。

其实，这两句都合乎汉语语法，区别主要在于主语"我"是出现在第一分句还是第二分句句首。如果说有区别，可能 a 句的使用频率比 b 句低一些。但没有必要将 a 句定为偏误来纠正、解释。

还有一些句子，有教师认为结构、意思不完备，如：

a. 走路 25 分钟。　　b. 走路需要 25 分钟。

有教师认为"走路"是离合词，后面不能加时量补语，需要变成复杂成分，构成一个小句方可使用，因此改为 b 句。其实，汉语母语者的口语经常出现类似 a 句的表达形式。

假偏误产生的原因，可以大致归为两个原因：规则泛化和目的语知识不足。

1. 规则泛化

规则泛化是将某些语法规则不合理地扩大范围。例如，认定例（2）为偏误，就是将规则"介词结构一般不作存现句的主语"，泛化为"介词结构不能出现在句首"；认定例（4）为偏误，就是将"一般事物名词作'在'的宾语时要加方位词"这条规则，扩展到处所名词。因规则泛化而被误定的假偏误还有：

（7）他唱歌很好听。

（8）他说汉语很流利。

因为汉语教材在讲授"得"字补语句时常说，动词后既有宾语又有结果补语时，要将动词重复一次，后边加"得"。如例（7）（8）的意思应该说成：

(9) 他唱歌唱得很好听。
(10) 他说汉语说得很流利。

但语言事实告诉我们，例（7）（8）也是合法的句子。在汉语母语者的语言中，类似的句子大量存在。

有人会问：这类句子如何划分句子成分？一般有两种分析法：一种是将"他唱歌"当成主语（主谓词组充当），后边的是谓语；还有一种是"他"是主语，"唱歌很好听"是主谓词组作谓语。当然还有引进"话题"概念的方法，这里暂时不谈。

我们说此类假偏误的误认是由于语法规则的泛化。其实更准确地说，还是由于语法知识不完备，语法判断能力不够。如误认例（4）是偏误，原因可能是将"公园"跟"椅子"归为一类，认为它们都是一般的事物名词。

由规则泛化引发的偏误的误认，既有母语为汉语者，也有母语非汉语者。

2. 目的语知识不足

由于对目的语掌握得不够，将没有听过、看过的句子认定为偏误。如：

(11) 你去北京不？
(12) 想吃什么就吃。

这些句子完全符合汉语语法，但一些母语非汉语的汉语教师却认为它们是偏误。他们对汉语的掌握还达不到母语者那么熟练，往往用自己学过的知识作为衡量标准。不符合这个标准的，就可能被误认为是偏误。如上述例（11）（12），就是国外汉语教师误认的偏误。

此类偏误的误认，当然也跟规则泛化有关。具体的原因应是汉语学习时接触的知识、规则不完备。母语非汉语的汉语教师，在学习汉语语法规则时，被传授的语法知识往往不是全面的。如他们在学习疑问句时，他们的老师往往讲授标准的是非问句、特指问句、选择问句、正反问句等，而对正反问句的变换形式和缺省形式一般不讲。加上他们在生活中很少听到类似例（11）的句子，因此将它们认定为偏误。

此类偏误的误认，还跟不完全的语言对比有关。如上述例（11）（12）的句型，在某些语言（如越南语）中有。国外汉语教师在学习汉语时一般极少接触这类句子。他们学习的汉语教材，包括给国内外汉语教师看的教学语法教材，也极少提及这些句子。因此，他们以为汉语没有这类句式。在汉外对比中，他们自然认为这是汉语跟其母语的区别。一旦发现个别汉语学习者说出了这类句子，他们就误认为是偏误。

当然，所谓规则泛化、目的语知识不足，都可以说是语感不好。后者当然是汉语语感不好。前者可以归结为，汉语语感被不完备的语法规则、不全面的语法知识异化了。

二、偏误和失误

科德（S. P. Corder）是最早系统论述偏误研究重要性的学者，他很早就提出，应该将偏误（error）和失误（mistake）区分开来。

（一）偏误

偏误指学习者掌握一定的目的语语法规则之后出现的系统性错误。此时学习者已经可以生成大量合格的句子。但由于对目的语语法规则还掌握得不准确、不全面，常常出现因目的语规则泛化而产生的偏误。母语的语法规则还经常发生影响，对学习者产生负迁移并引发偏误。

此时出现的偏误，学习者很容易解释自己为什么这么说；但大多还不知道错在哪里，更不会自行纠正。教学者对偏误可以进行纠正，对其中大部分应该能够解释相关的语法规则，其中一部分还可以解释其生成原因。如果教学适当，也很容易见效。例如，初中级阶段的学习者有时会出现以下偏误：

*他打完篮球，一点累。
*我的头一点痛。

当询问原因时，学习者会说："一点"表示"少"，头痛少，所以说"一点痛"。学习者还可能会说：我们的母语可以这么说。如汉语的"有点、一点、稍微"，在日语中都可以用一个词语すてし表示，而它可以放在肯定式的形容词前边。

但他们大多不知道错在哪里，更不会自行纠正。有一定教学经验的教师对这个偏误很容易进行解释和纠正："一点"一般放在名词前表示数量少，如"他买了一点水果"；表示某种性质状态的程度不高，可以在形容词前用"有（一）点"，如"他有点累"。

为了防止学习者按照这样的解释说出类似"他有一点聪明""房间有点干净"的偏误，让学习者明白汉语句子有些是有褒贬之分的，教师还可以适当地解释多一些："有（一）点+形容词"一般表示不满意的情况，可以说"房间有点脏"，不能说"房间有点干净"。如果要表示满意的情况，可以用"比较"。"比较"的程度比"有（一）点"要高，可以用于满意的情况，也可以用于不满意的情况，如"他的房间比较干净""他的房间比较脏"。

对于初级第二学期的学生，还可以做更多的解释："一点"还可以放在形容词前边，一般要说"一点（+也）+不+形容词"，表示某种性质状态根本不存在，如"他一点也不累"。

对中级阶段的学习者，还可以有更多的解释："一点"如果放在形容词后边，一般表示对比之后某人某物在某个性质方面的程度比其它的高，如"这双鞋大一点"。但"了"放在不同位置上，意思不一样。"形容词+了+一点"，或表示发生了变化，如"他高了一点"；或表示超出了满意的标准，如"这件衣服短了一点"。"形容词+一点+了"又表示发生了变化，又表示这种变化对说话人或当事人来说是满意的，如"苹果长得大一点了"。

对成人学习者，应该进行偏误的纠正和解释。对不同层级的学习者进行不同难度的解释，可以收到很好的效果。

(二) 失误

失误指学习者因未形成自动机制而偶然出现错误。他们已经完全掌握了某些语法点的规则,绝大多数场合可以生成正确的句子;只是因为没有像母语者那样成为习惯,或由于粗心、意外等因素偶尔出现一些错误。

对于失误,学习者完全可以自己解释,即可以指出错误点,可以找出原因,可以自行改正。对于失误,教学者不用解释。必要的话,可以用疑问的语气重复一下学习者的错误,对方自然会明白。

不但二语学习者会出现失误,母语者也时常会出现。母语者的失误大多是由于过分紧张或过于随意而出现,一般可以分为口误(slip of the tongue)和笔误(slip of the pen)两类。

(三) 偏误和失误的鉴别

对于外语教学而言,失误不是研究重点,偏误才是研究的主要内容。问题在于如何区分偏误和失误。例如,一个学习者说出"他觉得一点累",到底是偏误还是失误?Ellis(1994)提出两条鉴别标准:①看使用频率。如果一个学习者同一类错误出现频率较高,就是偏误,说明他没有掌握好相关的语法规则;如果只是偶尔出现,而这一语法点的正确表达占绝大多数,就是失误。可见,对二者的鉴别要看同一语法点正确用法和错误用法的比例。②看使用者能否自行纠正。如果使用者不能自行纠正,就是偏误,说明他未掌握相关规则;如果可以自行纠正,就是失误,说明他已经掌握规则,只是由于粗心或其他因素输出了错误。

(四) 从系统性看偏误

科德还提出过三个概念:系统前偏误(presystematic error),系统偏误(systematic error),系统后偏误(postsystematic error)。后两者大致分别对应于"偏误"和"失误"。现在谈一下系统前偏误。

系统前偏误指学习者没有掌握多少目的语规则时形成的、看不出系统性的偏误。生成者主要是初学者。他们有许多需要表达的内容,但由于对目的语规则学习、掌握得太少,根本无法用目的语表达清楚,只能使用那些掌握极少的目的语规则,借用大量的母语或第一外语知识,来进行形式与内容有很大矛盾的表达。

此类偏误的特点是:①表义不清。有时听话者很难根据对方话语明白对方要表达的内容。②偏误点很多。有时一个句子就可能有好几处偏误。③任意性很强。同样一个意思,一会儿用这个形式,一会儿用那种形式。④无法说明来源。当教学者询问为什么会使用某种形式时,学习者往往答不出来。以上特点显示,学习者的偏误没有形成规则系统。请看下例:

你最近难吗?嗯,不好吗?("难、不好"意思都是"身体不好")

书，桌子，我看。（意思是：书放在桌子上，我要看。）

对系统前偏误，教学者一般应采取容忍的态度，没有必要指出、解释、纠正偏误。因为学习者所要表达的内容已经远远超出他的表达能力，即使指出、解释、纠正，也没有多少效果。因为学习者还没有能力接受、消化、应用。

当然，系统前偏误和系统偏误有时界限不是很清晰。在这两类偏误的中介阶段，对某些偏误，教师可以适当地表明这些说法不正确，并展示正确的说法；对个别偏误，也可以进行解释和纠正。

三、显性偏误和隐性偏误

先看例子：

（13）*这双鞋子一点大。

（14）*这双鞋子有点大。我想，你男朋友穿一定合适。

例（13）一看就有问题，因为偏误在句子内部就可以显现出来。例（14）由两个句子构成，光看第一个句子语法没有问题，但看了第二个句子，就感到别扭了。对比两个句子，就会发现第一个句子是错句，可以将"有点大"改为"比较大"或"大一点"。因为"有点大"表示说话人对某人、某事、某物表示不满意的态度。而例（14）很可能是用于这样一个语境里：

两人在挑选鞋。刚看过的一双小了。现在看到的鞋子比刚看过的大一点。

因此说话人应该说：

（14'）这双鞋大一点，我想，你男朋友穿一定合适。

此处的"大一点"，是对比刚才看到的那双鞋而言的。

我们说，在单句里不符合语法规则的，是显性偏误，如例（13）；一个单句语法没有问题（如"这双鞋子有点大"），但在语境中却显现出问题的，叫隐性偏误，如例（14）。以往的偏误研究，对显性偏误比较关注，对隐性偏误关注不够。

Ellis（1999）指出，偏误评估在很大程度上受到语境的影响。但到目前为止的许多偏误评估性的实验，都是把偏误放在孤立的句子中里，只注重句法偏误而忽略了语境偏误。

隐性偏误，以往的研究比较少，也没有一致的分类标准。依据上边的定义，根据我们做的考察和研究，我们认为隐性偏误起码可以分为三类：语义偏误，语篇偏误，语用偏误。为了引起人们的重视，我们将这三类偏误各自单独列出一小节来讨论。

四、语义偏误、语篇偏误和语用偏误

(一) 语义偏误

语义偏误指没有准确表达说话者意图的偏误。如例（14），说话人想表达的是"这双鞋大一点"，却说成了"这双鞋有点大"；"这双鞋有点大"本身句法没有问题，但没有准确表达出说话者意图。说话者意图可以通过上下文或语境的其他因素来确定。再看几例：

(15) *（我家有3个孩子，我哥哥，我，我妹妹。我哥哥比我高，）我妹妹不比我高。

(16) *（对不起，这次找他是没有办法的事。）我们真的不要再打扰他。

(17) *（小王上午去的学校。）现在他已经来了。

例（15）说话人想表达的意思是"我妹妹没有我高"。但由于没有掌握好"A没有B+形容词"的句式，或不知道"A没有B+形容词"跟"A不比B+形容词"的区别，错用了后一种句式。例（16）的后一句单看没有错，"不要"表示祈使语气。但从第一句可以看出，说话人要表示的是"不想"。例（17）的后一句单看也没有错。但从第一句可以看出，说话人要表达的是"他已经回来了"。

说语义偏误是隐性偏误，是因为光看单个句子，语法没有问题。只有通过语境因素，我们才能看出偏误所在。以往的研究常常忽略语义偏误的存在，更说不上深入研究了。

(二) 语篇偏误

语篇偏误指违背语篇衔接原则的偏误。先看两个例子：

(18) *我觉得这个不是一个问题，<u>但</u>是一个很好的事情。

(19) *他在东欧长大，在美国工作，到了澳大利亚后继续教书。因此他说话时还有一种有较重的美国口音。<u>这儿</u>常使我们学生互相闹笑话。

从语篇衔接上看，例（18）后一句的"但"应该改成"而"，例（19）的后一句的"这儿"应改成"这"。这两例光看后一单句也没有什么问题，但一跟上文衔接起来，连词和代词的误代问题就显露出来了。从这两例还可以看出，语篇越长，后续句中衔接成分所承接的可能性就越大，偏误的认定越困难。

再看下例，偏误的认定更为困难：

(20) *丈夫带上眼镜，他觉得高兴极了，一切都看得清楚。但是他一看他的妻子就愣了半天没说话。他差不多二十年没看清楚他的妻子。<u>那时候</u>他觉得她很丑，就说："我的眼病太严重了，戴眼镜也不行。"他把眼镜还给了售货员。

例（20）中，与"二十年"前相比，文中叙述的是比较近的事情，所以应将"那时候"

改为"这时候"。这里涉及的还有叙述时点、事件发生时点和以这两个时点为参照的相对时点。句式生成时的衔接难度很大,偏误认定的难度也就更大了。

(三) 语用偏误

语用偏误指跟听话人、说话人(或句中所指人物)身份、地位、关系不相符合,或者跟交际场合的话题不相符合的偏误。如:

(21) 你几岁了?

该句句法没有任何问题。如果是问一个不到十岁的儿童,也没有问题。但是如果用来询问成人、尤其是老人,就很成问题了。它没有顾及听话人的年龄,违背了交际原则。

此类偏误也可能是来源于母语迁移。如"How old are you?"可以有多种汉语翻译:

a. 你多少岁?　　b. 你多大了?　　c. 您多大年纪了?　　d. 您高寿?

学习者不太清楚问什么对象说什么话。其实,此类偏误还可能源于汉语不同方言区的说法不同。如粤方言一般只问:"你几多岁?"(直译:"你多少岁?")而不管你的年纪大小。如果将它照搬到北方话去问老年人,就会造成交际障碍。

吴丽君(2002)分析过几个日本学生语用偏误的例子:

(22) *山本是三年级学生,他是我的先辈。
(23) *我的朋友们都很忙,可是他们特意的访问我的家。

例(22)中,日本习惯将年龄比自己大、年级比自己高的同学称为"先辈";但汉语中这个称呼只用于至少高于自己一个辈分的人。例(22)的"先辈"可以改为"学长"。例(23)中,"访问"是正式语体,不适合用于口语,可以改为"来我家看我"。

跟交际场合不相符合的例子也有不少。吕文华、鲁健骥(1993)曾举过意大利学生向老师道别时说"你好",因为意大利语中有一个 ciao,既用于见面时的问候,也用于道别。其实类似的还有其他母语的学生,如泰语见面问候和道别也是用一个词,一些初学汉语的泰国人道别时也会说"你好"。

越南学生在本国当面称呼老师时都不用"你",只用"老师"。他们到中国学习汉语一段时间后还会这样。跟越南学生面谈时,中国老师听到学生在一长段叙述中不断用"老师",可能会以为是在讲其他老师。

五、整体性偏误和局部性偏误

从评估出发,传统上将偏误分成两大类。Ellis(1994)认为,可以在评估偏误严重程度时将偏误分为两类:整体性偏误(global errors),指影响整句结构从而导致理解困难的偏误;局部性偏误(local errors),指仅影响句中某一个成分而不影响整句理解的偏误。如:

(24) *The policeman was in this corner whistle.
(25) *She gave me two ticket.

例（24）的总体结构有错误，是整体性偏误；例（25）只是 ticket 这个单词没用复数形式，是局部性偏误。不足的是，定义中的"导致理解困难"和"不影响整句理解"似乎有点模糊。例（25）的偏误确实"不影响整句理解"；例（24）的偏误虽然会让人感到有一点别扭，但也不会导致多少理解困难。

当然，这种区分对我们的研究还是有作用的。在汉语习得中出现的语法偏误，也可以从严重程度上分为这两类。如：

(26) *天气暖和，很多人去河边或者去公园看樱花。入学、参加工作等，这个季节也是新生活开始的季节。

(27) *天气很冷，冷风刮，有时下雪。

例（26）确实让人感到理解困难，而且它的理解难度明显比例（24）要高。不但如此，例（26）还难于纠正。通过考察，我们知道，该句是受学习者母语日语主题句的影响而产生的。"入学、参加工作等"其实是跟"新生活"相关的。可以改为：

(26′) 天气暖和，很多人去河边或者去公园看樱花。这个季节也是<u>入学、参加工作等</u>新生活开始的季节。

可见，例（26）不但整体结构有问题，理解有困难，而且纠正也有困难。从此例引申开去，在定义"整体性偏误"时，我们可以从三点去考虑：①整体结构有问题；②理解有困难；③纠正有困难。这三点还不只这么简单，还应该分层次进行考察。相对例（24）而言，例（26）<u>整体结构的问题要严重一些</u>，理解难度要高一些，纠偏难度也要高一些。相比之下，例（27）只是个别相临词语的错序，<u>丝毫不影响句子理解</u>，纠正也非常容易（将"冷风刮"改为"刮冷风"）。因此，它只是局部性偏误。

参考文献

崔希亮. 欧美学生汉语介词习得的特点及偏误分析［J］. 世界汉语教学，2005（3）.
桂诗春. 应用语言学［M］. 长沙：湖南教育出版社，1988.
黄冰. 第二语言习得入门［M］. 广州：广东高等教育出版社，2004.
李大忠. 外国人学汉语语法偏误分析［M］. 北京：北京语言文化大学出版社，1996.
李蕊，周小兵. 对外汉语教学助词"着"的选项与排序［J］. 世界汉语教学，2005（1）.
李英，徐霄鹰. 表示重复义的"还"与"再"［C］//周小兵，赵新，等. 对外汉语教学中的副词研究.
  北京：中国社会科学出版社，2002.
陆俭明. 对外汉语教学与汉语本体研究的关系［J］. 语言文字应用，2005（1）.
吕文华，鲁健骥. 外国人学汉语的语用失误［J］. 汉语学习，1993（1）.
盛炎. 语言教学原理［M］. 重庆：重庆出版社，1990.
孙德坤. 外国学生现代汉语"了·le"的习得过程初步分析［J］. 语言教学与研究，1993（2）.
吴丽君，等. 日本学生汉语习得偏误研究［M］. 北京：中国社会科学出版社，2002.
肖奚强. 略论偏误分析的基本原则［J］. 语言文字应用，2001（1）.

周小兵,李海鸥. 对外汉语教学入门［M］. 广州:中山大学出版社,2004.

周小兵. 第二语言教学论［M］. 石家庄:河北教育出版社,1996.

周小兵. 留学生汉语病句分析［Z］. 中山大学内部使用,1990.

CORDER S P. The significance of learners' errors［J］. International Review of Applied Linguistics,1967(5).

ELLIS R. The study of second language acquisition［M］. London:Oxford University Press,1994.

ELLIS R. Understanding second language acquisition［M］. 上海:上海外语教育出版社,1999.

原载于《语言文字应用》2007年第1期,与周小兵合作

留学生汉语杂糅偏误分析[①]

　　Dulay、Burt、Krashen（1982）和鲁健骥（1994）均将二语习得中的偏误类型分为遗漏（omission）、误加（addition）、误代（overrepresentation）、错序（misordering）四大类。这四种类型是从语法形式上对偏误进行分类，一般进行偏误分析的研究都以此为框架。周小兵（1996：161）[②]、Carl James（1998/2001：111）将杂糅（Blends）列为第五种类型，我们认为这不仅是必要的，而且丰富了偏误分析的内涵。

　　杂糅又叫结构纠缠、结构混乱，这是第一语言习得中存在的语病。吕叔湘、朱德熙（2002：158）认为，杂糅是时而要用这种结构，时而要用那种结构，结果是两种结构都用了。在二语言习得偏误分析中，也有零星涉及杂糅的，如程美珍（1997：19-262）对以英语为母语的留学生所做的偏误分析。

　　杨翼（1998）对汉语作为二语的杂糅现象进行较全面的描写和分析，并从认知心理学的角度来考察杂糅产生的原因。她将杂糅次类型分为叠加、拼接、替换、缩减、移位、嵌入六种，这样的分类单独来看不无道理。但是，如果我们将杂糅这种偏误放在五种语法形式上的偏误类型框架中进行考察研究，就会发现真正属于杂糅偏误的只有叠加、拼接两种，其他替换、缩减、移位、嵌入四种次类型与其他偏误类型相重叠。根据杨文中的例句与分析，我们可以看出："替换"相当于"误代"偏误，"缩减"相当于"遗漏"偏误，"移位"就是一种"错序"偏误。而"嵌入"似乎可以与"拼接"合并。

　　例如，杨文中作为"替换"的病句"其实城市生活比乡村生活多先进、多方便"（杨翼，1998：63），我们不必把它看作"①其实城市生活比乡村生活更先进、更方便"和"②其实城市生活比乡村生活先进得多、方便得多"的杂糅，其实它的偏误正如作者指出的，是"多"去替换"更"（杨翼，1998：63），即用表感叹的副词"多"错误地代替了表比较的副词"更"，那么，这是"误代"；又如，作为"减缩"的病句"任何方面都比乡村方便多"，不必看作"①任何方面都比乡村方便"和"②任何方面都比乡村方便得多"的杂糅（杨翼，1998：63），其实原句只是遗漏了虚词"得"，将它补上即可；再如，作为"移位"的病句"在农村封建时代的观念还比城市存在得多"，此句的主要偏误，正如作者本人指出的那样，是"附加成分'存在'移到了谓语中心语位置"（杨翼，1998：65），那么此句的偏误类型是"错序"。

　　杂糅产生于两种结构的竞争，Hockett（1967）提出"competing plans hypothesis"（竞

[①] 本文为国家社会科学基金项目"对外汉语语法学习难度、顺序及偏误分析"（05BYY030）和国家汉办"十五"科研规划项目"留学生汉语语法偏误生成的原因和相关语法规则的解释"（HBK01-05/068）的一部分。

[②] 周小兵在《第二语言教学论》中将偏误类型分为语序错误、搭配不当、词语残缺、词语误加、词语混用、句式杂糅六类。笔者认为其中的"搭配不当"不仅是形式问题，更多地牵涉到语义问题，故不列入。

争计划假说）。据此，Stemberger（1982：319）和 Carl James（2001）将杂糅分为三种：①两种结构竞争的结果是两相删除（deletion）；②两种结构简单相加；③两种结构有所取有所不取。我们认为第一种所说的删除就是遗漏，因而不把它作为杂糅的一种次类型，而第二种就是上文所说的叠加，第三种就是拼接。田善继（1995）在研究非对比性偏误时，列出了"类推"这样一种偏误形式，"类推"的两种偏误亚类型是"累加"和"叠加"，其实这就是我们讨论的杂糅偏误的两种次类型：叠加和拼接；不过田文没有提到"杂糅"，而是从偏误成因上将"累加"和"叠加"归纳到"类推"中。①

我们以中山大学周小兵教授主持建设的"中介语逻辑语料库"已完成的中级阶段留学生20余万字的作文为语料，把杂糅偏误分为叠加和拼接两种进行描写分析。我们认为，杂糅产生的原因有二：一是因近义形式误辨而堆砌，二是因举棋不定而纠缠。而改正杂糅偏误的方法通常是将两种结构分解开来，选择其中的一种。

一、杂糅偏误的次类型

（一）叠加

作为一种杂糅次类型的叠加，与误加偏误有什么不同呢？误加偏误只需要将误加的成分删除就可以了，而叠加偏误的改正方法则有两种。例如：

(1) 他常常地看电影。
(2) 他非常很高兴。

例（1）中"地"误加，删去且只能删去"地"。例（2）中"非常"和"很"叠加，可以删除"非常"，得到正确句子"他很高兴"；也可以删除"很"，得到正确句子"他非常高兴"。

1. 词语叠加

(3) 从前，有两位男和女人住在城市郊区的<u>一个栋</u>旧公寓大楼里。（W048P1）②

量词"个"与"栋"叠加。可以改为"一个旧公寓大楼"，也可改为"一栋旧公寓大楼"。又如：

(4) 那天是<u>十一多年</u>以前，不过我和那个女孩现在是很好的朋友。（Z043P2）
(5) 他<u>往到</u>一个小湖走。（W046P2）
(6) 去北京路的时候，我们要买书包，但是价钱有点儿贵，所以我们<u>商量商量一下</u>。（W057P1）

---

① 据田文，属于"类推"的亚范畴还有"类比"，这与"杂糅"无关。
② 例句中语料均引自周小兵教授主持建设的"中介语逻辑语料库"，后面括号内的编号为该例句在"中介语逻辑语料库"中的编号。

例（4）为有确切个位数的数词与概数"多"叠加，表概数的"多"不能跟在个位数后面，只能跟在十位数以上的整数后。此例当改为"十一年"或"十多年"。例（5）介词"往"与"到"叠加，当我们选择介词"到"时，动词"走"必须移位至"到"前，即此例是杂糅偏误中还有错序。例（6）动词的重叠形式表示"短暂"义，它与表短暂的词汇形式"一下"不兼容，二者必选其一。

再看下面的叠加偏误例句：

（7）他的眼<u>很</u>非常不好。(Z158P1)

对于此类偏误，鲁健骥（1994）有说明："关于形容词谓语句有一条规则：在肯定形式中，谓语形容词前要用一个意义弱化的'很'，……教学中比较强调弱化的'很'的使用，而在学到其他程度副词修饰谓语或状态补语（由形容词充任）的时候，却没有同时说明这时应该去掉'很'，引起学生的误会。"如：

（8）这样，印尼会变<u>比较好很多</u>。(W026P3)

（9）我住在中国半年了，在这儿交了许多外国朋友，<u>真很有意思得不得了</u>。(W061P1)

例（8）是"比较"和"很多"前后叠加。例（9）是"真有意思""很有意思""有意思得不得了"三重叠加。副词"真"在感叹句中表示程度深，"很"在陈述句中表示程度深，而"不得了"是以补语形式表示程度深，当留学生想表达"程度深"的意念时，同时激活了相应的三个形式，杂糅在一起从而导致偏误。又如：

（10）某个夜里<u>传飘来</u>的歌声在继续回荡。(Z132P1)

（11）我在印尼时，最不喜欢也是印尼课，我觉非常得无聊，所以请你使我对这课<u>有感兴趣</u>。(W064P1)

（12）他现在在古巴读<u>高中中学</u>。(YQY-033)

例（10）中动词"传"与"飘"叠加，改为"传来"，或"飘来"；例（11）中动词短语"有兴趣"与"感兴趣"叠加；例（12）中名词"高中"和"中学"叠加，"高中"和"中学"是上下义的关系。

2. 句法结构叠加

（13）我对语言也很感兴趣，特别是汉语和英语。这个也是<u>为什么我要来到中国留学的原因</u>。(W075P1)

（14）但<u>对我来说，觉得</u>它们（指防盗网）太不顺眼了，住在这样的房子人像是被关在监狱似的。(W021P3)

（15）逛大概十五分钟他们找到一个眼镜店，<u>看起来他们觉得</u>好。(Z007P1)

例（13）"为什么"与"原因"叠加，而"为什么"与"原因（理由）"不能同现，应改为"为什么要来到中国留学"或"我要来到中国留学的原因"。例（14）和例（15）是插入语与感觉动词叠加，这一类插入语表示说话者的主观看法，当用了此类插入语如"对我来说""看起来"等，就没有必要再用"觉得"；也可以删除插入语，只保留"觉得"。

（二）拼接

拼接不是两种结构的简单相加，而是两种结构在杂糅过程中有所取舍。

1. 词语拼接

（16）好一会儿他看到旁边的妻子，大吃惊一跳。（Z223P1）
（17）BANDUNG 是一个很难以忘的地方，……（1-M3-015X）
（18）我来中国留学，这段一年的留学生活快要结束了，……这段一年中，跟中国人接触的时间最多。（W022P2）
（19）我坐在窗户边的椅子上，边喝茶边发愣愣地查看 E-mail。（W049P1）

例（16）的偏误点"大吃惊一跳"是"大吃一惊"和"吓了一跳"两种结构有所取舍而拼接生成的。例（17）是"很难忘记""难以忘记"和"难忘"的拼接。例（18）为"这段时间"与"这一年"的拼接，是由上文"这段一年的留学生活"的错误分析而诱发了偏误。例（19）为"发愣"和"愣愣"两词前后拼接而成的。

2. 句法结构拼接

句法结构拼接又可以细分为以下两个类型。

第一，平行拼接。平行拼接是两个结构交错在一起而形成的杂糅偏误。如：

（20）我问她，"你是不是灵魂还是人？"（Z171P3）

例（20）将"是不是……"与"是……还是……"结构拼接为"是不是……还是……"，改为"你是不是灵（鬼）魂"，或者"你是灵（鬼）魂还是人"。又如：

（21）开始学习的时我觉得很难过。（Z177P1）
（22）有一次他当小张的面前露出一脸骄傲的神色。（Z089P1）
（23）还是不戴眼镜也好。（Z184P2）
（24）三四天以后那个小鸟可以飞走了，真好了。（A035P1）
（25）学习写作的时候，我才发现写作是最难的门课之一。（CFF-H-001）
（26）他要跟我朋友继续交朋友关系。（Z122P1）
（27）所以交通很乱，而且按喇叭的声音也一直在响。（Z096P2）

例（21）将"……时"与"……的时候"拼接为"……的时"；例（22）将"当……的面"与"在……的面前"拼接为"当……的面前"；例（23）将"还是……A"与"……也 A"两种结构拼接在一起；例（24）将"真 A"与"太 A 了"拼接为"真 A 了"；例（25）将"最难的一门课"和"最难的课之一"拼接为"最难的门课之一"；例（26）将"保持朋友关系"与"交朋友"拼接；例（27）将"喇叭的声音一直在响"与"一直在按喇叭"拼接。

第二，前后拼接（藕断丝连）。最先提出"藕断丝连（即前后拼接）"这样一种语病的应该是吕叔湘、朱德熙（2002：160）。《词语评改五百例》（1984：154）将"藕断丝连"定义为:"一个句子表达一个完整的意思,意思如已完整的话,就应断为一句,可是有的文章当断不断,把一句话的末尾,拿来作为另外一句的起头。"叶景烈(1994:10)曾举例:"我非常感动。我走遍全球,从来没有这样一种场面是无法用言语形容的。"他认为:"要在'从来没有'后面补上'见过'两字。'是无法用言语形容的'也应当作另一个分句,前面应有停顿,原文把把它跟前一个分句纠缠在一起了。"此种偏误的改正与其他的杂糅偏误有所不同,不是二者取一,而一般是将前后拼接的两个结构拆开,形成两个分句。如:

(28)第一弟弟是二十九岁。他住在韩国工作。(2-X-013)
(29)去送我的人很多,谁都跟我笑笑谈谈很多事。(Z085P1)
(30)老嫦觉得很莫名其妙地跟着老王回家。(Z163P2)

例(28)"他住在韩国"已经是一个完整的句子,可是没有就此断句,而又接上了另一个动词"工作",从而造成前后拼接。此句应该改为"他住在韩国,也在那儿工作"。例(29)在"笑笑谈谈"处句子就应该结束,可是写作文的留学生顺着"谈谈"一词又加上了宾语"很多事",因而产生偏误。例(30)将前一分句"老嫦觉得很莫名其妙"与后一分句"跟着老王回家"加了一个"地"字拼接在一起,把"地"字删除,并在该处以逗号断句即可;如果一定要合并为一个句子,应当删除动词"觉得",改为"老嫦很莫名其妙地跟着老王回家"。

二、杂糅偏误成因分析

(一) 因近义形式误辨而堆砌

1. 近义词误辨

作为第一语言使用者,同义反复有时有积极的修辞作用,但更多的时候有重复累赘的消极作用。对于留学生来说,同义词未加仔细辨析就堆砌在一起,从而造成偏误。如:

(31)来中国学汉语的目的是本身自己很喜欢中国。(CFF-M2-005)
(32)很多人认为,将来对于亚洲的发展和安全,中日关系是非常重要的关键因素之一。(LDD-H-001)
(33)小王和小嫦由打小时候就被他各自的父母受好好的教育。(Z163P1)

例(31)不知"本身"与"自己"是同义词而将它们堆砌在一起,应该选择其中的一个;例(32)"重要"与"关键"意思相近,改为"非常重要的因素"或者"非常关键的因素";例(33)"由"与"打"都可以表示"从"义,应该删除其中的一个。

2. 对复合词、短语构成成分误辨

第一,留学生对复合词是整体习得的,对于构成复合词的语素往往不知其义或者不敏感,又加上一个与之同义的语素造成偏误。我们在中高级阶段的词汇教学中,要提倡语素

教学法,在把握复合词整体意义的同时,分析其构成语素的含义。下面我们来看一下留学生在这方面出现的偏误:

(34) 广州是富饶的城市。看我的意见,比汉城的富翁人更好的生活。(YQY-034)

(35) 男女对家庭和事业的看法有什么区别。根据调查数据,可以看得出来他们有知识分子的人的观念怎么样。(2-X-009)

(36) 从此,我一定学好汉语,专心学习,主要是听力能力。这个能力可以帮我容易看电视。(2-028)

(37) 我很高兴因为比较了解我祖先的祖国,我真的很自豪。(Z041P1)

(38) 大部分的留学生学习汉语是为了以后比较容易找工作,我是其中一个。所以我认为写记叙文的文章并不重要。(CFF-H-017)

例(34)是因为不知"富翁"中"翁"即指人,又加上"人"字;例(35)不知"分子"即指"人",改为"有知识的人"或"知识分子";例(36)不知"听力"的"力"与"能力"同义反复,应将"能力"删除;例(37)对"祖国"的"祖"即"祖先"的意思不敏感,因而同义反复;例(38)对"文"即"文章"的意思不敏感,因而堆砌在一起。再如:

(39) 丈夫不可能看见清楚。……戴眼镜以后,丈夫可以看见差不多清楚。(Z161P1)

对于动补结构,有的是当成一个复合词来教学的(如"看见"等),有的是作为短语来教学的(如"V+清楚"这样的双音节结果补语)。"看见"作为一个复合词,留学生就没有意识到它已经是一个动结式,所以又加上另一个结果补语。

第二,留学生把短语当作一个语块(a chunk of speech)(Ellis, 1999)囫囵习得,整体记忆,不能离析其构成成分,确定其功能意义,因而另加上了一个同义词语,从而生成偏误。如:

(40) 快做打工,赚钱吧!到了暑假的时候,一起去吧!(YQY-034)

(41) 我星期天坐打的去北京路。(此例是留学生初级口语中的偏误)

(42) 每天超过二十多度,如果走了一个小时就出汗出来。(W018)

(43) 有一天,我在跟几个朋友玩玩儿,突然看见一支小狗躺在地上,看起来它很好像被受伤了。(LDD-H-013)

例(40)把"打工"作为一个语块,不知此处的"打"即"做"的意思;例(41)是留学生口语考试的记录,把"打的"作为一个语块整体习得,不知"打"即"坐"的意思,应改为"坐的士(出租车)"或者"打的";例(42)把"出汗"当作一个语块,改为"出汗"或者"汗(流)出来";例(43)把"受伤"当作一个语块。不知"受伤"中动词"受"表示被动,又加了"被"字,可改为"受伤了"或者"被打伤了"。

3. 词汇形式与语法形式误辨

某种意义、概念、范畴在某种特定的语言中,可以用语法形式来表达,也可以用词汇形式来表达。表达同一意义、概念、范畴的词汇形式和语法形式，有的可以在同一句中同现（如表示完成体的助词"了"与"已经"同现、表示过去的助词"过"与"曾经"同现、表示进行体的"着"与"正在、正、在"同现等），有的则不能同现（如下文中动词重叠形式"轻松轻松"与数量短语"一下"不可同现、形容词重叠形式"高高兴兴"与程度副词"很"不可同现、助动词"有"与完成体"了"不可同现等），那么我们只能在词汇形式与语法形式当中选择其一。如：

（44）每天晚上，我都会留一点点时间来看电视轻松轻松一下。（2-057）
（45）他们俩很高高兴兴回家了。（Z026P2）

例（44）只能从"轻松一下"和"轻松轻松"中选择一个，例（45）只能从"很高兴（地）"和"高高兴兴（地）"中选择一个。

近年来，有一种新的语法现象"有+V"，例如常听到"有去过"这样的说法，据说这种格式是从新加坡、台湾等地传进来的。如果我们认为"有+V"是可以接受的语法的话，那么它也不能与"了"同现。当然，否定形式"没（有）+V"同样也不能与"了"同现。留学生习作经常出现这类偏误。如：

（46）和尚有关灯了。（Z171P2）

此例可改为"有关灯"或"关灯了"。

其实现代汉语早已有"有+所+V"的格式，见下例：

（47）对于这里的生活我已经有所习惯了。（Z128P1）

不过，此例句中的"有+所+V"同样也不能与"了"同现，应该改为"已经有所习惯"或者"已经习惯了"。

疑问代词"为什么"和名词"原因/理由"只能选择一种形式。如：

（48）丈夫往往回晚的原因，因为他有一个不好的习惯，就是下班以后，他很喜欢和同事一起走打扑克。（W084P1）
（49）那个是我的理由为什么我想学很多生词和写文章的条例。（YQY-M3-012）

例（48）改为"丈夫往往回晚的原因，是他有一个不好的习惯"或者"丈夫往往回晚，因为他有一个不好的习惯"；例（49）应改为"那个是为什么我想学很多生词和写文章的条例"或者"那个是我想学很多生词和写文章条例的理由"。

（二）因举棋不定而纠缠

由上可知，造成杂糅偏误的第一个成因是因同义、近义形式误辨而堆砌。即留学生不知彼此是同义词而堆砌在一起；留学生整体习得复合词，对于构成复合词的语素不知其义或者不敏感，或者把短语当作一个语块习得，不能离析其构成成分，不知其功能意义，又加上一个与之同义的语素；留学生不知有些表达同一意义范畴的词汇形式和语法形式不可同现。

如果说造成杂糅偏误的第一个成因是因为不知，那么造成杂糅编误的第二个原因则是知道了两个结构、两种表达式，却因举棋不定（吕叔湘、朱德熙，2002）而纠缠，或谓之竞争计划假说（Hockett，1967）。对此，Karl James（2001）认为：

  The speaker or writer has activated two structures that are semantically related, either of which could serve his present purpose. But they fail to make a clear choice, and instead combine a part of each to produce a structure with characteristics of both. （说话的人或写作的人激活了两种意义相关的结构，两者单用都能完成交际任务，但是未能做出明确选择，取而代之的是将其混用，产生了一个兼具两者特征的结构。）

另外，杨翼（1998：66）进一步指出了杂糅的心理学原因："随着课程的推进，学习者积累的汉语表达式不断增多。对各种句式结构的整体特征缺乏集中性注意，又使学习者在信息储存时常常丢失部分特征，造成整体特征不同、局部特征相似的句式结构相互发生纠缠。"例如：

  （50）被访问的各国女士大部分都说对家务<u>没什么感兴趣</u>。（LDD - H - 008）

  （51）茉莉花茶、菊花茶<u>也好喝是好喝</u>，可是还没习惯的人不太喜欢喝。（A056P1）

例（50）留学生学过了"对……（没）有兴趣"，也学过了"对……（不）感兴趣"，肯定式中有"有感兴趣"的杂糅［见上文例（11）］，而此例是否定式，是"没什么兴趣"和"不感兴趣"的杂糅，原因是在表达时同时激活了"对……（没）有兴趣"和"对……（不）感兴趣"，结果造成了兼具两者特征的杂糅结构"没什么感兴趣"；例（51）表示让步关系的从句，可以用"（虽然）也 A"，也可以用"A 是 A"，两种结构竞争的结果产生了杂糅。又如：

  （52）<u>他决定他最想学习中文</u>。（Z101P3）

  （53）我觉得一般的父亲绝对不可能<u>让他自己的 13 岁孩子送到外国留学</u>。（Z003P1）

例（52）学生想说"他决定学习中文"，又想说"他最想学习中文"，结果因举棋不定而纠缠；例（53）学生起初想用使役动词"让"来表达"让他自己的 13 岁孩子到外国留学"，但因为兼语"他自己的 13 岁孩子"较长，分散了对整体结构的集中性注意，等到用第二动词时，就与"把"字结构"把他自己的 13 岁孩子送到外国留学"相纠缠。

参考文献

程美珍. 汉语病句辨析九百例［M］. 北京：华语教学出版社，1997.
《词语评改五百例》编辑组. 词语评改五百例［M］. 北京：语文出版社，1984.
鲁健骥. 外国人学汉语的语法偏误分析［J］. 语言教学与研究，1994（1）.
吕叔湘，朱德熙. 语法修辞讲话［M］. 沈阳：辽宁教育出版社，2002.
田善继. 非对比性偏误浅析［J］. 汉语学习，1995（6）.
王建勤. 汉语作为第二语言的习得研究［M］. 北京：北京语言文化大学出版社，1997.
杨翼. B 级证书获得者作文中的杂糅现象分析［J］. 语言教学与研究，1998（1）.
叶景烈. 杂糅：报刊上常见的一种语病［J］. 语文建设，1994（8）.
周小兵. 第二语言教学论［M］. 石家庄：河北教育出版社，1996.

DULAY H, BURT M, KRASHEN S D. Language two [M]. Rowley, MA: Newbury House, 1982.
ELLIS R. The study of second language acquisition [M]. 上海：上海外语教育出版社，1997.
HOCKETT C F. Where the tongue slips, the slip Ⅰ [C] //To Honour Roman Jakobson: Essays on the occasion of his 70th birthday: Vol. Ⅱ. The Hague Mouton, 1967: 910 – 936.
JAMES C. Errors in language learning and use: Exploring error analysis [M]. 北京：外语教学与研究出版社，2001.
STEMBERGER J P. Syntactic errors in speech [J]. Journal of Psycholinguistic Research, 1982 (4).

原载于《汉语学习》2007 年第 3 期

留学生生造词语的偏误类型及偏误成因分析

二语习得者都要使用交际策略，交际策略分为减缩策略和成就策略两大类。减缩策略主要是指形式上和功能上的回避。基于二语的成就策略包括：①近似（approximation）——用近义词、上下义词、否定词加反义词进行替代，或者生造词语（word-phrase coining）；②迂回（circumlocution）（Karl James，1998/2001：187-188；周小兵等，2004：92-94）。

生造词语意味着产生了偏误，因为造出了汉语中不存在的词语。在二语习得研究领域，生造词语现象逐渐受到专家学者和教师的重视。国内英语教学界，王初明（1997）开始了生造词实验研究，戴曼纯（2000）呼吁生造非词（non-words）仍是二语词汇习得中亟待研究的问题。对外汉语教学界，何一薇（2003）考察了日本学生生造时间名词的现象；李华（2005）对汉语中介语语料库中表人的生造词进行归纳，分析偏误类型和偏误原因。

我们收集了中级阶段留学生近20万字的作文，作为我们进行分析的中介语语料。我们从生造词、生造词组到生造成语俗语，对留学生生造词语偏误进行了较为全面的分析，并对偏误成因进行了探索。

一、生造双音节词

(1) 那天，竟然一下子下了大暴［爆］①雪，不料发生了雪崩，他们的房屋被雪所掩，变成了从外表上看来，在里面什么都没有的一座大山一样的样子。道路也已［以］经被暴［爆］雪阻塞了。

暴［爆］雪→大雪。

汉语中有常用词"暴雨""暴风雪"等词语，留学生据此生造了"暴雪"。以下例句中，"重事""特菜""湖滩"也是生造词。

(2) 祝英台接来家里的一信，信里写着家里有重事。

重事→重要的事

(3) 我们慢暖地光街，看到广州很多的特菜。

特菜→特色菜；名菜

---

① 文中例句方括号内为留学生作文中写的错别字；例句后"→"前为生造词，后为改正后的词语。

（4）他们俩在湖滩。父亲要在湖里游泳。

湖滩→湖边

该生作文中已用"湖边"一词语，"湖滩"应该是模仿"海滩"的生造词。

有些看上去是生造词语，其实是字面翻译（calque）甚至语码转换（language switch），这两种是基于一语的交际策略，跟我们所讨论的基于二语的生造词无关。下面"轻蓝"应该是英语"light blue"的硬译，而"自国"和"回路"是日语汉字词。

（5）环境也特别舒服，空气很爽快，轻蓝的天空，左右都是树，还可以看到几位农民的家。

轻蓝→淡蓝（轻蓝 light blue）

（6）跟中国朋友在一起，不但可以学习汉语，而且可以交流自国的文化。

自国→各自国家

（7）第二天修理的人来我家，他说明了原因是回路。

回路→电路

二、生造三音节词

（一）该用双音节词，而生造三音节词

（8）我想下次面试时，我一定能给考试官留下一个好印象。

考试官→考官

汉语词汇有双音化的趋势，当是不争的事实。周有光（1961：245）先生和吕叔湘（1984a：422）先生都认为，"双音节化是现代汉语的主要节奏倾向"。吕叔湘（1984b：2-3）认为"双音化"有两种表现：一方面是把单音节的词凑成双音节，另一方面是把双音节的词在复合词中缩成单音节，如电影⇒影片，地雷、水雷⇒布雷、扫雷，黄豆⇒豆腐⇒腐乳。

对于例（8），"考试+官"⇒考官；还有"考试+场"⇒考场，以及"考卷、考生"等。至于选取双音节词哪一个语素进入复合词，习惯使然。"考试"一词进入复合词，更多的选"试"字，如"试题、试卷、口试、笔试、初试、复试"等。至于"考场"一词，亦有称"试场"的。

留学生生造"考试官"一词，主要是由于不明汉语双音节化的规则，不明白一个双音节词进入复合词中往往要缩减为一个音节。因为对外汉语教学语法体系也没有把汉语双音节化规则作为一个语法点来教学，留学生要表达一个观念而没有习得相应的汉语词时，往往生造一个多音节词。

（9）两年以前我在澳大利亚看过一个亚洲现代艺术的画展览。

画展览→画展

"展览"一词进入复合词，只选择"展"字，有"画展、花展、预展"等词。

(10) 在 BANDUNG 的山顶有一家餐馆，不仅东西好吃，如要看夜风景，这餐馆是最佳的地方看夜景。

夜风景→夜景

该生作文不止一次出现"夜景"和"夜风景"。为什么习得了"夜景"一词，还要生造"夜风景"呢？看来汉语词汇双音节化的规则应该进入对外汉语教学语法体系。

(11) 阳朔是坐漓江游览的最后点。

最后点→终点

"最后"一词进入双音节复合词，要选择另一同义的语素"终"等来代替它。

(12) 日本的电影也不错，表演员很帅。他们表演很好。我最不喜欢广东的电影［景］，第一我不懂他们的话，第二我不喜欢他们的表演员的声音。所以我不喜欢广东的电影。

表演员→演员

"员"是名词的后缀，可构成派生词。根据杨升初（1984）先生编的《现代汉语逆序词目》，像"服务员"这样的"2＋1"结构有38例，像"海员"这样的"1＋1"结构有31例。留学生在初级阶段学了"服务员、售货员、售票员"等"2＋1"结构的词，又学了"表演"一词，就错误类推出"表演员"。

(二) 该用多音节词组，而生造三音节词

(13) 所以我觉得时间也已经到吃饭时间，给他喂了食品，然后还给他洗了澡。那时营救员救助我们了。

营救员→营救人员，抢险队员/消防队员

(14) 李祥又想父亲以前是一个杂技员。

杂技员→杂技演员

(15) 所以我每天一边努力学习一边想我将来跟家庭员一起幸福的活的面貌。

家庭员→家庭成员

(16) 不过每天晚上我都给自己二到三个小时来看电视。当然有的节目我看不太懂，因为发言员讲太快了而我的汉语水平却不太好，但［担］是我会努［始］力学习中文。

发言员→节目主持人；播音员

"营救员""杂技员""家庭员"和"发言员"都是生造词。复合词双音化倾向非常明显。而派生词，即词干加上前缀或后缀的词，既有单音节词干加上单音节词缀的，又有双音节词干加上单音节词缀的，而以后者的能产性较强，上述"营救员""杂技员""家庭员"和"发言员"等生造词就是在此背景下错误类推而产生的。

(17) 多走了就发现广州的玉市场。

玉市场→玉器市场（指"广州华林玉器街"）

汉语词语搭配要考虑到韵律，正如吕叔湘先生（1984a：424）指出的那样："可是偏正组合和动宾组合也都是2+2远远多于3+1或1+3，……不得不承认2+2的四音节也是现代汉语里的一种重要节奏倾向。"此例"玉市场"组合不能成立，当用"2+2"组合"玉器市场"。

（三）生造一个三音节词代替另一个三音节词

（18）卧室里的大床弹簧的弹力好，上面还有羽毛被。
羽毛被→羽绒被
（19）而且一个咖啡室都见不到。
咖啡室→咖啡馆、咖啡屋
（20）还有每个人都在同学前面拿着传声器唱歌儿。
传声器→扬声器
（21）当我还是个小孩时第一次看见电视器觉得又奇妙又有点儿怪，怎么一个较小的盒子里面还能放得下人在里面，另外还有好多东西。
电视器→电视机

用"羽绒"的近义词"羽毛"生造出"羽毛被"，用"馆"和"屋"的近义语素"室"生造出"咖啡室"，用"扬"的近义语素"传"生造出"传声器"，用"机"的近义语素"器"生造出"电视器"。

（22）我爸爸开车送我们回家，路途上他发现没有燃料，所以在附近的燃料站停车。
燃料站→加油站

用"油"的上义词"燃料"生造出"燃料站"。

三、生造重叠词

汉语动词和形容词重叠的普遍性是受到限制的，下面的"同同情情""急急巴巴""到到处处"都是错误类推的结果。

（23）必须深深地、同同情情地看他人情况和观点真的怎么样
（24）所以三个和尚都急急巴巴地挑水救火了。
急急巴巴→急急忙忙

例（24）应该是从"急巴巴"错误类推而来。又如：

（25）除了兜风、旅行，我的重要的目标是开车到我国家的到到处处去。
到到处处→每一个地方。

四、生造动补结构

德国柯彼德先生（1991：99-100）根据自己以及德国同事的对外汉语教学经验，认为"'传统语法体系'里边的'结果补语''趋向补语''可能补语'等三类完全应该放弃，并归入动词结构，就是要看成词法结构，不要看成句法结构"。其实赵元任（1979：204-211）先生早已经将"动词+结果补语"和"动词+趋向补语"定性为"动补（V-R）复合词"，将"可能补语"定性为"带中缀的 V-R 复合词"。

我们知道，语法应具有较强的概括性，词法的概括性则较弱。"结果补语"和"可能补语"的类推性较弱，如果我们将"结果补语"和"可能补语"放在词法中进行教学，就应该可以减少留学生因错误类推而生造动补结构。

（一）结果补语

(26) 而看到他们的小男孩救好的，他们很感谢那青年人。
救好→救活
(27) 日本有一个将军叫德以秀吉。生长在贫困农民家里，身份又低，又没有什么文化的他后来怎么会夺取到天下的呢？
夺取到→夺得

汉语中有"争取到"的动补结构，却不能说"夺取到"，只能说"夺得"。我们之所以赞成赵元任先生和柯彼德先生将结果补语、趋向补语、可能补语处理为词法问题，就因为它们的类推性不如句法结构，扩展性也不如句法结构。

(28) 阿林笑着说："对，要照我说今天我们可以吃得很饱，也可以卖些获物挣一点钱"，最后他们什么动物也没获到，只好后悔地回去。
获到→打到

该生作文中用了"打猎"一词，不过他认为"获"相当于"打猎"，故生造了"获物""获到""获不到"等词语。

（二）可能补语

(29) 可是今天他们好像没有运气，从早上到下午一真获不到动物。
获不到→打不到
(30) 很辛苦地试图着火，着不到火，试图了几十次才着到了火。
着不到→点不着
(31) 但是他们决不定谁是一个人留下在寺庙里。

决不定→不能决定

"救好""夺取到""获到""获不到""着不到""决不定"就是生造的动补结构。我们的对外汉语语法体系将结果补语和可能补语作为句法成分来教，可是它们又不具备句法应有的概括性和类推性，这不能不说是留学生生造动补结构的成因之一。

康玉华、来思平先生编著的《汉语会话301句》是我们学院多年来使用的初级口语教材。在1990年版本中动补结构"打开"是作为两个生词来处理的（康玉华、来思平，1990：254）；1999年版本作了修订，把它们放到一起，作为一个词条（康玉华、来思平，1999：156），尽管后者囿于语法体系，并没有在其旁标注词性。这样的修订应该是教材的编著者已经开始意识到像"打开"这样的动补结构，把它们放在一起教，学生更容易习得。然而这样的修订只是局部的，更重要的是从语法体系上对"结果补语"和"可能补语"重新定位。

五、生造词组

（一）生造词组来替代一个复合词

留学生尚未习得一个词时，可能生造一个词组来表达自己的意思。如：

(32) 她是外省来的打工女孩儿。
打工女孩儿→打工妹
(33) 司机到了自己的目的地点。
目的地点→目的地
(34) 我很想看中国传统的武林电影。又人能飞，又刀也是飞。
武林电影→功夫片

（二）生造词组来替代另一个词组

(35) 他希望爸爸妈妈已经开始找他们，已经叫营救人员打开房门。……哥哥觉得这就是救命人员来救他们，高兴地跳起来了。
救命人员→营救人员

这是模仿"营救人员"而生造"救命人员"。又如：

(36) 你告诉我们滑雪俱乐部的情况、俱乐部员的情况、很有意思。
俱乐部员→俱乐部成员
(37) 所以我慢慢儿喜欢中国电视剧。另外喜欢香台明星。
香台明星→港台明星
(38) 我刚来中国的时候。我看了牛奶投递员。

牛奶投递员→送牛奶的

(39) 今天下午平安无事地降落在香港新国际飞机场。

国际飞机场→国际机场

"飞机场"和"机场"都可以说，但只有"国际机场"这个词组。再如：

(40) 以前我们听到书虫这个字，但是现在看电视虫越来越多。我是一个看电视虫。我非常喜欢看电视节目。

看电视虫→电视虫

六、生造成语俗语

成语和俗语都是固定词语，一般来说，不允许改变或更换其中任何成分。特别是处于语言学习阶段的留学生，不要随意翻造成语，如下面的例子"一饱胃福""天高云爽""丧魂落魄"；也不要随意拼凑一个成语，如下面的例子"无害无利""珠黑睛亮"。

(41) 果然菜真的很可口，可以说我"一饱胃福"。

一饱胃福→一饱口福

(42) 那一天天气非常好，天高云爽别题多美丽了。

天高云爽→秋高气爽、天高云淡

(43) 哥哥首先丧魂落魄了，但发他深省，他不是一个人在家里就是他弟弟的哭声。

丧魂落魄→失魂落魄

(44) 它（此处指"狗"）在寂静的黑夜里徘徊，忽然看到有人来，便一时疑神疑鬼地盯着看，而后知道人家与自己无害无利，转过头又去找它的出路去了。

无害无利→没有利害关系

(45) 我失望了，但不能放弃我们的生命，因为我的弟弟珠黑睛亮地盯［定］着我看。

珠黑睛亮→黑亮的眼珠

(46) 就好相中国古语所说的"只要有恒心，铁杵磨成针"。

"只要有恒心，铁杵磨成针"→"只要功夫深，铁杵磨成针"

通过对留学生生造词语的偏误分析，我们认为偏误的成因是留学生不明了汉语词法的特点而根据有限的目的语知识进行错误类推。这一方面是因为相对于句法而言，词法的概括性和类推性较弱；另一方面我们对外汉语教学也要加强词法的教学。我们认为，对外汉语词法教学应包括以下两个方面的内容：一是现代汉语词汇的双音化规则，一个双音节的词在复合词中往往缩成单音节语素，或者选择复合词中的一个语素，或者另找一个与复合词同义的单音语素来代替。二是将结果补语、趋向补语、可能补语处理为词法问题，作为一个整体来习得，这有利于减少留学生生造动补结构的现象。当然，对于2+2节奏倾向的强调，对于派生词的构造，对于成语俗语的固定性等，我们都有必要予以足够的重视。

参考文献

戴曼纯. 论第二语言词汇习得研究 [J]. 外语教学与研究, 2000 (3).
何一薇. 时间名词、时间副词之偏误分析 [J]. 温州师范学院学报（哲学社会科学版）, 2003 (1).
康玉华, 来思平. 汉语会话 301 句 [M]. 北京: 北京语言学院出版社, 1990.
康玉华, 来思平. 汉语会话 301 句（修订本）[M]. 北京: 北京语言文化大学出版社, 1999.
柯彼德. 汉语作为外语教学的语法体系急需修改的要点 [C] //第三届国际汉语教学讨论会会务工作委员会. 第三届国际汉语教学讨论会论文. 北京: 北京语言学院出版社, 1991.
李华. 对汉语中介语表人名词"-人"的偏误分析 [J]. 云南师范大学学报（对外汉语教学研究版）, 2005 (3).
吕叔湘. 汉语语法论文集（增订本）[M]. 北京: 商务印书馆, 1984a.
吕叔湘. 现代汉语八百词 [M]. 北京: 商务印书馆, 1984b.
王初明. 用生造词开展第二语言习得研究 [J]. 现代外语, 1997 (1).
杨升初. 现代汉语逆序词目 [M]. 成都: 四川人民出版社, 1984.
赵元任. 汉语口语语法 [M]. 吕叔湘, 译. 北京: 商务印书馆, 1979.
周小兵, 李海鸥. 对外汉语教学入门 [M]. 广州: 中山大学出版社, 2004.
周有光. 汉字改革概论 [M]. 北京: 文字改革出版社, 1961.
JAMES C. Errors in language learning and use: Exploring error analysis [M]. 北京: 外语教学与研究出版社, 2001.

原载于《第八届国际汉语教学讨论会论文选》编辑委员会:《第八届国际汉语教学讨论会论文选》, 高等教育出版社 2007 年版

留学生汉语偏误严重度的考察

偏误分析是二语习得研究的基石。通过对偏误严重度的考察，可以了解和评估留学生汉语习得的水平，以便采取相应的纠错方法和教学对策。这对于汉语作为二语习得研究和对外汉语教学，都具有重要意义。我们选取了我们学院中级阶段的留学生作文300篇，从偏误跨度、偏误频率和偏误密度三个方面来考察留学生汉语偏误的严重度。

一、偏误跨度

所谓偏误跨度（error range），是指偏误所涉及的语言成分的层级（hierarchy）。偏误跨度大，严重度高；偏误跨度小，严重性低。下面我们先从错序所涉及的语言成分来考察偏误的严重度，从复合词到篇章，偏误的严重度越来越大。

（一）复合词错序

我们从跨度最小的复合词开始讨论，复合词语素之间有语序的问题。如：

（1）＊他们打算革变社会，可是社会对他们的理论没有特别的兴趣。（Z145。此为留学生作文编号，下同）

（2）＊回忆往事让我更爱生命，更惜爱自己正在经历的一时一刻。（Z132）

例（1）的"革变"应改为"变革"，例（2）的"惜爱"应改为"爱惜"。这两例都是联合式复合词的错序。汉语联合式复合词的语序一般是固定的，只有少数例子是可以改变语序而意思基本不变，如"演讲"—"讲演"、"感情"—"情感"等，而大多数像"变革"和"爱惜"则不能倒序。

（二）多重定语和多重状语错序

（3）＊在我的后面坐一个中国不招人喜欢的男子汉。（Z133）

（4）＊脸子上有比较多皱纹，鼻子高，大蓝色的眼睛，像小孩子一样活跃。（Z074）

（5）＊我们从广州火车站晚上出发。（A0068）

例（3）和例（4）是多重定语的偏误，应分别改为："一个不招人喜欢的中国男子汉""蓝色的大眼睛"；例（5）是多重状语的偏误，应改为："晚上从广州火车站出发"。

（三）修饰语和中心语的错序

1. 定语中心语错序

(6) *妈妈的态度对生活是自食其力。（Z013）
(7) *我很喜欢听他的故事关于有名的画家。（Z049）
(8) *中国第一个城市我们去得是广州。（Z109）

例（6）（7）是介词结构作定语与中心语的错序，例（8）是主谓结构作定语与中心语的错序。例（6）～（8）应分别改为："妈妈对生活的态度""他关于有名画家的故事""我们去的中国第一个城市"。汉语的定语总是在名词的前面。

2. 状语中心语错序

(9) *大海这时展现在我面前坏脾气的一面。（Z027）
(10) *我已经住了差不多一年左右在留学生楼。（Z140）

例（9）（10）应分别改为："在我面前展现""在留学生楼住了差不多一年左右"。例（9）（10）虽然都是状语与其中心语错序，但例（9）的改正仅仅将"在我面前"放回到"展现"前；而例（10）的改正，"在留学生楼"则要越过补语"差不多一年左右"放在"住了"的前面。因此，我们认为例（10）的严重度要比例（9）大。

3. 补语中心语错序

(11) *去宾馆保龄室一个小时玩才回房间休息了。（A0058）
(12) *他一会儿犹豫不决："行。"（Z022）

例（11）（12）应分别改为："玩了一个小时""犹豫（不决）了一会儿"。汉语表示时段的词语应该放在动词后。

（四）句子主要成分的错序

1. 主谓错序

(13) *越来越他们的生活好了。（Z032）
(14) *身体他不好，可是努力工作。（A0121）

例（13）应改为："他们的生活越来越好"，"越来越好"是紧缩形式作句子的谓语；例（14）应改为："他身体不好"，这是主谓谓语句，主谓结构的主语应该为全句的主语所统摄，而不是相反，例（14）是全句的主语"他"和作谓语的主谓结构的主语"身体"错序。

2. 动宾错序

（15）＊我想很多事情给你介绍。（A0108）

例（15）应改为："我想给你介绍很多事情"。日语和韩语是 SOV 语言，受母语影响，留学生容易产生动宾错序偏误。例（15）是日本留学生的病句。

（五）小句错序

1. 前后相接两句错序

（16）＊我的同屋是韩国人，她性格很好。没有发生矛盾，我们的关系比较好。（A0078）

（17）＊一位50岁左右的女老板一边看着我，一边哭，因此我生气了，在韩国这样是没有礼貌的。（Z154）

例（16）应改为："我的同屋是韩国人，她性格很好。我们的关系比较好，没有发生矛盾。"此例第三句和第四句错序，通例是先做正面的陈述，然后再做反面的补充，而且第三、四句的主语与第一、二句的主语不同，所以第三句应该出现主语，而不是省略。例（17）应改为："一位50岁左右的女老板一边看着我，一边哭，在韩国这样是没有礼貌的，因此我生气了。"此例也是第三句和第四句错序，通例是先因后果，而且"在韩国这样是没有礼貌的"是对第一、二句的总结，又是"因此我生气了"的原因。

2. 跨段落小句错序

（18）＊在韩国大部分的男孩子一定要当兵，这并不是权利而是义务。我也是当过两年兵。许多人，不，每个人在当兵前的一个月内都不能快乐地生活。因为每个人都知道当兵是世界上最悲惨的一件事。

当兵以前的一个月，我好像皇帝一样。家人、朋友都对我很好。……（Z154）

因为例（18）第一段介绍韩国通常的情况，而从第二段开始讲自己的故事，"我也是当过两年兵"在第一段显得很突兀，此句应该从第一段中移到第二段的开头：

（18′）在韩国大部分的男孩子一定要当兵，这并不是权利而是义务。许多人，不，每个人在当兵前的一个月内都不能快乐地生活。因为每个人都知道当兵是世界上最悲惨的一件事。

我也是当过两年兵。当兵以前的一个月，我好像皇帝一样。家人、朋友都对我很好。……

复合词只是一个词，它的错序只涉及语素，语言的层级最低，偏误严重度也是最低的；多重定语和状语的错序，只涉及修饰语这一层级，偏误严重度也比较低；定语状语补语与中心语之间的错序，语言层级提高，跨度加大，偏误严重度就增加了；相对于句子次要成分修饰语和中心语的错序，句子主要成分主谓错序和动宾错序的偏误严重又增加了；小句的错序，特别是跨段落的小句错序，涉及的语言的层级最高，偏误的严重度也最高。

在同一层级中，改动较大的则严重度较高。

至于其他类型的偏误，也同样有跨度的问题，也同样有偏误的严重度的问题。如：

(19) *他决定去眼镜店买一双眼镜。(A0132)

(20) *他们一进了商店服务员对他们表示欢迎。(A0127)

例（19）是量词误选的偏误，"双"应改为"副"，偏误的跨度只限于"数+量+名"短语；例（20）"服务员"和"对他们表示欢迎"之间遗漏副词"就"字，偏误的跨度在一个紧缩复句的两个分句之间，当然例（20）偏误的严重度要高于例（19）。

Ellis（1999：63，66-67）、朱其智和周小兵（2007：117-118）认为在评估偏误严重度时可以将偏误分为两类：整体性偏误（global errors）和局部性偏误（local errors），当然是前者的严重度大于后者。我们在此文中进行的偏误跨度研究则是把这个问题进一步细化，从低到高有复合词、修饰语之间、修饰语与中心语、句子主要成分、小句和篇章等六个层级，它们决定着偏误严重度的高低。

二、偏误频率

偏误频率（error frequency）指的是在一个篇章（如一篇作文）中同一个偏误重复出现的次数。

(21) *他们都拿到它的结果以后又去那位医生。(A0101)

(22) *所以他们都坐飞机飞到美国。(A0101)

例（21）（22）中，"都"误加。在该篇作文 A0101 中，"都"的误加偏误重现了 10 次，几乎在所有的复数代词"他们"后都误加上"都"。

(23) *每个人也有三十二枝牙齿。(Z013)

(24) *人不要装腔作势，做什么事也要十分努力。(Z013)

例（23）（24）"也"应该改为"都"。在该篇作文 Z103 中有 5 处该用"都"却用了"也"，这是误选。那么，作文 A101 中"都"的偏误严重度高于作文 Z013 中"也"的一倍。

中级阶段的留学生动词后的"了$_1$"仍掌握不好，有一篇作文 Z147 里出现了四个偏误：

(25) *我打算了去广州购书中心，我发现了我好久没在那儿，所以我希望了那儿的新来的书很多，上公共汽车以后我马上知道我应该坐了出租汽车。

例（25）中四个"了"都是误加，应该删去。

另一篇作文 A0117 中"了"的偏误也出现了四次：

(26) *所以王爷爷和王婆婆每天俩一起过了很满意的生活。

(27) *有一天，他突然摔倒，眼睛就掉了地上打碎了。

(28) *哎，看了太清楚了。

(29) *王婆婆担心这会发生了危险，就忙带他去眼睛店。

例（26）"过了"的"了"应该改为"着"；例（27）"掉了"的"了"应该改为介词"在"；例（28）"看了"的"了"应该改为"得"，这是"了"的误选；例（29）"发生了"的"了"是误加，应该删去。

这两篇作文中都有四个"了$_1$"的偏误，但是作文 Z147 的偏误类型比较单一，只有误加；作文 A0117 的偏误类型有误加和误选两种，而且虽然同是误选，"了"分别与"着""在"和"得"相混淆。所以我们说 A0117 的偏误严重度高于 Z147。

三、偏误密度

偏误密度（error density）是用来统计在一个话语或篇章中出现的各种不同的偏误，通常以每100字出现偏误的个数来衡量偏误的密度。我们从300篇作文中随机抽取20篇，对每篇作文的偏误密度进行了统计（表1）。

表1　作文偏误密度统计

单位：个

作文代号	作文总字数	偏误总个数	每百字偏误数	作文代号	作文总字数	偏误总个数	每百字偏误数
A0008	530	13	2.45	Z047	530	28	5.28
A0023	670	28	4.18	Z063	630	14	2.22
A0036	540	18	3.33	Z078	410	18	4.39
A0051	620	14	2.26	Z091	500	7	1.40
A0074	540	18	3.33	Z105	470	12	2.55
A0082	560	11	1.96	Z124	390	20	5.13
A0115	540	11	2.03	Z133	430	9	2.09
Z004	480	10	2.08	Z142	380	9	2.37
Z011	450	16	3.56	Z161	380	10	2.63
Z036	590	22	3.73	Z180	370	7	1.89

统计下来，作文 Z047 每百字出现5.28个偏误，偏误密度最高，偏误严重度最高；作文 Z091 每百字出现1.40个偏误，偏误密度最低，偏误严重度最低。前者的严重度比后者高出近4倍。

偏误密度与频率能够很容易区分开来：密度指的是某语言单位中不同偏误的密集程度，频率则是相同的偏误在某语言单位中出现的次数。两者相比，高密度比高频率会造成更大的理解困难，因为当同一偏误出现了四五次以后，我们就不再注意到它了。然而在高偏误密度的文本中，因为一个偏误紧跟着另一个偏误，每一处新的偏误都形成了新的问题，我们必须连续做出不同的推测。尽管每一处偏误也许都是简单的，但问题在于偏误的多样性，整体效果或者说累积效果（cumulative effect）是可怕的。看一段留学生的作文：

(35) 他看了*一前他的*妇女*跟好看，为什么*带*眼睛的时候不太一样，*所他*觉的用了*眼睛不太合适，所他不买了，然后马上*找了。(A0109)

例（35）出现了很多偏误，我们用*号一一标出："一前"应改为"以前"，音近写别字；"妇女"应改为"妻子"，用上义词误代替下义词；"跟"应改为"更"，音近写别字；"带"应改为"戴"，同音选错词/写别字；"眼睛"应改为"眼镜"，音近写别字；"所"应改为"所以"，漏字；"觉的"应改为"觉得"，同音写别字；"找"应改为"走"，音近选错词/写别字。如果不是老师问了写作文的留学生，就不知道他想说什么，因为偏误密度太大。又如：

(36) 在北京住三天，去过天安门，*古宫，北海*公圆等等。可惜时间太少。*记出来北京*想天气*然，*控气味儿很*弄，因为雾看不到太阳。(Z159)

根据上下文，例（36）"古宫"应改为"故宫"，"公圆"应改为"公园"，"控气"应改为"空气"。但是"记出来北京想天气然"一句，共有六个词，就有三处偏误"记出来""想""然"，只有"北京"和"天气"两个词是正确的。因为写该作文的留学生已经离校，就没法知道他想表达什么了。

四、结　语

我们从偏误的跨度、偏误的频率和偏误的密度三个方面考察了留学生汉语偏误的严重度。对偏误严重度的考察，对于对外汉语教师批改、评估和纠正留学生的偏误，对于二语习得中语言点习得过程和顺序的研究，对于语法大纲和教材中语言点的排序，都具有积极的作用。

参考文献

周小兵，李海鸥. 对外汉语教学入门［M］. 广州：中山大学出版社，2004.
周小兵，朱其智，邓小宁. 外国人学汉语语法偏误研究［M］. 北京：北京语言大学出版社，2007.
朱其智，周小兵. 语法偏误类别的考察［J］. 语言文字应用，2007（1）.
ELLIS R. The study of second language acquisition.［M］. 上海：上海外语教育出版社，1999.
JAMES C. Errors in language learning and use：Exploring error analysis［M］. 北京：外语教学与研究出版社，2001.

原载于《第九届国际汉语教学研讨会论文选》编辑委员会：《第九届国际汉语教学研讨会论文选》，高等教育出版社 2010 年版

"由"字句的语法项目选取依据研究[①]

我们讨论的"由"字句是指由引进施事的介词"由"字组成的句式,可以表达被动意念。现行的对外汉语语法大纲和教材,基本上没有在被动句这一语法项目下列出"由"字句。

王还(1995)主编的《对外汉语教学语法大纲》、国家汉办汉语水平考试部(1996)制定的《汉语水平等级标准与语法等级大纲》、国家汉办(2002)编写的《高等学校外国留学生汉语教学大纲(长期进修)》附件和《高等学校外国留学生汉语言专业教学大纲》附件二在被动句这一语法项目下都没有列出"由"字句这一语法点。

我们对中山大学国际交流学院对外汉语系多年来使用的初中级阶段的读写、精读课以及报刊课教材进行了考察。《初级汉语课本》(北京语言学院来华留学生三系,1987)与《现代汉语教程(读写课本)》(李德津、李更新,1988)等都没有将"由"字句列入其语法体系中。《中级汉语教程》(陈灼、刘镰力等,1987)、《汉语中级教程》(杜荣,1989)、《新汉语》(复旦大学国际文化交流学院,1991)、《中级汉语精读教程》(赵新,1999)等在"语法注释/词语例释"中也都没有涉及"由"字句。

只有《实用汉语课本》(刘珣等,1986)在第三册第二课的"词语例释14"介绍了"由"字句,并与"被"字句进行了比较,认为"由"字句和"被"字句的受事都可以位于句首作主语;不过该书的编者却认为"被"字句表被动,"由"字句不表被动。《高级汉语报刊阅读教程》(北京语言学院来华留学生二系,1994)在下册第十二课中仅列有"把……摆到……位置是由……决定的"这样一个"报刊常用结构";《新编汉语报刊阅读教程(中级本)》(吴丽君,2000)在第七课中仅列有"由其所在……出具……材料"这样一个"报刊常用格式"。前者为"把"字句作主语的"由"字句,后者为"由"字句作定语的格式。"由"字句是新闻体裁中必不可少的句式,而我们的教材并没有把它提炼出来作为一种句式来讲解,却与其他无关的语法项目混杂在一起。

我们根据周小兵等(2004b:206-215)提出的对外汉语语法项目选取的原则,对有关"由"字的研究情况和学习情况进行了考察,并进行了相关的语法教学实验研究,认为对外汉语语法大纲和对外汉语教材有必要将"由"字句选入,作为被动句的一种下位句式来教,其理由如下。

[①] 本文为国家汉办重点项目"语法项目选取的依据与排序"(HSK01-05/076)的一部分。

一、对外汉语教学实践的需要

对"由"字句的研究,基本上是对外汉语教学专家和教师进行的,充分说明了对外汉语教学实践的迫切需求。

王还(1983)在《英语和汉语的被动句》一文中,第一次明确提出"由"字句的概念,把"由"字句归纳为七种"汉语中可能译成英语被动句的句式"之一,并用专门的节、段进行讨论,还指明了"由"与"被"的差别。

吕文华(1985)随后写出了第一篇以研究"由"字句为主体的文章,把"由"字句分为三段进行具体的考察和研究,A 段为句首的受事名词,B 段为"由"及其引导的施事名词,C 段为句子主要动词,并且跟"被"字句进行一些比较研究。

白荃(1998)专文论述了在句首的"由+施事"结构的句法功能等有关问题,认为句首的"由+施事"是句子的主语。

李卫中(2000)以三个平面理论为框架,对"由"字句进行了研究。

朱其智(2002a)的《用于"由"字句中典型动词的研究》,从语义到句法层面对只能用于"由"字句中的典型动词进行了考察研究,以揭示"由"字句的句式特点。

朱其智(2002b)的《"由"字句的语篇分析》,把"由"字句分为主动句、被动句两种句式,并指出其出现的语篇条件,不同的话题推进模式对"由"字句的主动、被动句式具有制约作用。

二、"由"字句与"被"字句的密切关系

这两种句式基本语义语序一致,都是受事作主语,"被"和"由"的功能都是引进施事,且位于受事主语与主要动词之间。

确实,"由"字句与"被"字句有种种区别,如:"被"字句表"遭遇"义,而"由"字句表"负责"义;"被"字后的名词可省,而"由"字后的名词不可省;"被"字句中的动词不能是光杆动词,而"由"字句中的动词通常是光杆动词;等等。但我们认为,"由"字句与"被"字句基本语义语序的一致性是第一位的、根本的,而它们不同的特点是第二位的、枝节的。

"由"字句与"被"字句基本语义语序是一致的,我们的语法教学大纲中仅引进"被"字句、意念被动句,而不列入"由"字句,在体系上是不够完整的。

龚千炎(1980)在《现代汉语里的受事主语句》一文中将受事主语句分为六类,其中 E 类为:Np + 由、归 + Na + V,即我们所谓的"由"字句。如果我们同意龚千炎的定义——"'受事'充当主语的句子可称为'受事主语句',也可称为'被动句'",那么将"由"字句归纳为被动句应当没有问题。房玉清(1992:319)也把被动句定义为受事主

语句。"由"字句和"被"字句都是表达被动意念的句式。

吕文华(1994)在《对外汉语教学语法探索》一书"常用语法项目分析"部分第十七段"被动句的类型和使用条件"中,根据王还的研究,将被动句分为五类:①无标志被动句;②"被"字句;③"由"字句;④主语是受事的"是……的"句;⑤"遭、受、挨"。

我们认为吕文华选入"由"字句并归纳于被动句之下的做法对对外汉语语法教学是有积极作用的,很可惜这一做法在吕文华该书出版后出台的四大语法大纲中没有得到充分体现。

而且,我们认为"由"字句比"是……的"句和"遭""受""挨"更有理由归纳于"被"字句的名目之下。因为"是……的"只是强调焦点的句式,当强调的是受事主语时才是被动句;"遭""受""挨"是动词,这是以词汇形式表达被动的意念。

三、"由"字句的使用频率

龚千炎(1980)认为"由"字句"没有太多内容可讲"。吕文华(1985)认为"也许是'由'字句的使用频率不如'把'字句、'被'字句高,应用起来也不像'把'字句、'被'字句那么复杂"。

我们觉得"被"字句与"由"字句的使用频率的比较,一要用数据说话,二要分不同体裁来谈。下面我们将比较在文学体裁和新闻体裁中"被"字句与"由"的使用频率。

文学作品,我们统计了老舍的《骆驼祥子》和王朔的小说《顽主》《一点正经没有》《你不是一个俗人》《痴人》《千万别把我当人》《修改后发表》《谁比谁傻多少》《枉然不供》。

新闻体裁,我们统计了2000年的《人民日报》(我们随意选择了10天的报纸),其中"由……组成""由……构成""由……引起""不由分说""必由之路""身不由己""任由""由此""由"="从"不计,"被告""被告人""被诉人""被害人""被迫""被动""被检查者/人""被执行人"不计,而将"被捕""被俘""被害""被毁""被盗""被困""被骗""被砸""被占""被斩""被缚""被擒"等计算在内。

表1显示,文学作品中,"由"字句的使用频率的确不高,这很可能就是现代汉语语法界"由"字句少有人研究的原因。而过去我们对外汉语教学特别是中高级阶段精读课比较强调文学作品的教学,"由"字句被忽略也在所必然。

表1 文学作品中"由"字句与"被"字句的使用比率

文学作品		"由"字句	"被"字句
老舍的《骆驼祥子》	用例	5 例	102 例
	比例	4.7%	95.3%
王朔的小说	用例	34 例	271 例
	比例	11.15%	88.85%

从表2中我们看到，虽然"由"字句的使用频率在新闻体裁中仍然不如"被"字句高，但是已经到了不可忽视的地步。而对外汉语教学的课程设置中，纯新闻体裁内容课程的地位越来越重要。国家汉办（2002）编写的《高等学校外国留学生汉语教学大纲（长期进修）》中的"课程设置与安排"将"新闻听力（听读）课""报刊阅读课"列为语言技能训练专门技能的必修课；国家汉办（2002）编写的《高等学校外国留学生汉语言专业教学大纲》中的"课程设置"中列有"中国报刊语言基础"（第一学年）、"新闻听力"（第二学年）、"中国报刊阅读"（第三学年）。这还不包括选入泛读、精读等课程中的新闻体裁的课文。

表2 新闻体裁中"由"字句与"被"字句的使用

单位：例

《人民日报》2000年	"由"字句	"被"字句
1月9日共4版	9	10
1月24日共12版	37	60
3月17日共12版	28	31
6月7日共12版	35	43
7月4日共12版	48	52
7月9日共4版	9	9
7月19日共12版	39	70
10月8日共8版	25	44
11月12日共4版	12	25
12月9日共8版	25	52
总　　计	267	396
比　　例	40.27%	59.73%

既然有关新闻体裁的课程在对外汉语教学中的分量越来越重，既然"由"字句使用频率在新闻体裁中也相当高（达到40%强），那么我们的语法教学大纲就必须将"由"字句选进去，给予适当的地位，并予以相应的重视，仅仅在介词"由"中列入一个"表示施事"的义项（参见《高等学校外国留学生汉语教学大纲（长期进修）》附件第160页）是远远不够的。

四、留学生的语法偏误

留学生偏误情况也说明了应该在我们的语法大纲和教材中列入"由"字句。
参加此次汉办项目的吴门吉老师和笔者给对外汉语系初级二到高级班等7个班的留学生布置了给词造句作业，以考察留学生被动句的习得情况。要求学生用10组词语造句（见附录1），有7组句子是本次研究目的所在，另外还有"把"字句、一般主动句等3个句子,目的是不让学生猜出作业的意图。要求学生用一个课时独立完成,并由任课教师监督,避免学生间的相互影响,以保证作业的有效性。我们在表3仅列出"被"字句与"由"字句的正确句子比率,两者的差异是非常明显的,似乎不再需要任何统计推理来进一步加以证明。

表3　给词造句作业中"被"字句与"由"字句的正确率

给词	初级二（32人）	中级一（36人）	中级二（34人）
被	19句（59%）	17句（47%）	29句（85%）
由	2句（6%）	5句（14%）	6句（18%）

"由"字句与"被"字句使用正确率的差异,显示了留学生在被动句习得上的巨大差异,这种差异也正显示了我们教学语法体系的缺憾所在。

吕文华（1985：18）指出,留学生"往往把汉语中应该说成'由'字句的一律说成'被'字句"。例如:

(1) *八楼被王师傅管理。
(2) *李白的诗被我朗诵了。
(3) *画上的字是被作者写的。
(4) *这些新产品是被第一机床厂制造的。

程美珍（1997：248）也列举了这样的病句:

(5) *家长是重要的人,每件重要的事情被他们负责解决。

她指出:"汉语中若要指出某事的责任属于什么人,而丝毫不涉及受到什么动作行为影响时,不用'被'字句,要用介词'由'代替。"

下面列出从留学生平时作文和此次汉办项目实验研究的试卷中收集来的病句:

(6) *一般人想孩子应该被成人好好指导。
(7) *这个节目是被李小龙表演的。
(8) *这个问题被经理负责解决。
(9) *什么时候考试被老师决定。
(10) *电脑被王工程师修理。
(11) *这本小说被李教授翻译。
(12) *病人被护士照顾。
(13) *晚会被大使馆举办。
(14) *今天的会议是被林主任主持的。
(15) *会议室的门被办公室职员小张来锁。
(16) *买机票的钱被我们公司付。

我们认为留学生之所以出现上述偏误,主要是因为我们的语法大纲和教材中没有列入"由"字句,他们也无从系统地学习"由"字句。当他们需要表达汉语中需要用"由"字来表达的被动意念时,似乎只能将"被"字句过渡泛化,从而造成偏误。

五、"由"字句教学实验统计分析与推理

我们尝试进行一个"由"字句的教学实验,来检验把"由"字句作为一种被动句来教学是否有益于学生的习得,是否能够提高教学效果。

我们对外汉语系分班的依据有两个,一是前一学期所在的班级和成绩,二是新生入学的分班考试。五班与六班都是中级一阶段,它们处于同一水平层次上,而且两个班使用的教材也完全一样。

我们以五班为实验组,六班为控制组。对五班的处理是进行"由"字句的语法讲解,给学生发讲义。重点讲"由"字句的句式语义特点,列出语法"公式"和举例说明,且与"被"字句做比较。讲解以后做了相应的练习,练习题有造句和重新排序两种(参见附录2)。讲解和练习共用两个课时,由笔者亲自主持。五班参加的学生15人,六班作为控制组当然没有进行相关的讲解与练习。

隔了两个多星期,我们对五班、六班同时进行了测试,由任课老师监督,保证学生独立按时完成。测试试卷相同,共设计了25道多项选择题,有20道与被动句有关,其中15道的答案与"由"字句有关(其中有14题以"被/叫"作为干扰项),5道的答案与"被"字句有关。另外有5道是别的语法项目,为的是不让学生猜出测试的意图。满分共25分(参见附录3)。

六班参加学生11人,五班参加学生21人,而21人中,只有11人参加了前次语法"处理",因此五班的有效答卷也是11份。我们将两组学生的成绩(X_1、X_2)在表4中列出,并算出它们的平均值和标准差,X_d是两班成绩之差。

表4 五班六班学生测试成绩及其平均值和标准差

五班学生	得分 X_1	六班学生	得分 X_2	分数差 X_d
一	8	十二	7	1
二	10	十三	7	3
三	11	十四	8	3
四	12	十五	8	4
五	14	十六	11	3
六	16	十七	14	2
七	17	十八	15	2
八	17	十九	16	1
九	17	二十	17	0
十	19	二十一	20	−1

续表4

五班学生	得分 X_1	六班学生	得分 X_2	分数差 X_d
十一	20	二十二	21	-1
平均值	14.64		13.09	1.55
标准差	3.91		5.19	1.69

假定表4中两组成绩分别来自两个正态总体，每组分数就是其中一个总体的一个样本，现在要根据样本的平均值来验证两个总体的平均值 μ 是否相同。

先做出零假设 $H_0: \mu_1 = \mu_2$；

相反的假设 $H_1: \mu_1 \neq \mu_2$。

对于随机变量 X_1、X_2，做出新的随机变量 $X_d = X_1 - X_2$。在零假设的条件下，X_d 服从以0为平均值的正态分布。我们运用 T 检验法来验证两个组的平均值，如果 $T \leq \lambda_t$，维持零假设，两组无显著差异；$T \rangle \lambda_t$，否定零假设，两组有显著差异。经过计算得出 $T = 3.039$，取 $\alpha = 0.05$，查自由度 $(n-1)$ T 双侧分布表，其临界值为 $\lambda_t = 2.228$，$T \rangle \lambda_t$，否定零假设。故五班、六班此次测试成绩，在 $\alpha = 0.05$ 的置信水平上有显著差异。这一显著差异即可归结为我们对于五班的处理——"由"字句的讲解与相应的练习，也就是说我们的实验研究取得了一定效果。即我们把"由"字句作为一种被动句来教学，并与"被"字句相比较，有助于提高教学效果，有益于学生对于"由"字句乃至整个被动句的习得。

然而，我们在此仅仅尝试了在语法教学中临时插入"由"字句的语法教学。由于为汉办项目时限所制约，我们进行的"由"字句的语法教学游离于语法教学的序列以外，未必是合适的时机，而且没有相应的课文配合，教学时间也是受到限制的，教学效果并不十分理想。两个组的显著区别也仅仅在 $\alpha = 0.05$ 的置信水平上可以成立，在更严格的 $\alpha = 0.01$ 的条件下就不能成立：查表得 $\lambda_t = 3.169$。而 $T = 3.039$，$T < \lambda_t$，则零假设成立。

如果语法大纲中在适当的排序中选入"由"字句作为一种被动句形式，并且有相应的课文与练习配合，那么我们相信届时再做类似的实验研究，其效果将会更加令人满意。

六、结　语

本文从五个方面讨论了将"由"字句作为一种被动句式选入对外汉语教学语法体系及其教材的必要性：①对"由"字句的研究，基本上是对外汉语教学专家和教师进行的，是教学实践产生了研究"由"字句的迫切需求和动机；②"由"字句与"被"字句关系密切，基本语义语序一致，都是表达被动意念的句式；③"由"字句在新闻体裁中有相当高的使用频率，而新闻体裁内容的课程在对外汉语教学中的比重日益增加；④留学生的语法偏误说明，因为我们没有进行"由"字句的语法教学，使留学生将"被"字句过度泛化，造成病句；⑤我们所进行的"由"字句教学实验的统计分析与推理证明"由"字句纳入被动句范畴进行教学具有正面的、积极的作用。

参考文献

白荃. 试论句首的"由+施事"结构的句法功能及其相关问题[J]. 北京师范大学学报（社会科学版），1998（6）.

北京语言学院来华留学生二系. 高级汉语报刊阅读教程[M]. 北京：北京语言学院出版社，1994.

北京语言学院来华留学生三系. 初级汉语课本[M]. 北京：北京语言学院出版社，1987.

陈灼，刘镰力，等. 中级汉语教程[M]. 北京：北京语言学院出版社，1987.

程美珍. 汉语病句辨析九百例[M]. 北京：华语教学出版社，1997.

杜荣. 汉语中级教程[M]. 北京：北京大学出版社，1989.

房玉清. 实用汉语语法[M]. 北京：北京语言学院出版社，1992.

复旦大学国际文化交流学院. 新汉语（五册～八册）[M]. 上海：复旦大学出版社，1991.

龚千炎. 现代汉语里的受事主语句[J]. 中国语文，1980（5）.

国家对外汉语教学领导小组办公室汉语水平考试部. 汉语水平等级标准与语法等级大纲[M]. 北京：高等教育出版社，1996.

国家汉办. 高等学校外国留学生汉语教学大纲（长期进修）[M]. 北京：北京语言文化大学出版社，2002.

国家汉办. 高等学校外国留学生汉语言专业教学大纲[M]. 北京：北京语言文化大学出版社，2002.

李大忠. 外国人学汉语语法偏误分析[M]. 北京：北京语言文化大学出版社，1996.

李德津，李更新. 现代汉语教程（读写课本）[M]. 北京：北京语言学院出版社，1988.

李珊. 现代汉语被字句研究[M]. 北京：北京大学出版社，1994.

李卫中. "由"字句的句法、语义、语用分析[J]. 汉语学习，2000（4）.

林连书. 应用语言学实验研究方法[M]. 广州；中山大学出版社，2001.

刘珣，等. 实用汉语课本[M]. 北京：商务印书馆，1986.

吕文华. "由"字句——兼及"被"字句[J]. 语言教学与研究，1985（2）.

吕文华. 对外汉语教学语法探索[M]. 北京：语文出版社，1994.

吕文华. 对外汉语教材语法项目排序的原则及策略[J]. 世界汉语教学，2002（4）.

青苹果数据中心. 《人民日报》2000年电子版[M]. 北京：金报电子出版中心，2001.

青苹果数据中心. 中国现代文学名著经典[M]. 北京：北京电子出版物出版中心，2001.

王还. 英语和汉语的被动句[J]. 中国语文，1983（6）.

王还. 对外汉语教学语法大纲[M]. 北京：北京语言学院出版社，1995.

王力. 中国现代语法[M]. 北京：商务印书馆，1943.

吴丽君. 新编汉语报刊阅读教程（中级本）[M]. 北京：北京大学出版社，2000.

赵新. 中级汉语精读教程[M]. 北京：北京大学出版社，1999.

周小兵. "着"的教学与对外汉语教学语法[M]//胡有清，钱厚生. 对外汉语教学与研究. 南京：南京大学出版社，2003.

周小兵. 汉语第二语言教学语法的特点[J]. 中山大学学报（社会科学版），2002（6）.

周小兵. 学习难度的测定和考察[J]. 世界汉语教学，2004（1）.

周小兵，李海鸥. 对外汉语教学入门[M]. 广州：中山大学出版社，2004.

朱其智. 用于"由"字句中典型动词的研究[J]. 广州华苑，2002a（1）.

朱其智. "由"字句的语篇分析[J]. 语言研究，2002b（4）.

附录1 请用下列词语造句

1. 信（作主语）

2. 由（介词，后跟施事）

3. 是……的（中间强调施事）

4. 衣服，洗

5. 毛衣

6. 把（介词）

7. 让（介词）

8. 房间，打扫

9. 被（介词）

10. 被……所……

附录2　被动（passive）句

（一）N_1 + "被"/"叫"/"让"/"给" + N_2 + V + C + 了

N_1是受事（recipient、goal、receiver）也是主语（subject），N_2是施事（agent、actor、doer）。（一）表示N_1有什么结果，所以常常用动词+补语（V+C）。

(1) 钱包被小偷偷走了。

(2) 老鼠被猫捉住了。

(3) 房间被服务员打扫干净了。

(4) 他爱人被他说糊涂了。

(5) 信被人寄出去了。

(6) 照片被他挂在墙上了。

(7) 行李叫秘书取回来了。

(8) 我的词典叫玛丽借去了。

(9) 照相机让人弄坏了。

(10) 他的病让大夫治好了。

(11) 帽子让人拿走了。

(12) 衣服给大雨淋湿了。

(13) 钱包给他弄丢了。

(14) 那只狼给猎人打死了。

N_1 + "被" + V + C + 了，N_2没有出现，被省略，如：

(15) 电冰箱被修好了。

(16) 椅子被推倒了。

(17) 书被放在沙发上了。

(18) 画被买走了。

(19) 小周被批评了一顿。

（二）N_1 + "由" + N_2 + V

"由"≠"由于"。上次的练习有很多同学做错。如：

(1) *我的成绩不好，由不努力学习。

(2) *由我家里发生了一件事，我只好回国了。

(3) *他由非典回去了。

"由"主要有两个意思：一个是"从"的意思，如"由礼堂出来/由白云机场起飞/由西往东走"；另

一个意思是用在被动句中,标明"施事",表示 N_2 的一种职业、技术、能力或者责任。如:

(4) 这件事由经理决定。
(5) 新闻由张先生播送。
(6) 小说由鲁迅创作。
(7) 读写课由李老师教。
(8) 生日蛋糕由张师傅来做。
(9) 这个节目由三班同学表演。
(10) 房子问题由学校解决。
(11) 钱由我们公司付。
(12) 房间由服务员打扫。
比较:房间被服务员打扫干净了。
(14) 行李由秘书去取。
比较:行李叫秘书取回来了。

练 习

(一) 造句
(1) 为……所……
(2) 被……洗……
(3) 由……洗……
(4) 由……介绍……
(5) 由……负责……
(6) 由……照顾……

(二) 组句
(1) 和 陪着 新娘 人 别的 母亲 由
(2) 广播电台 歌 进行 由 首 广播 这
(3) 件 决定 你 这 由 事 只好 来
(4) 负责 生词 王老师 由 解释
(5) 的 买 是 由 钱 公司 的 电脑 付
(6) 和子 托运公司 将 的 托运 由 行李

附录3 测试

选择唯一正确的答案:

1. 这个节目是____李小龙表演的。
    A. 由   B. 被   C. 为   D. 从

2. 很多同学____非典(feidian)回国了。
    A. 叫   B. 为了   C. 由   D. 由于

3. 椅子____他推倒了。
    A. 为   B. 由   C. 被   D. 从

4. 李白的诗____我朗诵(langsong)。
    A. 由于   B. 由   C. 从   D. 被

5. 这个问题____经理负责(fuze)解决。
    A. 给   B. 被   C. 由   D. 为

6. 大家____歌声所吸引（xiyin）。
   A. 为　　　　　B. 为了　　　　C. 给　　　　　D. 由于

7. 信由秘书（mishu）_____。
   A. 写错了　　　B. 来写　　　　C. 就要写了　　D. 只能写

8. 明天大家____我这儿出发。
   A. 被　　　　　B. 把　　　　　C. 为　　　　　D. 从

9. 什么时候考试____老师决定。
   A. 把　　　　　B. 由　　　　　C. 被　　　　　D. 给

10. 他_____学习汉语，来中国留学。
    A. 为了　　　　B. 由　　　　　C. 叫　　　　　D. 由于

11. 电脑____王工程师_____。
    A. 被……修理　B. 由……修坏　C. 由……修理　D. 为了……所修坏

12. 这本书____你弄脏了。
    A. 为　　　　　B. 把　　　　　C. 给　　　　　D. 由

13. 宿舍____张师傅（shifu）进行管理（guanli）。
    A. 被　　　　　B. 由　　　　　C. 由于　　　　D. 给

14. 这本小说____李教授翻译。
    A. 被　　　　　B. 由于　　　　C. 从　　　　　D. 由

15. 玛丽____选作班长。
    A. 让　　　　　B. 被　　　　　C. 为　　　　　D. 由

16. 病人____护士照顾。
    A. 被　　　　　B. 把　　　　　C. 由　　　　　D. 为了

17. 我同屋____房间打扫干净了。
    A. 给　　　　　B. 被　　　　　C. 为了　　　　D. 把

18. 晚会____大使馆举办（juban）。
    A. 由　　　　　B. 由于　　　　C. 被　　　　　D. 给

19. 这种新的照相机____中国制造。
    A. 叫　　　　　B. 把　　　　　C. 从　　　　　D. 由

20. 地址____他写错了。
    A. 叫　　　　　B. 为　　　　　C. 把　　　　　D. 由

21. 今天的会议是_____林主任主持的。
    A. 为　　　　　B. 由　　　　　C. 被　　　　　D. 从

22. 旅客由导游小姐_____，游览了长城。
    A. 被陪同　　　B. 给陪同　　　C. 陪同　　　　D. 已经陪同

23. 会议室的门____办公室职员小张_____。
    A. 把……锁上了　B. 从……锁上了　C. 被……来锁　D. 由……来锁

24. 我_____不努力学习，所以成绩不好。
    A. 被　　　　　B. 为了　　　　C. 由　　　　　D. 由于

25. 买机票的钱_____我们公司付。
    A. 被　　　　　B. 为了　　　　C. 由　　　　　D. 从

原载于周小兵、朱其智：《对外汉语教学习得研究》，北京大学出版社 2006 年版

留学生汉语病句分析

留学生在学习汉语的过程中，不可避免地存在着各种各样的语法错误，产生了不少病句。我们对这些病句进行归纳分析，找出错误的原因，不仅可以使留学生正确把握汉语语法规律，避免再犯同样的错误，使教师有针对性地进行语法教学，而且对于现代汉语研究的深化会有所启发。

留学生产生病句的原因，就大的方面来说，有三个：一是留学生母语语法规则的负迁移，即母语语法规则在学习汉语中的负面影响。母语语法从小习得，根深蒂固，成为思维定式，在学习汉语的过程中，留学生不知不觉地照搬过来，因而产生错误。对于初学者来说，这往往是主要原因。二是对汉语语法规则的过度泛化。即留学生在习得汉语语法规则后，由于不明白规则的限制条件和使用范围，进行错误的类推，因而造成错误。在中高级阶段的留学生往往会有这样的问题。三是由于我们对汉语语法研究和解释还不够深入，不够周全，在教学中语法讲解不够得当，因而误导了学生。下面我们就把留学生在学习汉语过程中所产生的病句进行一些初步的分析。

一、母语的负迁移

母语对留学生学习汉语有有利的一面，他们已经通过母语形成了概念和思维能力，有学习和使用语言的经验，这些在一定程度上有助于汉语的学习，这就是所谓母语的正迁移。但是不利的一面是显然的，母语的特点及其文化对他们的汉语学习有着不可低估的干扰甚至抗拒作用，这就是母语的负迁移。母语与目的语的词性不同、语序不同、实词和虚词的具体功能不同，这种种不同对于目的语的学习具有负面影响，因此造成各种错误。

(1) *明天我电话你吧。

在英语中电话既是名词，也是动词，"I will telephone you tomorrow"是完全正确的，而汉语中"电话"只能是名词，不能作谓语，带宾语。应改为："明天我给你打电话吧。"

(2) *我们十六号九月就开始学中文。

在英语中，日期的顺序有两种："日－月－年"或"月－日－年"。而汉语的顺序只能有一种："年－月－日"。这是受母语影响而产生的错误。

(3) *他写信写了一个小时半还没有写完。

英语中相应的说法是"one hour and half"，而汉语只能说"一个半小时"。

（4）*我的中国朋友给了我多帮助。

在英语中"many"和"much"无须"very"的帮助就可以作定语，而汉语中的"多"则一定要加上"很"才能作定语。此句应改为："我的中国朋友给了我很多帮助。"

（5）*他的发言清楚和流利。

在英语中"and"不仅可以连接名词，而且可以连接动词、形容词和小句。而在汉语中"和"一般只能连接名词，一般用"并且"连接动词，用"又……又……""而且"连接形容词。

（6）*这是我住在的房间。

在英语中相应的句子为："This is the room which I live in."英语的从句、不定式和分词短语作定语，如果动词是不及物动词，就需要跟上介词，这里是"in"，如果没有这个"in"反而是错的。汉语主谓词组（或其他动词词组）作定语，如果其中的动词是不及物的，并不需要加上介词。此句删除介词"在"即可。

（7）*他和孩子坐着在沙滩上。

英语相应的句子为："He and his kids are sitting on the beach."英语中，V + PP（介词短语）结构是自由的，即在 V 和 PP 之间可以插入其他成分，这里插入的是"-ing"。而汉语的 V + PP 结构一般是黏着的，即 V 和 PP 之间不能插入其他成分。此句删除"着"即可。

（8）*衣服是被妈妈洗的。

英语的相应句子"The clothes are washed by mother."没有问题。而汉语的"被"字句往往具有不如意、不幸的语义色彩，在口语中尤其明显。而且强调动词所产生的结果，动词多有后附成分。这一句站不住脚。或者删掉"被"字，成为所谓的"意念被动句"；或者在 V"洗"后加上"破"字，这样也符合汉语语法的要求。

二、过度泛化（错误类推）

过度泛化（错误类推）是指留学生学习汉语的过程中，突破汉语语法规则应有的条件和限制而造成的错误。

（9）*两月以后我开始学书法。

"年"和"天"可以直接受数词修饰，"两年"和"两天"都可以说。而"月"不行，和其他名词一样需要加量词，"两个月"才对。"星期"两可。

（10）*我想想去参观中山大学。

汉语中有两个"想"：一个是一般动词，可以重叠，如"想想这个问题"；另一个是助动词，不能重叠，如例（10）。留学生没有意识到例句中的"想"是助动词，还把它当作一般动词，因而造成了错误。

（11）*他是一个真聪明的孩子。

"真+形容词"只能作谓语，不能作定语。而且"真+形"表示说话人的强烈感情，不是一般叙述。而"很+形"既可以作谓语，又可以作定语，只是一般的叙述句。如果按照"很+形"的格式类推"真+形"的用法，就会造成错误。"真+形"结构正确的条件是它只能作谓语。

（12）*我听到了敲敲门的声音。

动词的重叠形式加宾语一般不能作定语，只能作谓语。突破了动词重叠形式正确的限制条件，就造成了错误。

（13）*今天比昨天很冷。

在教留学生的时候，教师强调形容词要加上"很"之类的程度副词作谓语，整个句子才能站得住脚。而在"比"字句中，形容词谓语却不能加"很"之类的副词。

（14）*你这样做，当然不能满意我。

汉语的形容词有"使动"用法，如"繁荣、端正、安定、突出、纯洁、明确、稳定、充实、缓和"等，但是具有这样用法的形容词相当有限，也没有形式上的标志。例（14）中的"满意"就不具有这种用法，留学生只知其一，不知其二，因而犯错。

（15）*我把饺子吃在留学生食堂。

汉语中句式"主语+把+O+V+在+处所"有特别的语义特征：主语通过动作行为V使处所中原来不具有的事物留在该处所中。如"我把行李放在宿舍"，"宿舍"里原来没有"行李"，由于"放"的动作，才使"行李"存在于"宿舍"里。而例（15）中不具备上述语义，因而出错。改成"我在留学生食堂吃饺子"即可。

三、误　导

教科书中的词语解释和语法注释，词典中的例句和说明，教师课堂上的讲解，如果出现一点小的失误，就会误导学生，从而产生较大的错误。

（16）*住在留学生楼的人凡是不接他的电话。

一般语法书都把"凡是"归结为表示范围的副词，可是"凡是"并不能在句子中作状语，只能引导出句子的主语。副词的句法功能就是作状语，把"凡是"归纳为副词是不恰当的。例（16）的错误原因就在于我们对"凡是"的错误定性。可以把"凡是"换成表示总括的副词"都"，或者把"凡是"移到句首引导主语。

（17）*爸爸使他学习。

《现代汉语词典》在解释"使"的第一个义项时说"派遣；指使"，并举例："使人去打听消息"（P1045）。这个例句不够规范，因为在现代汉语中"使"作兼语句中的第一动词，只表示"致使"义,即动词带给兼语某种结果。这跟表示"使令"义(即派遣、指使)的"让、叫"不同。《现代汉语词典》的例句误导留学生造出像例(17)这样的句子。其实我们把《现代汉语词典》的例句和例(17)中的"使"换成"让、叫"即可,或者把例(17)改为"爸爸使他愿意学习",这样使该兼语句的第二动词表示某种结果义,句子就能成立。另外,"致使"与"使令"二词对留学生来说,也分不清楚,我们应该想些办法让他们掌握:"使"有"致使"义,即"使某人怎么样";"让/叫"有"使令"义,即"让/叫某人做什么"。

(18) *他这样做是偏听偏信的。

陆俭明和马真先生在《现代汉语虚词散论》中讲了一个教师误导学生的故事。一个学生在作文中写了"他这样做是合情合理",老师在批改时在句末加了一个"的",并告诉学生说:根据汉语语法,"是"后面要求有个"的"和它相配,构成"是……的"格式。后来学生写了"他这样做是偏听偏信的",老师却把句末的"的"字删去。学生问老师:"您上次不是说前面用了'是',后面要用'的'相配吗?怎么在这个句子里前面用了'是'后面不能用'的'了呢?"老师被问得答不上话来。陆、马两先生也觉得这个问题不大好回答。我们尝试着来回答这个问题。看下面两组例句:

(A) 世界上一切事物都是千差万别的。
我们改造大自然的干劲是前所未有的。
我们两国之间的友谊是源远流长的。
群众是通情达理的。
脱离了集体,个人的力量是微不足道的。
(B) 他找了各种借口,目的是蒙混过关。
这位音乐家的缺点就是盛气凌人、目空一切。
你的唯一选择就是弃旧图新。
我们的政策是坦白从宽,抗拒从严。
经过一番激烈讨论,谁是谁非,现在已经是黑白分明。

我们发现(A)组"是"+成语+"的"与主语的关系是描写性的、限制性的,如"千差万别"是描写"事物"的;(B)组"是"+成语与主语的关系是同位性的,如"蒙混过关"与"目的"是同位关系。我们认为"他这样做是合情合理的"是描写性的,而"他这样做是偏听偏信"是同位性的。这样也许能够解释"合情合理"后有"的",而"偏听偏信"后无"的"。

四、结 语

在结语部分,我们想说两点:第一,留学生产生病句的原因是不是只有以上三个方面?回答是否定的。在进行偏误分析时,我们还必须考虑语境和文化等方面的因素,当然在这篇小文章中容纳不了过多的内容。第二,在上文中我们分门别类谈了产生病句的原因，但在实际情况中，母语负迁移、过度泛化、误导等因素是综合起作用的。正因为我们汉外对比研究不够，就不能预防留学生的母语负迁移；正因为我们现代汉语研究不深，就不能预防学生对目的语（汉语）进行过度泛化的错误类推。作为对外汉语教师，我们应该在这两个方面下点功夫。

参考文献

李大忠. 外国人学习汉语语法偏误分析［M］. 北京：北京语言文化大学出版社，1996.
陆俭明，马真. 现代汉语虚词散论［M］. 北京：北京大学出版社，1985.
佟慧君. 外国人学汉语病句分析［M］. 北京：北京语言学院出版社，1986.
王建勤. 汉语作为第二语言的习得研究［M］. 北京：北京语言文化大学出版社，1997.

原载于《海外华文教育》2000 年第 4 期

语篇分析技巧在汉语精读课中的运用

一

精读课是对外汉语教学中高级阶段的重头课、中心课，它是一门讲授汉语语法体系、词汇结构、提供汉语基本词汇和进行各项语言技能训练的综合性质的汉语基础课。这门课的主要特点是它的综合性和基础性。所谓综合性，即要围绕限定的语法、词汇项目进行听、说、读、写训练；所谓基础性，就是在教学内容上要通过对中高级阶段的基本词汇、基本语法、基本文化项目的学习训练，打好扎实的语言基础，提高学生独立地运用汉语的能力。而其他课程——泛读、口语、听力、写作等，可以说都是围绕着它的"卫星课"。

我们中山大学汉语中心主要招初中级阶段的留学生，也开始有本科生。精读课我们前几年用的是北京语言学院的《中级汉语教程》（上、下），这两年用的是复旦大学的《新汉语》（第五册至第八册）。教材中每课的基本部分是课文、生词、注释和练习。我们老师在教学的过程中，一般要介绍背景知识，扫除生词障碍，讲解课文内容并与学生共同讨论，解释语法点和其他难点，进行课堂练习，布置并检查课后作业，等等。在多年的教学实践过程中，我们觉得有一个问题难以处理好。精读课都是以掌握语法点、迅速扩大词汇量为教学目的的，这从课文后的练习编排中也可以看出；而词汇、句型的理解和掌握又必须以课文为出发点和归宿。怎样把课文的讲解和词汇、语法点的教学有机地结合起来，怎样从词汇、语法点这一个层次过渡到段落乃至整篇课文结构和主题这一更高的层次，这一直是悬在笔者心中的一个问题。在教学实践中，课文的讲解可以说是粗放型的，往往是教师串讲课文；提出有关课文内容的问题由学生回答，或者是出判断正误题和多项选择题；最后学生复述课文。而有关词汇、句型的练习仅仅以课文中的词语和句子为例子，跟课文总体的内容和结构无关。这是从教师教学这一方面讲的。从学生学习这一方面来说，也出现了相关的问题。在学生的成段的口头或者书面表达中，往往会出现这样的问题：就每一句话来说，词汇、语法方面都是正确的；但是就整个段落、篇章来看，这些句子之间缺乏有机的联系，给人的感觉是断断续续的，不够连贯，好像缺少了什么，有的时候又嫌太罗嗦。就是说，在学生的语言表达中，也存在着词语、句子与段落、篇章相脱离的问题。

笔者在接触到系统功能语法特别是有关语篇分析方法时，有一种豁然开朗的感觉，因为它解决了久悬在笔者心中的一个问题，打通了词汇、句型与课文篇章结构之间的隔阂，跨越了词汇、语法和语篇功能之间的鸿沟。在以韩礼德先生为代表的系统功能语法中，功能不仅是指概念的、人际的功能，而且是指语篇的功能；不仅是句法的功能，更是超句法

（即语篇）的功能。语篇这个概念可以说是系统功能语法中基本的概念。语篇一般被认为是大于句子的语言单位，而句子与句子的简单相加，并不一定等于语篇。语篇之所以成为语篇，就在于组成语篇的句子之间，语义是连贯的。如果句子之间缺乏语义连贯，就不能构成一个语义统一体即语篇。语篇的语义连贯体现为种种衔接手段，有词汇手段（如复现关系、同现关系）和语法手段（如指称、替代、省略等）。这些衔接手段在语篇结构中起到纽带作用，把句子与句子有机地联系起来。

结构主义（从布龙菲尔德到乔姆斯基）认为句子是最大的语言单位，语言是句子的集合，把语言学的研究局限于句子的范围中；功能意念大纲把语言的功能仅仅理解为语言的概念功能和人际功能：它们都忽略了语言的语篇功能，都有其局限性。我们在汉语精读课教学中，吸收语篇研究的成果，引进语篇分析的技巧，就可以收到上下贯通、事半功倍的效果。我们采取语篇分析这种可操作性强的精细入微的方法，从语篇的宏观结构和中心话题出发，自上而下地去挖掘词语和语法成分的语义连贯作用，这样使得课文（即语篇）讲解从粗放型走向集约化；我们也可以从词汇和语法点出发，不仅掌握它们在句子内的句法功能，而且把握它们在段落乃至整篇课文中的语篇衔接功能，这是一个自下而上的过程，这样使得词语和语法点的教学语篇化。我们的精读课教学就从辨词识句的较低的层次，提高到语篇能力的培养的较高的层次。

下面从词语的复现和同现，指称、替代和省略，以及语篇连接成分和语篇结构等三个方面来谈谈我们在精读课中是怎样运用语篇分析技巧，使课文讲解集约化、词汇语法点教学语篇化的。由于笔者接触篇章语言学的时间不长，在教学中运用语篇分析技巧还刚刚开始，肤浅和错误之处在所难免，望各位专家指正。

二

（一）词语的复现和同现

1. 词语的复现

词语的复现是一种语篇衔接方式，它通常是指关键词的重复出现，包括原词复现、同义词和近义词复现、上下义词复现、概括词复现等。语篇中的句子通过这种复现关系达到了相互衔接，意义统一完整。

（1）通过原词在语篇中的复现，我们能够直接抓住语篇中所要表达的中心意思。

我们在精读课教学中，惯常的做法是：在扫除生词、语法障碍以后，学生通过仔细阅读，找出一个段落的主题句；如果没有主题句，要通过讨论来概括出段落大意。如果课文比较难，就需要在生词、语法上花很多时间。如果学生的注意力过度集中于生词、句子的理解，不仅不能帮助他们理解语篇中心思想，反而会妨碍他们的理解。利用原词复现的手段，则可以绕过上述难题，直接把握语篇的主题。

如在教《台湾岛》（《新汉语》第六册）这一课时，比较难，有不少地理学名词和书面语表达方式，其中第三段是介绍台湾的山脉，也比较长。我只提出一个问题："这一段中什么词出现的次数最多?"学生浏览过课文后,有的同学说"山",有的同学说"山脉",渐渐地"山脉"的声音超过了"山"。"山脉"一词在该段中复现了12次,"山"作为一个独立的词复现了3次,另外"雪山"3次,"玉山"3次,"山峰"3次,"山地"1次。"山脉"是该段的关键词,也是中心思想所在。山脉由山(山峰)组成,"山脉"与"山(山峰)"是整体与部分的关系,从这个意义上讲,"山(山峰)"也是"山脉"的复现形式。在抓住关键词,并搞清楚它的意义及其与相关词的关系以后,再来讲解课文,就顺畅得多。

(2) 同义词和近义词的复现也起到了语篇衔接作用,这能够帮助我们理解它们在语篇中所指的是同一种事物。而词语的同义关系的确立有时也需要在语篇中进行,下面试举一例说明。

放爆竹、玩烟火,也是<u>新年</u>的一项传统节目,具有驱鬼避邪的含义。同时也为节日增添了几分热闹。不过,在人口众多的大城市燃放烟火,有时也会造成一些危害。

因此北京、上海等的地政府都对<u>春节</u>期间燃放爆竹烟火进行了一些限制。(《新汉语》第五册《中国的传统节日》)

"新年"在其他的语篇中一般指<u>元旦</u>,而在这个段落中"新年"却和"春节"是同义词,这是因为它受到上下文的影响而语义发生了偏移,或者说是复古。因为在民元以前,"新年""元旦"都是指阴历年,到了民元以后才把阳历年叫"元旦""新年",阴历年叫"春节"。这里同义词的确立过程,也就是语篇的衔接过程。

(3) 上下义词复现是利用词与词之间的类属关系来达到衔接的目的。例如上例中"新年"先以上义词"节日"复现,再以同义词"春节"复现,它们所指相同,构成了段落中的一个衔接链条。《中国的传统节日》共介绍了三个节日:春节、端午、中秋,这样"节日"就与"春节、端午、中秋"构成了上下义关系,"节日"是上义词,"春节""端午""中秋"是共下义词,而这个共下义词的范围还可以扩大,如元宵、重阳、国庆、圣诞、元旦等。而"节日"的上义词是"日子",那么"节日""生日""纪念日"等就成为"日子"的共下义词。归纳出上下义词的金字塔系统,有助于学生的记忆、理解和表达。图示如下:

(4) 虽然原词复现方便确认衔接关系,但是如果总是以此方式复现,就会给人以词汇贫乏的感觉,所以需要以同义词和近义词、上下义词方式复现。如果把上义词推向极端,就是概括词,如人、物质、东西、问题、地点、时间等。如:

……我最头疼的是长跑训练,可我最需要的又是长跑训练。一个人最怕的东西往往也就是他最需要的东西。长跑既可以把运动量加上去,又不易受伤。每次长跑我都落在最后,但我都尽全力跑完。……(《新汉语》第七册《在失败面前》)

"长跑训练"以概括词"东西"复现,有学生提出疑问。我告诉他"东西"这个词不仅可以指具体的东西,也可以指抽象的东西,如:"语言这东西,不是随便可以学好的,非下苦功不可。""咱们写东西,要用普通话。"这样我就破除了那个学生对于"东西"这个词的狭隘的理解,使他能完整地把握"东西"这个范围宽泛的词。

2. 词语的同现

上文谈到的原词复现、同义词和近义词复现、上下义词复现、概括词复现四种复现方式,都是以词汇形式在语篇中起衔接功能,而词语同现也是这样。所谓词语同现,指的是词汇共同出现的倾向性。在语篇中,围绕着一定的话题,一定的词就会同时出现,而其他一些词就不大可能出现或根本不会出现。

例如《百合花》(《中级汉语教程》下)一课,讲述的是解放战争时期一个腼腆、憨厚的通讯员为掩护别人而牺牲的故事。围绕着这个战争题材,就在语篇中同时出现了这样的词语:"总攻、攻击、战斗、枪、炮、手榴弹、信号弹、团长、团部、营、连、连长、通讯员、工事、交通沟、前沿、后方"。而故事是从前沿包扎所的角度来写的,就有这样的词语:"包扎所、卫生员、医生、医院、伤员、重伤员(重彩号)、担架、担架员、打针"。这些词语在别的题材的课文中就不大可能出现。这种同现的词语,好像一条线索,把语篇各部分贯穿起来。归纳这样围绕一个话题而形成的词汇套,也有助于学生的记忆、理解和表达。其中"前沿"和"后方"是反义词,"连""营""团"是部分与整体的关系。后者可以扩展为一个较为完整的系列:班、排、连、营、团、师、军。

(二) 指称、替代和省略

1. 指称

指称是指用人称代词、指示代词等语法手段来照应上文提到的对象或在下文将出现的对象,甚至也可以指称语篇外的对象。当我们在上下文中找到了代词所指称的对象,我们就在代词与所指之间建立了语义联系。近距离的指称关系一般容易确立,而远距离的指称(跨句组,甚至跨段落指称)关系就比较难确立起来。帮助留学生正确地找回代词远距离的所指,就能够使他们快捷地理清语篇发展的线索,把握文章的中心思想。

例如《在失败的面前》(《新汉语》第七册)一课,是羽毛球运动员韩健写的他自己从失败走向成功的故事。第五段开头有这样一句话:"面对这样残酷的现实,我痛苦但不消沉。"我让学生找出"这样残酷的现实"是"怎样的现实"。第四段写的是爱人的理解,没有答案。而第三段写的是他失败归来后,受到舆论和观众的指责,领导、朋友和记者的冷遇,这正是"这样残酷的现实"所指。这是代词的跨段照应。为什么中间要插入"爱人的理解"这一段呢?这是为了和"残酷的现实"对比,更为了说明他"痛苦而不消沉"、继续拼搏的动力所在。通过找回"这样"的所指,文章发展的脉络清晰可见。

2. 替代和省略

这里把替代和省略放在一起讲，一方面省略可以看作零形式的替代；另一方面，在汉语中可以说是没有替代名词的形式词（在英文中是 one、ones 等），动词的替代形式词（来、搞等）用得又不像英语的 do、does、did 等那样普遍。在这样的场合，汉语用得更多的是原词复现或省略。研究汉语的人现在都有点忌讳讲省略，原因是过去省略讲得太多了。其实在汉语中省略是大量存在的。我们在上下文中找回所省略的成分，就把句子与句子衔接起来。而且省略的成分往往都能在近距离的上下文中补回，对于学生来说并不是什么难事。

在语篇中，第一次提到的对象是新信息，一般用原词全称；第二次提到就是旧信息，就可以用代词或省略了。下面我们谈谈怎样利用原词复现、指称和省略的手段来帮助留学生分析段落层次。看下面一段（《台湾岛》的第一段）：

> 台湾岛位于中国大陆的东南海面。O 东临太平洋；O 南靠巴士海峡，与菲律宾相隔约三百公里；O 西隔台湾海峡与福建省相望，最窄处为一百三十公里；O 东北与琉球群岛相隔约六百公里。台湾岛地处西太平洋航道的中心，O 是中国与太平洋地区各国联系的交通枢纽。

O 是省略处。本段中出现了两个"台湾岛"，为什么第二个"台湾岛"不能省略？因为它是此段中第二个层次的起点，省掉它层次就不分明，段落结构立不稳。第一个层次是"台湾岛……，O 东……；O 南……，……；O 西……，……；O 东北……"，到此完成一个循环。第二个层次"台湾岛……，O ……。"是另一个循环。抓住这一点，学生就很容易划分出段落的层次，也很容易跟老师一起列出段落的提纲。

再看一段：

> O 告别了亲爱的巧珍，高加林来到了县城。他激动的心情好几天都不能平静下来。高加林不会满足一生都呆在这里，可现在他完全满足了，他决心要好好工作，干出成绩来，他工作得很努力，他的才能也充分发挥出来了。高加林很快成为了县城里一个引人注目的人物，他的心中充满了自豪和自信。（《新汉语》第六册《高加林》）

这一段有三个层次，第一个循环为："O……，高加林……。他……。"第二个循环为："高加林……，……他……，他……，……，他……，他的……。"第三个循环为："高加林……，他的……。"这里是原词复现、代词指称和省略互相配合起来显示出段落的层次。处于主位的关键词复现处往往是一个新的层次的起点。

（三）语篇连接成分和语篇结构

1. 语篇连接成分

语篇连接成分是连接语篇中各种逻辑关系的手段。在汉语中，有表示序列的"首先、其次（后来）、……最后"，有表示递进的"再说""此外"，有表示举例的"拿……来说"，有表示总结的"总（而言）之""一句话"，有表示结果的"终于""果然""难怪"，有表示目的的"为此"，有表示推论的"由此（看来）"，有表示条件的"如果"

"只要""无论（不管）"，有表示让步的"即使""退一步说"，有表示转折的"可是""但是"，有表示实情的"其实""老实说"，有表示转变话题的"至于"，等等。语篇连接成分的最大作用是比较明确地显示出段落的层次，如：

"（1）……，（2）至于……。"

"（1）……，同时……，（2）不过……，（3）因此……。"

"（1）首先……，（2）然后……,，（3）最后……。"

"（1）……问题主要包括两个方面：（2）一是……，如……；二是……，如……。（3）因此……。"

以上是从教材选出的四个段落中，抽取的语篇连接成分。数码是层次标号，层次中还有层次，就没有细分。我们在进行精读课教学时，可以利用这些来自课文的连接成分，让学生进行成段的口头或书面表达。

2. 语篇宏观结构

由于各种语篇的交际功能不同，文章的体裁有别，语篇的宏观结构也就不一样。叙述性的文体往往有开端、发展、高潮、结局四部分；新闻体裁的结构，往往是从标题、导语到主体倒金字塔形的结构；书信的结构开头是称呼，中间是正文，结尾是祝词和落款。而议论性和说明性的语篇宏观结构往往是"总—分—总"的结构，请看《现代自然科学中的基础学科》（《新汉语》第六册）的结构分析：

```
           ╱╲
          ╱  ╲
         ╱1.引子:╲
        ╱现代自然科学的重要特点╲
       ╱──────────╲
      │ 2.总说:自然科学的六门基础学科中最基础的是  │
      │ 物理和数学两门                          │
      ├──────┬──────┬──────┬──────┤
      │3.分说: │4.分说: │5.分说: │6.分说: │
      │       │       │       │       │
      │化学已发 │天文学已 │地学已发 │生物学已 │
      │展为量子 │发展为天 │展为地球 │发展为分子│
      │化学、  │体物理学 │物理学   │生物学   │
      │计算化学 │       │       │       │
      │       │       │       │       │
      │（详）  │（详）  │（详）  │（详）  │
      ├──────┴──────┴──────┴──────┤
      │ 7.总说:物理学和数学已成为自然科学体系的基础 │
      └────────────────────────────┘
```

上图中阿拉伯数字表示文章的段落序数。该图展示了语篇段落之间的逻辑结构关系和非线性特征。引子和开头的总说是结构的上层建筑，四个分说部分好像四根立柱支撑着总说的观点，结尾的总说是文章框架坚实的基础。这样直观的语篇结构示意图，易于学生把握语篇的宏观结构，不失为列出课文提纲的一种方式。

三

上文从三个方面谈到了语篇分析手段在汉语精读课中的运用，利用原词复现的频率来确定语篇的中心话题，利用关键词原词复现的位置及其循环和语篇连接成分来分析段落的层次，利用代词找回其所指对象来把握文章发展的脉络，利用直观的图表来揭示语篇的宏观结构，这可以说是课文的讲解从粗放型走向了集约化；从语篇中确立词语的同义关系，从语篇中归纳出上下义词系统，从词语在语篇的同现中，归纳出相关联的词语系列，利用从语篇抽象出的连接成分来进行成段成篇的口头或书面表达训练，这可以说是词汇、语法点教学的语篇化。笔者认为这集约化和语篇化正是精读课深化精化之所在。

语篇分析方法对于精读课的突出贡献在于对学生的语篇能力培养。当然，语篇分析方法的运用并不排斥其他行之有效的语法体系和教学方法，相反地，只有与它们结合，相互补充，才能取得更好的教学效果。系统功能语法之所以在中国越来越为语言学界所重视，特别是在外语教学界和对外汉语教学界得到了越来越广泛的运用，这不仅在于它具有恢宏精密的体系，还在于它具有很强的实用性。

参考文献

崔永华，杨寄洲．对外汉语课堂教学技巧［M］．北京：北京语言文化大学出版社，1997．
戴浩一，薛凤生．功能主义与汉语语法［M］．北京：北京语言学院出版社，1994．
何广铿．英语教学法基础［M］．广州：暨南大学出版社，1995．
胡壮麟．当代语言理论与应用［M］．北京：北京大学出版社，1995．
胡壮麟．语篇的衔接与连贯［M］．上海：上海外语教育出版社，1994．
胡壮麟，朱永生，张德录．系统功能语法［M］．长沙：湖南教育出版社，1989．
黄国文．语篇分析概要［M］．长沙：湖南教育出版社，1988．
孔德明．篇章语言学研究论集［C］．南昌：江西人民出版社，1997．
李杨．对外汉语教学课程研究［M］．北京：北京语言文化大学出版社，1997．
廖秋忠．廖秋忠文集［C］．北京：北京语言学院出版社，1992．
石锋．海外中国语言学研究［C］．北京：语文出版社，1994．
吴应天．文章结构学［M］．北京：中国人民大学出版社，1989．
杨忠，张绍杰．语言理论与应用研究［M］．长春：东北师范大学出版社，1995．
殷钟崃，周光亚．英语语法理论及流派［M］．成都：四川大学出版社，1990．
余渭深，李红，彭宣维．语言的功能——系统、语用和认知［M］．重庆：重庆大学出版社，1998．
俞如珍，金顺德．当代西方语法理论［M］．上海：上海外语教育出版社，1994．
中国社会科学院语言研究所"汉语运用的语用原则"课题组．语用研究论集［C］．北京：北京语言学院出版社, 1994.

周小兵. 第二语言教学论 [M]. 石家庄: 河北教育出版社, 1996.

HALLIDAY M A K. An introduction to functional grammar [M]. 2nd Edition. Beijing: Foreign Language Teaching and Research Press, 2000.

原载于《汉语学习》2001年第4期；后收入张和生主编：《对外汉语课堂教学技巧研究》，商务印书馆2006年版

初级口语教学原则与教学环节之我见

我们中山大学对外汉语中心，零起点或者几乎是零起点的学生，具体说来初级1、2班的留学生，都以《汉语会话301句》（下文简称《301》）作为口语教材，学了半年进入初级3班的学生上半学期继续使用该教材。笔者根据自己多年的教学经验，并参照专家学者的论著，对于初级口语教学原则与环节，对于教材《301》的使用，谈谈自己的看法，不当之处在所难免，请各位指正。

一、教学原则

（一）"i+1"原则

这里i代表学生已有的汉语水平，+1指略高于学生水平的语言输入。"i+1"的输入，对于学生来说，是可懂的输入。根据领会教学法（comprehension approach），我们正是通过可懂的输入习得语言的。有经验的老师，对于不同阶段留学生的i，有着直觉的了解。而对于新入行的教师，要想对学生的i心中有数，就不仅要备自己所教的课本，而且要把学生以前学过的课本和现在用的课本拿来看看。一本好的教材，是经过精心设计编排的，当然符合"i+1"原则。那么，重要的是教师的课堂教学用语。在教学过程中，特别是在初级阶段，有经验的教师会基于"i+1"原则，有意识地控制课堂教学用语，会用学生已经掌握的词语和语法点来解释生词课文，回答学生的问题。对于零起点的班级，可以适当地用英语来组织教学。

（二）交际法（communicative approach）

《301》以功能为经为纲，以语法为纬为目，以功能统语法。这种体例意味着我们的教学要着眼于交际情景与功能，让学生掌握在什么时候、什么场合谁对谁说什么。例如去机场、火车站接人：

　　A：路上辛苦了。　　B：一点儿也不累。

第二十五课中，对于别人的称赞有三种回答方式：①"哪儿啊？"②"是吗？"③A："你今天穿得真漂亮！"B："你的衣服更漂亮"。"麻烦你……"与"麻烦你了"的功能差异在于：前者表示请别人做什么，后者表示感谢。

第二十六课把"祝"与"祝贺"放在"祝贺 congratulation"这一功能下,其实并不太合适,因为它们的功能不同:"祝"表示祝愿(wish),是未然性的;祝贺是 congratulation,是已然性的。生词表中把"祝"翻译为"congratulate"是不够恰当的。我们在教学的过程中要把这两种功能分清楚。例如说,已经考试了,成绩全班第一,说"祝贺你";明天要考试,说"祝你取得好成绩"。两者是不能随意替换的。该课的"扩展"(第156页)中有这样一段话:"下个月玛丽的姐姐结婚。玛丽写信祝贺他们生活幸福、新婚愉快。"这是把两种功能杂揉在一起。我们在教学的过程中,把它更正为:"玛丽写信祝贺他们,祝他们生活幸福、新婚愉快。"

我们在教功能项目的时候,不仅要教一些简单的套话,还要让学生掌握完成特定交际功能的程序。例如第十六课是相约的功能,其程序为:

(1) 相约的原因、目标:(京剧)很有意思,没看过。
(2) 相约双方的共同愿望:A"很想看",B"也很想看"。
(3) 约好时间和地点:星期六,人民剧场。A:"好不好?"B:"当然好。"A:"28号晚上。"B:"不行。"A:"30号晚上。"B:"可以。"

(三) 个人化(personalization)

大卫、玛丽、刘京、王兰这些《301》课文中的人物对学生来说很陌生,离课堂很远,而学生最有兴趣谈的是自己的事。可以根据学生的花名册,让学生了解彼此的中文姓名,他们"认识"以后,让他们握着手说"见到你很高兴";让学生把照片带来,介绍自己的家庭成员;说出自己的生日是哪一天;自己住在哪儿和电话号码;等等。

(四) 地方化(localization)

《301》主要是以北京为背景来编排课文的,外地的学校用起来就不一定合适。第二十八课有这样的对话:

刘京:这儿天气,你习惯了吗?
和子:还不太习惯呢。这儿比东京冷多了。

教师必须指出"这儿"指北京,广州的天气则完全不同。

北京的名菜是烤鸭,广州的名菜是烤乳鸽、烧鹅;北京的商业街是王府井,而广州是北京路、上下九路;广州的名胜古迹是越秀公园、白云山,广州人有喝茶(饮茶)的习惯,广州天河的 Jusco(吉之岛)是不少留学生爱去的超市;广州酒店(hotel)与酒楼(restaurant)的不同,正如北方饭店与饭馆的不同。

(五) 精讲多练

根据《对外汉语教学初级阶段课程规范》,精讲多练的比例应为3∶7。精讲当立足于功能,即讲清一定的情景下的一定的交际功能,以及完成一定功能的语法项目,以功能统语法。多练即以任务为导向（task oriented）来组织课堂活动，将课堂学生活动切分为学生个人活动（individual work）、两人对话（pair work）、小组讨论（group work）、班级活动（class work）。在整个教学过程中，要注意师生互动（interaction），因为交际既是口语课的目的，也是其手段。课堂上师生话语基本结构为 IRF（initiation-response-feedback），即引发—反应—反馈。教师向学生发问，学生做出应答反应，教师再给予信息反馈。Antony Peck 谈到了一个好的语言教师的众多条件，其中有一条我至今仍记忆犹新：engage in intensive oral exploitation of material（对材料进行密集的口语开发）。我觉得这一条是一个初级口语教师应该牢记在心的。

二、教学环节

（一）基本句环节

教师领读，学生跟读，然后学生齐读，或请学生分别朗读；也可以先逐句让学生个别试读，教师针对常见错误加以纠正，然后领读，全班齐读。在初级阶段主要是语音特别是声调问题，我们纠错的具体做法是：当学生有发错音时，教师即时做出反馈："嗯?"，学生可能自己改正过来，或者其他同学提醒他，或教师给他正确的发音，让他重复一遍。教师示范正确读音时，可以夸张一点，并配合以手势指明声调音高及其走势，或板书舌位图。当然，对于发音好的同学要做出积极的反馈。我们之所以强调语音纠错的重要性，是基于以下的考虑：①发音不好会影响交际，声调不同意义不同；②为今后的学习打下良好的基础，开始时错误不纠，积重难返，就会出现所谓的化石化现象；③发错音的学生在教师的提醒和纠正下，能够发出正确的音，会有一种成功的感觉，从而提高学习的积极性，而且当事人和其他学生都会提高对教师的信任感，这对于取得良好的教学效果也是很重要的。当然，语音纠错在其他的教学环节也会进行。

在处理会话前基本句的过程中，如有生词障碍也要扫除（生词一般要求学生预习）。同时要突出与交际功能密切相关的句子、词语，介绍在什么时候什么场合谁对谁说这些语句，关键词可板书。还可以就此话题介绍一下广州的情况（地方化），并且询问学生，让学生谈一下自己的情况（个人化）。基本句环节是为进入会话环节做准备。

（二）会话环节

此环节是口语课重点之一。其步骤可以先简单介绍对话的人物、会话梗概或文化背景，以导入对话；然后请发音较好，与角色相当的学生分角色朗读会话，或领读与齐读、男女分部朗读，此步骤中要注意的不仅是声韵调的问题，还有句子的语气、语调的问题；在此基础上，让学生根据对话内容回答问题，或者判断正误，目的是检查学生对内容的掌握；下一步骤是复述课文，复述是从会话体到叙述体的转换；接着是两人对话，分角色朗读甚至背诵会话，此时要求学生有表情动作，以进入课文提供的情景中，此时是巩固步骤，教师巡视，以解决个别困难学生仍然存在的问题。最后，教师可以归纳一下完成交际功能的程序，以及相应的词语（板书）。下面举例介绍回答问题与复述课文这两个教学步骤中的具体做法，其中体现了我们对于"对材料进行密集的口语开发"的理解。

第十六课上半段会话是玛丽约大卫看京剧，我们在学生已经熟悉课文的基础上，先就对话内容提出四个问题：①大卫看过京剧吗？②玛丽听说京剧怎么样？③大卫知道哪儿常演京剧？④他们什么时候去看？运用突然提问技巧，教师先提问题，再叫名字，请学生即时回答。而且当一个学生回答完问题以后，可以就同样内容再次提问。例如问题①，当学生回答"大卫知道人民剧场常演京剧"以后，马上问"谁知道人民剧场常演京剧？"或者"大卫知道人民剧场常演什么？"，这样的"傻"问题可以问那些水平较差的学生，让他们也有开口的机会，作为教师应该不放过任何一个差生；或者问那些思想不集中、不注意听讲，或随便说话影响别人的学生，这比直接批评更有效。

回答完问题以后，把学生的回答综合起来，进行复述练习："玛丽约大卫星期六一起去人民剧场看一个很有意思的京剧。"当然，这样长的句子不是一次完成的，是不断扩展的结果："玛丽约大卫星期六一起去看京剧"⇒"玛丽约大卫星期六一起去人民剧场看京剧"⇒"玛丽约大卫星期六一起去人民剧场看一个很有意思的京剧"。这样长的句子可以先是教师与学生一起说出，然后放开让学生自己说，教师在一旁提示。这样的训练就从单纯的回答问题，过渡到成段的表达，从照本宣科过渡到由心到口的真正的口语表达。

（三）替换与扩展环节

口语课中语法点和生词学生大多已接触过，根据经验，在做替换训练时，遇到生词的可能性会大一些，方框中会有些实用的、可能读写课上还没学过的生词，如"农贸市场、雪碧、电脑、电梯"什么的。先扫除生词障碍。然后可以是个别活动，默念或小声念，或全班齐诵。如果是对话形式，也可以连环操作：A问B，B回答；B问C，C回答；C问D，D回答；D问E……

扩展部分有小对话或叙述两种形式。此部分教师可以不用示范，直接让学生齐读或男女分部朗读。下一个步骤可以提问的方式扩展句子或按照上个环节教师归纳的交际程序扩展小会话。

（四）练习环节

（1）语法练习。《301》中有多种练习形式，其中"熟读词语并造句""用……造句、填空""完成句子""改写句子""根据划线部分提问""用……提问""用……回答问题"等练习都是针对语法点设置的，每课出现1~3种。在做这些练习时，可先将相关语法点介绍给学生，点到为止，可能的话将其归纳为可操作的"公式"，然后学生准备，个人活动，最后教师检查。在学生准备的过程中，学生可以互相讨论，教师巡视，随时答疑。有些简单的，学生不用准备，可直接摹仿例句说出。下面举一个归纳语法公式帮助学生做此类练习的例子。

该课的练习1（第163页）：用"有点儿""（一）点儿"填空。我们先列出这样的公式:"有点儿 + Adj.（形）/V.（动）""Adj.（形）+（一）点儿""V.（动）+（一）点儿 + O（宾）",并板书例句。这样学生再做练习,就基本上没什么问题了。

语法对于交际能力也是很重要的,不合语法的句子一样会影响交际。我们不把语法作为口语课的一个环节,是基于这样的考虑:①口语课区别于其他课型的特点在于口头表达能力和交际能力的训练;②同时进行的读写课已经有系统的语法介绍,而且花了大量时间进行教学;③把语法点放在相应的练习前介绍,具有即时可见的效果,有助于学生掌握该语法项目。

（2）完成会话。很多课都有这样的练习。在做练习时,强调根据上下文来补足缺失的部分,采用先个人活动后两人对话的方式。在开始阶段,并不要求都能用汉字写下来,可以用拼音,做其他练习也是这样。

（3）听述。"听述"部分是篇小短文,由于有文本在,纯粹的听述练习已经不太可能。加上我们在会话环节已经做了复述训练,对于这篇小短文的处理,我们常常是让学生在多次朗读的基础上背诵,教师板书提示语,常常是句子的主语,个人活动或者班级活动。课堂时间不够时,我们也常常把它当作 homework 布置下去。背诵这一方式可以帮助学生把书本的语言变成心中的语言,以便交际时可以脱口而出。

（4）自由表达。如果说替换练习是机械的操练,造句、复述、完成对话等是半机械半自由的训练,那么"根据实际情况回答问题""根据情景会话""谈一谈/说话"等就是自由谈话。

"根据实际情况回答问题"这一练习,可以是两人对话,也可以运用连环操作方式,或者教师问学生。这一练习方式体现了个人化原则。

"根据情景会话"一般是两人对话,教师先介绍情景与角色、所要完成的任务（即功能）及其程序、所用的语言表达式,让学生自己选角色,两人对话以后可进行课堂表演。教师此时要帮助那些有困难的学生完成任务,也要随时注意其他学生的情况;对一些学生询问超出课文范围的词汇,可以板书让其他人知道,这对提问者也是一个鼓励。

"谈一谈/说话"是学生独白。先是个人活动,学生自己准备,可以写提纲。然后是小组讨论,把全班分成两三个组,学生在小组里逐个发言,其他学生可以提问。到了初级阶段后期,每个小组可以选一个 reporter 组织小组讨论、做记录,并总结大家的发言,向全班报告。

对于自由表达的训练,我们还可以采用调查问卷、信息卡片、看图说话等教学技巧。

三、结　语

以上我们总结了初级口语课教学的四个主要环节,生词与语法一般都不作为课堂教学的单独环节,而是贯穿于以上四个教学环节。四个教学环节中应当以会话、练习环节为重点,花的时间、精力也最多。当然,我们在开始上新课的时候要复习一下上节课的内容;一课书上完,也会布置一些口头作业,甚至笔头作业,如书上的一些语法练习。

四个环节中的教学步骤及其技巧,每一课书的教学都有一些调整,不会是千篇一律的。《301》每五课后有复习部分，这是对前五课中出现的语法、交际功能项目进行了总结，并有较长的会话和阅读短文，对这部分我们所花的时间精力也相当于一课书。

我们备课时要预测学生在词汇、语法上的难点，这样教学就有针对性地进行。例如《301》第三课"工作"一词英文解释是 work，但是它们并不等值。在第七课出现"学习"一词时，教师就可以问学生："工人工作，大夫工作，老师工作，学生工作吗？"——"学生学习、不工作"，这样就帮助学生理解汉语"工作"的基本意义。在设计这样的问题时，就要运用"i+1"原则，"工人""老师""学生"是已经学过的生词，"大夫"一词就出现在第七课，这些是学生的 i。为了讲清"工作"的确切含义，没有必要再设置新的障碍，就应该用学生已学过的生词来讲。"i+1"原则在初级阶段尤其重要，这里只是举个例子，这个原则和其他教学原则一样应该贯穿于教师的精讲、组织课堂活动和答疑的过程中。

参考文献

布莱尔. 外语教学新方法［M］. 许毅，译. 北京：北京语言学院出版社，1987.
崔永华，杨寄洲. 对外汉语课堂教学技巧［M］. 北京：北京语言文化大学出版社，1997.
康玉华，来思平. 汉语会话301句［M］. 北京：北京语言文化大学出版社，1999.
李杨. 对外汉语教学课程研究［M］. 北京：北京语言文化大学出版社，1997.
李悦娥，范宏雅. 话语分析［M］. 上海：上海外语教育出版社，2002.
盛炎. 语言教学原理［M］. 重庆：重庆出版社，1990.
王钟华. 对外汉语教学初级阶段课程规范［M］. 北京：北京语言文化大学出版社，1999.
周小兵. 第二语言教学论［M］. 河北教育出版社，1996.
PECK A. Language teachers at work：A description of methods［M］. London：Prentice Hall International（UK）Ltd，1988.

原载于《云南师范大学学报（对外汉语教学研究）》2004年第2卷（增刊）

汉语说话课要讲清语境

20世纪20年代，波兰籍的人类学家马林诺夫斯基（Malinovski），在他的语言理论著作《原始语言中的意义问题》(*The Problem of Meaning in Primitive Languages*) 中第一次提出"语境"（context of situation）这一概念。他曾在南太平洋一带从事人类学实地考察工作，发现当地土人的话很难译成英语，必须结合当时当地的语境去理解才不会出错。他认为"话语和语境紧密地结合在一起，语境对理解语言来说是必不可少的"。马林诺夫斯基的观点后来被英国语言学家弗斯（John R. Firth）所继承和发展，因而这个概念更加明确。弗斯在50年代对语境做了比较详细的阐述，认为"语境"不仅指一句话的上下文，也包括语言的社会环境。他认为由环境构成的语境包括下列要素：①参与者的有关特征，是哪些人，有什么样的人格，有什么有关特征；②参与者的语言行为和语言之外的行为；③有关的事物和非语言性、非人格性的事件；④语言行为的效果。韩礼德（Halliday）是继弗斯之后伦敦学派又一个有贡献的人物，他提出"场景""方式"和"交际者"作为语言环境的三个组成部分。美国社会语言学家费什曼（Fishman）则说，语境是受共同行为制约的社会情境，包括地点、身份和主题。费什曼认为人们交际时所采取的语言行为与语境总是相适应的："谁何时何地对谁说什么话。"其实早在20世纪30年代，陈望道先生就在《修辞学发凡》一书中谈到语境问题，他提出的语境六要素——何故、何事、何人、何地、何时、何如——与费什曼不谋而合。1982年张志公主编的《现代汉语》用了专门的篇章对语境问题进行论述，认为："语言总是在一定的环境中使用的，因此，分析语言现象，必须把它和它所依赖的语境联系起来。如果离开了一定的语境，把一个语言片段孤立起来分析，就难于确定这个语言片段的结构和意义。"

对外汉语教学，特别是说话课教学，以培养学生的交际能力为目的。为达到这个目的，有效地用汉语进行交际，与人沟通，语用上的得体性与语法上的正确性同样重要。语法错误，会影响交际；与人沟通时说话不得体，不符合说话的场合，不符合自己和对方的身份，不考虑文化背景，同样会阻碍交际的正常进行。人们只有凭借特定的语境，才能确定所指、排除歧义、补充省略意义。体会语境意义，说话才能得体，沟通才会没有障碍。我们在说话课教学中，既要注意让学生说得正确，更要注意让学生把话说得恰当、合适、得体，也就是要注意"谁何时何地对谁说什么话"。后者往往是更高更难的要求。而语境就是使用语言进行交际的环境，它决定着用语言进行交际的得体性，对于语言交际活动的顺利进行有着不可替代的作用。语境包含的因素很多，下面就场合、对象、文化、上下文等方面谈谈语境的作用。

一、场　合

　　用汉语打招呼有一个特点，就是主要取决于见面时的具体场合，没有像英语"Hello""Good morning"等通用的说法。①要看对方正在做什么来发问："等车呢？""散步呢？""看电视呢？"②或者估计他将要做什么："出去啊？""上课去啊？""买东西去啊？""上哪儿去啊？"③或者估计他刚做完了什么事："回来了？""下课了？""买东西了？""吃饭了？"初学汉语的留学生对于这种打招呼的方式不习惯，认为你知道别人做什么，还要问，这不是多余的吗？甚至产生误会：把"吃饭了？"误认为对方要请他吃饭，把"上哪儿去啊？"误解为打听他的隐私。教师在教学时要解释，这种打招呼的方式，其语言表面的意思已经弱化、虚化，并不要求对方给予明确答复，即使对方含糊其辞或者答非所问也不会计较，只是用以表示友好和礼貌。至于"你好"，当然也是打招呼用语，但是一般用于双方第一次见面的场合，或者用于交际双方久别重逢的时候。如果双方是天天相见的同学、同事，就没有必要总是说"你好！"。

　　教师在上说话课时必须告诉留学生，要适应不同的场合，去灵活地使用汉语。到机场、车站送人，要说"一路顺风"；接人，要说"路上辛苦了"。自己吃完了，别人还在吃，要说"慢吃"；送人离开，要说"慢走"。见到分别很长时间的亲友们突然来访，则可以幽默地说"什么风把你给吹来了？"。见到陌生人来访，要问他是什么人，应该说"您是——"；如果用"你是谁？"就显得很不客气。请求别人帮助时，则说"麻烦您""劳驾"；请别人解答问题则说"请问"。开始谈话，要想引起别人的注意，可以用"哎"；打电话时则要用"喂"开场；如果要叙述一事件的由来和发展，就要用"这可说来话长了"开场。这里谈到的是在什么场合就要说什么话，语境中的场合因素决定着语言的使用。

二、对　象

　　称呼语的使用，也是语境依赖性很强的。这主要看对象。看交际双方的相互关系。"小＋姓"用来称呼年纪轻的熟人，"老＋姓"用来称呼中年以上的熟人，表示随便、亲切。对于身份比自己高的人一般不用这样的称呼。"×老（×指姓氏）"只用来称呼有道德有贡献的老人。只用名词称呼人，表示关系亲切。如果是双名，只用名字最后一个字比用全名更为亲密，一般只用于情人、夫妻之间。对"林志强"这个人说话，"小／老林""志强""强"，其亲密程度在递增。对于陌生老年人要称"（老）大爷""（老）大娘"，对中青年人则称"大哥""大姐"。"姑娘"是老年人对年轻女子的称呼，年轻人之间不能这样用。小孩见到大人要称"叔叔""阿姨""爷爷""奶奶"，大人见到小孩则称为"小朋友"。"先生""夫人""小姐"，过去似乎只用于外交场合，现在则用得越来越广泛；

"同志"则用得越来越少，往往局限于某些公事公办的正式场合。（"同志"在港台地区有一最新的令人啼笑皆非的用法，这就是用于同性恋者中间。）"老师"是学校常用的称呼，其用法也要看双方的关系。学生称呼教师，可以直接叫"老师"，也可以在"老师"前面加上姓，如"张老师""李老师"；老师之间互相称呼，就只能是姓或者姓名加上"老师"。至于"老师"的泛化用法，一是称呼文艺界的前辈，二是对学校干部职工的称呼。"师傅"一般是对体力劳动者的称呼；据说一个教授被人称呼作"师傅"，心里就有些不痛快。老师称呼学生，可以说"××同学"或"同学们"。"哥儿们"指男性的好朋友，有时候也可以听到"姐儿们"这样的称呼。至于亲戚之间的称呼，那就更要看彼此之间的血缘关系，一点马虎不得。正确、得体地使用称呼，搞清楚别人的亲属关系，这两项往往是留学生用汉语进行交际的难点。Uncle 相当于汉语的"叔叔、伯伯、舅舅、姑父、姨夫"，aunt 相当于"姑姑、姨妈、婶婶、伯母、舅母"，cousin 既可以指"表兄弟、堂兄弟"，又可以指"表姐妹、堂姐妹"。赵元任在《中国人的各种称呼语》一书中就列举了114种亲属称谓，可见汉语中的亲属称谓名目之繁多，区分之严格。这是高度重视血缘关系的宗法观念在语言中的反映。"人家"可用于自称，是一种婉转的表示方法，女性常用。如果一个男性的留学生一开口就说"人家、人家"的，给人感觉是"娘娘腔"。"兄弟"用于自称，则有点秘密社会的味道。

三、文　化

在日常的交际中，先称呼、打招呼，然后就要寒暄，拉家常。中国人的聊天常常以对方的切身生活作为话题，例如：多大年龄，干什么工作，收入多少，买某样东西花了多少钱，有无对象，是否结了婚，有几个孩子，等等。西方人认为这些都是属于个人隐私，一般很少谈到这些话题，否则是非常失礼的。我们应该让学汉语的留学生知道，用汉语跟中国人谈这些话题，不仅不会引起对方的反感，反而会产生一种亲切感。这是文化因素决定了交际模式。中国人常常嘱咐别人（如老师对学生、长辈对晚辈、父母对孩子、亲戚朋友之间）注意冷暖、增减衣服等，以表示关心。有的留学生很容易产生误解，以为是说自己不能照顾自己，甚至认为是干预了自己的自主权利，这可以说是一种文化震荡（culture shock）。根据布朗（Brown）和列文森（Levinson）看法，导致听话人面子受损的行为中有一条就是"说话人向听话人提出建议、劝告，认为听话人该做某事或不该做某事"。这对于西方人是重要的。但在中国文化中，长辈对晚辈以及亲朋之间的这种劝告，不仅不会引起反感，听话人反而会有一种受宠若惊的感觉。别人送礼物来，中国人一般先不是表示谢意，而是表示推辞："送什么礼啊？"对于别人的夸奖，中国人也不像欧美人那样，表示感谢，而是用"哪儿啊""我做得不好"等否定的说法表示谦虚。这在西方人看来是不诚实的，甚至是虚伪的，违反了格莱斯（Grice）四条合作原则中质的准则："不要说自知是虚伪的话，不要说缺乏足够证据的话。"但如果中国人在以上场合，仅仅像西方人那样说声"谢谢"后，就接受了别人的礼物和夸奖，就会被认为是过于自负的表现。在不同的文化中，谦虚、隐私、个人自主的观念有很大的不同，导致话语的得体性方面出现了很大差异。有一个笑话则说出了初学汉语的留学生对于汉语这种表达方式的陌生。一个外国学生参加中国的婚礼，他见到新郎就夸奖新娘漂亮，新郎回答说："哪里、哪里。"那个留学生听后，想了想说："上面下面都漂亮。"

"你属什么？"对于这个中国人日常生活中常见的问题，留学生要是不知道十二属相子鼠、丑牛、寅虎、卯兔、辰龙、巳蛇、午马、未羊、申猴、酉鸡、戌狗、亥猪，根本无从回答。虽然同样的东西，在不同的文化中却有着不同的意义。乌龟和狗这两种动物，在现代中国文化中具有贬义，而且是骂人的话。但日本人和唐朝及唐以前的中国人一样，喜欢乌龟；欧美人把狗当成朋友，对于中国人吃狗肉很不以为然。蝙蝠因为"蝠""福"同音，赢得了中国人的喜爱；在欧美文化中，蝙蝠却是嗜血的躲在阴暗角落里的动物。中国人不会像欧美人那样讨厌"13"这个数字，也不会像日本人那样不喜欢"9"字；外国人也不会理解中国特别是广东人那样喜爱"8"字。虽然在中国，年轻人过生日大多数人都受西方影响，吹蜡烛、吃蛋糕；但给老人祝寿，还是送中国传统的寿桃、寿面为妥。对于汉语中这些包含着文化意义的词语，在说话课教学中，要引起足够的重视。

四、上下文

所谓上下文，就是一个词语、一句话的前言后语，这是语言本身构成的语境。有时候一句话的确切含义要由具体上下文决定。如：

（1）A：小王最近很忙吗？
B：小王很忙，小张呢？

这里"小张呢？"的意思是："小张也很忙吗？"

（2）A：小王身体好吗？
B：小王身体很好，小张呢？

在这里"小张呢？"的意思是："小张身体也很好吗？"这种简短的问句，其具体意义由上下文的语境所决定。再看这样的对话：

（3）A：小张呢？小王找了他两次，都不在。
B：到医院去了。

这里的"小张呢？"，也由上文而提出一个问题，其意义是："小张在哪儿？"

再如"我在看书"这样一句简单的话，在回答不同的问题时，重音不同，句子的焦点不同，句意也有细微的差别。①"谁在看书？"，答句"我在看书"的重音在"我"上，表示不是别人在看书。②"你在做什么？"，答句的重音在"看"上，表示"我"没做别的。③"你在看什么？"，答句的重音在"书"上，表示"我"只在看书，没有看别的。

再如"我自己来吧"这样一句话，在不同的语境中，有不同的含义，"来"能代表各种不同的动作。当别人说"我帮你拿行李吧"时，你说"我自己来吧"，"来"的意思是"拿"；当别人说"我帮你夹菜"时，你回答"我自己来"，这里"来"的意思是"夹"。

"来"在这里的用法好像一个"代动词"。代词"你、我、他(她、它)、这儿、那儿"等也只有在具体的语境中才能确定其具体的指称,离开了具体的语境,就不能确定其指称内容。

当一个学生给老师看他写的汉字对不对的时候,老师说"对了",这里的"对"的意思是"正确"。可"对了"在有些语境中还有交际上的功能,跟字面意义毫无关系。如:"今天天气特别冷,你出去的时候可得多穿点衣服。对了,你顺便把这封信带给安娜。"这里的"对了"表示说话人转变话题,补充某事,并不代表"正确"。

汉语中还有一些转弯抹角的表达方式,更是要在语境中揣摩其特别含义。如:"小王,什么时候请我们吃糖?"这句话是问小王什么时候结婚。再如:A:"你不是学过英文吗?"B:"都还给老师了。"B的意思是老师教的都忘了。如果留学生第一次听到这些话,可能是每一个字的意思都懂了,但到底说的是什么意思,还是丈二和尚——摸不着头脑。有一次笔者跟留学生、中国学生一起打排球,时间是上午十点左右。一个中国学生看到一个留学生懒洋洋的,就对他说:"你没吃早饭啊。"说得那个留学生一脸迷惑。其实那个学生的意思是:你打球怎么一点劲儿都没有。这种旁敲侧击的表达方式只有在具体语境中才能把握其微妙的意义。

语境对于用语言进行交际的重要性,从下面的例子中更是可以看出。我们知道在判断句中,"是"的后项(宾语)一般表示前项(主语)的类别和定义。像总机小姐说"我是中大"、银行营业员对换钱的顾客说"您是什么外币"这样一些话,在逻辑上语法是不够正确的,而在特定的语境中却是十分得体的,前句表示总机小姐所在单位,后句询问顾客所带外币的种类。

参考文献

陈建民,谭志民. 语言与文化多学科研究 [M]. 北京:北京语言学院出版社,1993.
陈望道. 修辞学发凡 [M]. 上海:上海教育出版社,1976.
何自然. 语用学与英语学习 [M]. 上海:上海教育出版社,1985.
王宗炎. 语言问题探索 [M]. 上海:上海外语教育出版社,1985.
西槙光正. 语境研究论文集 [C]. 北京:北京语言学院出版社,1992.
张志公. 现代汉语 [M]. 北京:人民教育出版社,1982.
赵世开. 国外语言学概述 [M]. 北京:北京语言学院出版社,1990.
赵永新. 汉外语言文化对比与对外汉语教学 [M]. 北京:北京语言化大学出版社,1997.
中国社会科学院语言研究所"汉语运用的语用原则"课题组. 语用研究论集 [C]. 北京:北京语言学院出版社,1994.

原载于《中山大学学报论丛》1999年第5期

直接法与生词教学

一、直接法及其思维过程

直接法，又称改良教学法、自然教学法。它首先作为语法翻译法的对立面出现在外语教学的舞台上。由于语法翻译法着重教书面语及文学名著，忽视口语教学，并且只是单纯通过翻译手段教外语，越来越不能满足日益增长的以外语作为交际工具的需要。在一片改革声中直接法应运而生。

直接法自19世纪中后期产生以来，至今已有百来年历史。它广泛运用于外语教学实践中。第二次世界大战以后发展起来的视听法又称情景法，就是利用幻灯、电影、电视、录像的直接法，是直接法的现代化。

所谓直接法，就是一种旨在单词和短语同事物之间建立直接联系的教学方法。如果是一种实物，讲解时就指着或出示该实物或图片，如"窗户、门、火车"等；如果是一种动作、表情（如"走、敲、高兴、生气"等），就演示出该动作表情；如果是一种性质（如"重、高"等），就揭示出该种性质。总之，就是要把语言单位同它所表达的事物紧密地、直接地联系起来。所谓直接联系是针对翻译而言的。直接法的思维过程是这样的：

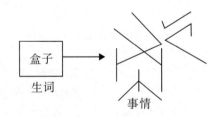

而翻译法的过程为（以学汉语的英语国家学生为例）：

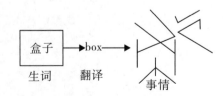

它以学生的母语为中介，把目的语生词翻译成英语，然后才与事物相联系。这种联系是间

接的。

我们知道词语是对事物的抽象反映，是用语音形式固定概括的意义内容。在这种抽象的概括中，很多生动的细节都被扬弃。直接法就是要把抽象的意义重新还原为形象具体的现实，使灰色的词语恢复生命的绿色。

第二语言的学习理论往往以儿童习得第一语言的方法作为理论基础，直接法也不例外。儿童跟着母亲学说话，是看着妈妈的动作和表情，看着妈妈身边的事物来理解妈妈的意思的，完全不用什么翻译。直接法就是要教师像母亲教孩子说话一样，利用实物、图画、手势、动作、表情等直接进行第二语言教学。

生词教学是对外汉语教学的基本工作，只有扫除词语方面的障碍，才谈得上句型操练、课文理解和交际能力，才谈得上听说读写。

二、直接法在生词教学中的具体运用

（一）实物与图画教学

在生词教学中，特别是在初级阶段，直接法要求我们利用实物和图画进行教学。当学生亲眼看到或亲手接触到与词义相联系的某些物体时，他们就能更好地理解并记住词义。教室里现成的实物门窗桌椅等以及窗外的景色和当时的天气情况都是进行生词教学的最现实的教具，教师及学生的衣着也可用来进行直接的生词教学，一只偶而光顾的蜜蜂也不要放过。当然，教师还可以收集一些日常用品诸如报纸、车票、玩具等。有些欧美学生对"户口"一词不理解，因为他们根本无此概念，翻译、解释往往无济于事。这时如拿出户口本给他们看看，倒是可以帮助他们理解该词。在中大汉语中心每学期例行的师生聚餐，是进行食品和餐具的单词教学的好场所。我曾经带初级班的学生到动物园参观，指着那些近在眼前的动物说这是大象，那是老虎，还有这是中国的熊猫。学生们都留下了极深的印象。当学生摸着带到课堂上的兵马俑模型时，他能忘掉"兵马俑"这个词吗？

当然，有很多东西是不可能带进教室里去的，带学生出去的机会也不是很多，而且往往受到周围嘈杂环境的影响，不利于教学。那么我们就要用到图画。画片的收集可分为两种，一是单个人物和物品静态的画，二是人们从事各种活动的画。条件允许的话可以用幻灯及各种活动的图画，即电影、电视、录像等。而黑板画是最方便实用的。我们可以做到迅速而又清晰地用粉笔勾画出事物的主要特征，省去不必要的一切细节。我在教《画蛇添足》一课时，先画一条蛇，重要的是盘曲的身体和嘴里吐出的信子。学生看后笑了。然后我故意再添上四只脚，问学生："这是不是蛇？"学生摇头。这样既教了"蛇"这个生词，也暗示了整个成语的意思。对于对外汉语教师来说，画黑板画是应该具备的一种技能。

在黑板上也可以用抽象的图画，也就是图表和符号，来帮助词语教学的进行。如在黑板上画一个正方形，在不同的位置画上点，就可以教诸如"上下、左右、里外、中间、旁边"等方位词。还可以用下面的方法来归纳不同的时间词：

我在教学中用←→表示反义词,如"胖←→瘦";用大小两个○表示包容的概念。在教"越来越"一词时我是这样图示的:

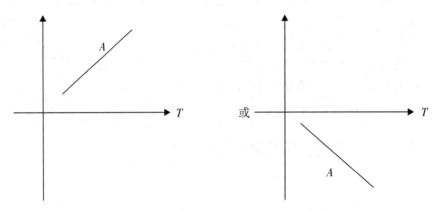

(T 表示时间是任何国家的中学生都知道的)
左图表示越来越好(大、暖和等),右图表示越来越坏(小、冷等)

结果学生很快就懂了。我们不能高估留学生的语言能力,但不能低估他们的思维能力。

(二)身势语教学

直接法不仅用到实物、图画,而且还要用到手势、动作和表情。手势是手的动作,表情是脸部特别是眼睛的动作。直接法要求教师能够设计出揭示生词意义的适当而具有特色的动作。教师用这种方法就可以把生词的意义讲清楚,还可以给课堂带来活跃的气氛,吸引学生的注意力。学生通过这种方法学到的东西将会留下不可磨灭的印象。

有些动作性很强的动词就可以直接做出该动作以揭示其意义。如教"鼓掌"一词即可做出鼓掌的动作,教"握手"时教师可以走到一个学生面前跟他握手,如"走、跑、跳、点头、招手、鞠躬、推、拉、举、端"等都可以即兴演示。

有些表示心理状态的动词可以做出相应的表情。"忧愁"时可作皱眉苦脸状,"愉快"时露出笑容,"吃惊"时可瞪大眼睛且口大张。我在教"忌妒"一词时,也做出相应表情,并问学生忌妒时眼睛什么颜色,有学生回答红色,我说"眼红"也是"忌妒"的意思。

有些抽象的动词也可以用动作来表示。有一次刚学过"出现"一词,一个学生在做练习时又忘了。如果翻译成"appear",他还会忘记。于是我即兴发挥,先蹲在讲台后面(学生看不见),然后慢慢地站起来。学生们会心地笑了,那个学生还说了一句"老师刚刚出现"。

动作也可以跟实物图画结合起来讲解。有一篇课文中有"披一身浓绿的树叶"这样一句话,有学生不懂而问我。这里关键的词是"披"。我当时把外衣脱掉披在身上,学生点头;然后我指着窗外的一棵大树说,这棵树有很多浓绿的树叶,就好像衣服披在身上一样。那个学生又点了点头,表示明白了。不仅是动词,而且形容词、名词也可以用动作来揭示其义。如"烫"一词,我们可以做出手触到烫的东西而迅速缩回的动作。"夺目"一词,我们可模拟身处极强光照当中,眼睛睁不开的动作。"曲折"一词我们可以用一只手在空中作蜿蜒状。

我们还可以用动作来区别同义词。例如说"敲""捶""拍"三个词,我们可以用手指关节来"敲"击讲台,用拳头"捶"击,用手掌"拍"。通过这不同的动作及其引起的不同声音,学生就能够很清楚地把这组同义词区别开来。

教师演示出来的各种动作给予生词以强大的生命力,使学生能够直接理解生词的意义并且牢固地记在心中。解释或者翻译只是在语言圈内打转转,只是指出了与一个生词相应的词或者词组——不管是用学生的母语还是用目的语。而动作却能充分地、正确地、生动地把一个生词的意义显示出来。因此直接法并不是只是为了把教学工作搞得有趣好玩,而且它具有更积极的意义,就是可以帮助学生理解语言、获得语言。对外汉语教师应该具备这种以动作演示生词意义的能力,做到在教学中每一个手势、动作、表情都不是多余的,都具有意义。而且在做动作时还应该带有幽默感。当然这不是演哑剧。要边做边说,教师所说的正是其所在做的动作,并且要有所发挥。教学与其说是一种科学,不如说是一种艺术,这种艺术发挥得好,可以让学生感到是一种享受。

以上所说的是教师演示动作以揭示生词的意义让学生理解。而国外新近出现的全身反应教学法则是教师下命令,学生以动作做出反应。教师下命令"走!",所有的学生向前走。接着"停!""转身!""跳!""坐下!"等等。这是以学生自身的动作来直接理解教师说出的生词。

在生词教学乃至整个对外汉语教学中直接法的确有其独到之处。它能引起学生学习的兴趣与动力,让学生能够直接地把握住生词的意义。但是如果配合其他的生词教学法,如下定义、同义词反义词释义、语境(上下文)示义、自由联想等,就会收到更佳的效果。甚至可以用到翻译法。有些抽象名词,你怎么用直接法也不行,那么这时最直接的方法就是翻译。如"社会主义"一词翻译成"socialism"最直截了当。

原载于《中山大学学报论丛》1996年第3期

泰国华侨崇圣大学的汉语教学

泰国华侨崇圣大学完全是由泰国华侨集资创办的一所综合性大学。著名侨领、报德善堂董事长郑午楼博士，为了表达对泰皇陛下崇敬效忠，适应时代的需要，沟通泰中文化，于1990年底发起创办华侨崇圣大学。此举得到华侨社会各界的响应，华界殷商富贾、仁人名流踊跃捐款兴学，短短两年之间，集资近10亿泰铢之巨。学校基建工程于1992年元月奠基，同年5月荣获泰皇御赐"华侨崇圣大学"泰文校名，并于同年6月招生开学。华侨崇圣大学（以下简称圣大）的成立标志着泰国华文（中文）教育的解冻与复苏，并从此开创欣欣向荣的局面。1994年3月，位于曼谷东郊的圣大校园建成并举行揭幕典礼，泰皇陛下亲临主持仪式，一时成为泰华社会的盛事。

郑午楼博士提出的圣大办学宗旨，除了表达对泰皇室的敬仰以外，主要是对东方儒释传统文化的认同，对西方现代文明——科学、民主、法治的肯定，并为泰国现代化建设做出贡献。圣大把中文教育作为重点建设的学科之一。为此，校长林绍荣博士于1995年5月应国务院侨办的邀请，亲率代表团赴中国访问，与北京大学、北京语言文化大学、中山大学、暨南大学达成文化学术合作交流协议。笔者于1996年5月受中山大学派遣，到圣大中文系从事汉语教学工作，迄今已半年有余。此次借中山大学汉语中心成立15周年之际，对圣大的汉语（华语）教学情况及相关的校园文化，做一个比较全面的介绍。

一

圣大的人文学院下辖三个系：英文系、中文系和社会学系。中文系一至四年级现有学生205名，大多数都是华裔。除了少量学生在上大学以前受家庭影响学过中文，或者在小学阶段学过一点儿汉语以外，很多学生上大学前都没有什么机会接触中文。这里中文系的汉语教学是从零起点开始，报考中文系的学生也不要求考中文。同一个班级的学生汉语水平差距往往很大，这样给教学带来一定的难度，教师难以顾及两头；但是也有好处，成绩突出的学生是其他学生的榜样，而且都乐于帮助其他学生，有时候能起到教师与其他学生之间的桥梁作用。

中文系现有教师10名，其中泰国老师6名，来自中国的4名。中国老师，有在国内从事对外汉语教学的，具有相当的经验，在教学中一般比较适应；而在国内中文系教本科生的老师，就有一个注意教学法、适当控制词汇量以适应学生汉语水平的问题。这需要一段时间才能转过弯来。虽然圣大与中国台湾地区三所大学也达成交流协议，可是至今台湾方面还没有派中文教师来任教。在圣大中文系任教的泰国老师，有中国大陆的大学本科毕业生甚至硕士毕业生,也有从台湾的大学毕业的。他们在汉泰、泰汉翻译方面有其优势。但是,在课堂教学中过多使用泰语,就会影响学生对汉语的掌握。圣大中文系自 1994 年以来,先后派出四位泰国老师到北京大学、北京语言文化大学攻读中文方面的硕士学位,以便学成后回校任教,这是颇具远见的做法。但同时也要注重中文系现任泰国教师的在岗培训问题,以进一步提高他们的业务能力,包括语言能力和教学法的运用。

二

圣大中文学士文凭课程得到泰国大学部(高等教育部)认可,泰国政府承认其学历,毕业生享受与其他大学同等的待遇。中文系四年本科课程结构为:一般科目 31 学分,专修科目 99 学分,选修科目 9 学分。所谓专修科目即为汉语课程,以培养学生听、说、读、写、译五种能力为目标。圣大中文系汉语课程设置如表 1 所示。四年下来,汉语课程总课时为 1500 小时左右,平均周课时约为 10.5 小时。

表 1　圣大中文系汉语课程设置一览

年级	上学期		下学期	
	课程	周学时	课程	周学时
一	基础汉语(一)	5	基础汉语(二)	5
二	基础汉语(三)	5	基础汉语(四)	5
	汉语会话(一)	4	汉语会话(二)	4
	阅读(一)	3	阅读(二)	4
			中华语言与文化	4
三	现代汉语语法	3	中国文学简史	3
	写作(一)	3	写作(二)	3
	翻译(一)	3	翻译(二)	3
	旅游汉语(一)	3	旅游汉语(二)	3
	商业会话	3	导游汉语(二)	3
			古代汉语	3
四	报刊阅读	3	秘书汉语	3
	导游汉语(二)	3	对外贸易	3
	现代文学作品精选(一)	3	现代文学作品精选(二)	3
	商业翻译	3	潮州话	3
			医务汉语	3

需要说明的是，圣大中文系没有开设专门的听力课，而是把听力课作为基础汉语课和汉语会话课的复练课来上。基础汉语课周课时5小时，其中2小时为听力课；汉语会话课周课时4小时，其中1小时为听力课。

课程的设置也有不尽人意之处。笔者看到了中文系课程设置的修订方案，主要是在三、四年级增加"中级汉语（一）（二）"和"高级汉语（一）（二）"作为主干课程，把"旅游汉语"和"导游汉语"合二为一。不过此修订方案尚未得到大学部的认可。

总的说来，圣大中文系的课程是泰国所有大学最为齐全的。

泰国大学一学年也是两学期，上学期从6月到9月，下学期从11月到第二年2月。因为圣大是新成立的大学，大学部在每学期期末考试前后各要进行一次例行的检查，期末考试前检查中文系老师出的考卷，考试后检查期末考卷评改及其效果。"检查官"为大学部的和受命于大学部其他院校的教授。笔者参加过两次这样的检查，提出的问题有考试内容与教学大纲是否配合、评分标准高低，考卷卷面是否规范与清楚，等等。

圣大1995年和1996年暑假期间（3—5月份）先后组织学生到北京大学、北京语言文化大学短期留学（六个星期），采取插班学习的方法。1997年暑假除了去北京外，还将组织学生到台湾大学去学习（五个星期），每年经过选拔，派出学生人数有二三十人。

圣大还和教育部师范厅联合主办华文师范学院，分为初级——华文师资短期培训班、中级——二年制正规华文师资班、高级——四年制正规华文师范班。另外，还为华侨医院（与圣大同属于报德善堂）等单位举办总课时60小时一期的短期华文培训班，这些为社会办学的课程都在圣大育社分校（校址在曼谷城内）开设。

三

圣大中文系汉语课的教材一般由任课教师选用。那么同一个年级的不同教师在选用教材的过程中，就有一个在难易程度上互相协调的问题。而且有的教材选自中国大陆，有的选自台湾，还存在着繁简体、拼音方案注音字母混用的情况。另外还存在这样一个问题：大陆的教材的编写大多是以外国留学生到中国（特别是到北京）留学为线索来展开情景的，这与泰国学生在泰国学习汉语的情形差别甚大。而且在泰国使用的华文教材中也应该介绍一些泰国文化。这样，编写一套适合泰国国情的汉语教材就被提到议事日程上，此事是由林绍荣校长一手促成的。1996年6月27日在圣大举行了关于"编写一部适合泰国大学生用的华文教材"的座谈会，会议还邀请了其他院校的一些汉语教师参加，与会者就编写这样一部华文教材的原则、形式、内容等问题进行了广泛的讨论，并基本达成了共识。根据泰国大学部的有关规定，编写一、二年级的教材只能用繁体字；三、四年级的教材则使用简体字，旁注繁体字。给汉字标音采用拼音，因为拼音方案已为国际社会普遍接受。圣大决定立即着手编写这套教材，以中国老师为主，泰国老师也参加编写工作。编成以后准备把版权献给泰国大学部，而且将书免费赠送教授华文的泰国所有公立、私立大学（现在泰国开设中文的国立大学有朱拉隆功大学、宋卡皇子大学、法政大学等12所，私立大学有华侨崇圣大学、博仁大学等6所）使用。但是这项工作一开始就遇到了困难，来自中国的 3 位老师（当时有 7 位中国老师）因为种种原因提前回国。留下来的中国老师仍然与泰国老师一道，克服工作量大、时间紧、资料不足等困难，正在编写《汉语（一）》《汉语（二）》。另外，《汉语（三）》《汉语（四）》也在计划中。这套教材供中文系一、二年级使用。如果编写成功，可以说将对泰国汉语教材建设做出重大贡献。

编写教材要花费大量的时间、人力，不是短时间就可以完成的。与此同时，还应该注意教材的选用问题。基本教材如果在教学中证实是比较合适的，就应该保持相对的稳定，不能因为教师的更改而随意更改。另外，同一年级任课教师之间应该协商，保持教材难易程度相当，并与学生汉语水平基本保持一致；上下年级的任课教师也应该协商，保持教材的前后衔接。

四

圣大是完全由泰国华侨投资兴办的。泰国华侨与泰国社会融合的程度是相当高的，泰国华侨特别是年轻一代很少能说汉语。圣大的教学语言也是泰语，汉语只是作为外语在中文系教授。但是，中国文化在泰国华侨社会仍然有很大的影响。圣大举办了一系列活动以弘扬中华文化，加强泰中文化的沟通与交流。

（1）庆祝春节。春节是中国传统节日，圣大中文系每年都要举行春节庆祝活动。1995 年 1 月 21 日和 1996 年 1 月 27 日先后举办了两届春节联欢会。1997 年的春节联欢会是 1 月 31 日下午 3 点至 5 点在圣大礼堂举行的。在鞭炮与锣鼓声中，狮子舞拉开了文艺节目的序幕，并展开巨幅对联向各位来宾和师生拜年。接着是一个学生用中文介绍春节的来历。下面比较精彩的节目有《彩带舞》《金城战鼓舞》，独唱《月亮代表我的心》，男女声二重唱《追梦人》，小品《吃鸡子儿》，表演艺术《京调》。压轴戏是师生同台的迪士科舞，充满现代气息，赢得阵阵喝彩。

（2）纪念孔子诞辰。1996 年 9 月 28 日是中华民族的"至圣先师"孔子诞辰 2547 周年，为了表达对这位先哲的敬意，继承和发扬中华优秀文化传统，圣大在 9 月 24 日举行了纪念孔子诞辰大会。林绍荣校长和中国老师都作了演讲。有对纪念孔子诞辰意义的阐述，有对孔子这位伟人的评价，有对孔子教育思想的再认识，也有以故事、录像的形式来介绍孔子的道德观念。笔者所谈的是孔子伦理思想的核心——"仁"，从"克己""爱人"两个角度深入浅出地进行解说。参加大会的多为中文系的学生，会后圣大把讲演稿汇编成《孔子特辑》。

（4）征文比赛。1995 年 3 月，圣大再度举行公开的面向全社会的征文比赛（1994 年 3 月圣大曾举办过一次），以此弘扬华文，推动创作风气，奖励华文创作人才。征文的体裁有：短篇小说；散文；现代诗；旧体诗，七律一首，限一先韵；词一阕，调寄浪淘沙，限四支韵。每种体裁评出前三名优胜奖，另评佳作奖（一般为五名），奖金从 2000 铢到 2 万铢不等。这次征文比赛于 1996 年 2 月举行颁奖仪式，获奖者共 45 位。

（5）征集华文图书。圣大图书馆建立于 1992 年，其目的之一在于成为泰国以至东南亚地区华文教育、汉学研究、泰华历史文化研究之资料中心。1995 年 12 月公开发出征集图书资料启事（当时中文藏书已达2万余种）。启事发表后泰华社会、海峡两岸掀起了一波赠书热，不断传出好消息。1996年8月27日笔者参加了金桂华大使代表中国国务院侨办向圣大赠书（共6箱）的仪式。金桂华大使留下的题词是"中泰一家亲，愿中泰友谊根深叶茂，万古长青"。郑午楼董事长和林绍荣校长都出席了仪式。

（6）泰中交往史展览。在圣大校园里，有一个崇圣纪念堂，又名文化艺术中心，旁边建有一个模仿苏州园林的逍遥园。纪念堂共有两层。二楼陈列着泰皇陛下御铜像和列位圣大创办人铜像。一楼是泰中交往史的展览，陈列着泰国出土的中国瓷器、古代中泰贸易商品实物、中国药材店、中国古代织布机原型和大峰祖师（报德善堂开山祖师）宝像、早期唐人街照片、当年潮剧巡回演出的照片等。这里是常年陈列，每当有中国代表团来参观，崇圣纪念堂是必不可少的去处。

第二任校长林绍荣博士自1995年元月上任，至1996年12月底任期届满卸职。圣大校董会任命原大学部常务次长陈国光博士为校长，于1997年元月初正式上任。陈校长上任后有两项重大举措：一为成立中国研究中心，以作为政府决策的依据，并同时向社会提供咨询；二是带领中文系的教师去各地华校调查研究，以确立圣大在华语教育方面的领导地位。我们相信，在泰皇陛下的关怀下，在泰华社会的支持和各位同仁的努力下，华侨崇圣大学及其汉语教学一定能取得辉煌成就。

参考文献

段立生. 郑午楼传［M］. 广州：中山大学出版社，1994.
段立生. 郑午楼研究文丛［M］. 广州：中山大学出版社，1994.
李大遂. 上下同心　振兴华教——为泰国华文教育献芹［M］. 曼谷：华侨崇圣大学出版社，1994（佛历2538）.
张启. 泰国当前的华文教育［J］. 世界汉语教学，1995（4）.
中国海外交流协会文教部. 海外华文教育文集［C］. 广州：暨南大学出版社，1995.

原载于《中山大学学报论丛》1997年第4期

中山大学国际汉语学院汉语国际教育硕士专业学位研究生教学实习管理措施

从对外汉语教学到汉语国际推广的转变，催生了汉语国际教育硕士专业学位的诞生。根据《汉语国际教育硕士专业学位研究生指导性培养方案》规定，该专业学位研究生教学实习占 4 学分。海外汉语热的出现，给我们专业学位研究生的教学实习提供了大量机会；而跟多数大学一样，由于体制所限，对外汉语教学这一块师资编制一直偏紧，学院也需要研究生来协助完成教学任务。

中山大学国际汉语学院（以下简称我院）汉语国际教育专业研究生（脱产全日 2 年制）从 2007 年 9 月开始招生培养，有 21 位研究生，6 位是外国留学生，那么 15 位中国研究生就有教学实习的任务。其中，有 2 人于 2008 年 6 月参加了汉语教师志愿者计划，外派菲律宾华文中学任教一年；有 2 人今年暑假被派往美国印第安纳波利斯孔子学院少儿华文夏令营进行短期协助教学，还有 1 人今年以志愿者身份被派到该校孔子学院任教一年。共有 5 人外派实习，剩下 10 位研究生看来只能在我院安排教学实习，这就占了三分之二；该专业 2008 级有 28 位研究生，其中有 16 位中国研究生，我们争取能有二分之一的研究生参加外派实习。

我院 2008 年 1 月份入学的汉语国际教育硕士专业学位研究生（在职周末授课 3 年制）有 38 名。据调查，工作单位一般很难同意他们去外派实习，看来他们的教学实习只能在我院内部安排。他们的教学实习要求从第二学期起，在毕业前完成，至少上一个学期的课，每周 4 节；要求跟工作单位说明情况，保证教学实习的时间。

汉语国际教育硕士专业学位研究生的教学实习是培养过程的重要一环，我们坚持两条腿走路：外派或在学院内部进行。根据我院的实际情况，后者是重头戏。因此，根据我院对外汉语方向研究生教学实习的管理制度和管理经验，制定出较为完善的专业学位研究生学院内部教学实习的管理措施，目标就是让参加教学实习的研究生站稳讲台，顺利完成教学任务。

一、岗前培训

（一）教学法课程

研究生在第一、第二学期要学有关教学法的课程，《培养方案》中直接跟教学实习有关的必修课有"汉语作为第二语言教学法"和"课堂教学研究",前者我们侧重于语言要素的教学,后者侧重于听说读写语言技能的教学;选修课有"汉语教学案例分析",通过分析讨论具体案例来获得课堂教学的实感。

(二)观摩教学

研究生在第一学期观摩实际课堂教学,至少4次8节,要求有听说读写四种课型。他们向办公室提出申请,由办公室统一安排课,并发放"听课通知"作为听课凭证;听课前要向有关教师打招呼,并询问讲课内容,要求听课研究生复印听课教材相关部分;听课时要做记录,观摩了解有经验教师的教学步骤、教学方法、对教材的处理等,并写下自己的心得体会,填写"听课表",由被听课的教师签名后上交办公室。

(三)集中培训

第二学期才开始安排教学实习,上岗前,我们还要组织有经验的教师对他们进行集中培训,一般安排在正式上课前一周的周末进行。培训内容:由院系领导介绍《国际交流学院教师行为规范》,让受训研究生走上讲台后,明确从学生到教师的角色转变;由资深教师分别讲授各课型的教学技能,分初级读写、听力、口语、阅读、中高级精读、写作六种课型,让研究生临上课前再系统地了解各种课型的教学原则和教学方法、教学环节和教学步骤,并体会不同课型的不同特点。

二、岗上管理

(一)传帮带

我们安排课型相当的老教师与实习研究生结成传帮带对子,具体指导实习研究生的教学,帮助他们设计出教案,并有针对性地指导他们继续观摩教学。传帮带教师每学期至少听课两次(每次两节课),一次在期中考试之前,一次在期中考试之后。听课后及时向实习研究生提出需要改进的意见和建议,再听课看整改效果。具体从教学准备、对教材的处理、课堂教学组织、内容的讲解、师生的互动、普通话和课堂用语、灵活性及应变能力、专业知识、教态仪表、板书等十个方面来考察实习研究生的教学效果并打分,每次都要详细填写教师听课表(附录1)并交办公室存档。

(二)课型组

实习研究生必须参加课型组活动,这一方面是一个学习的过程,另一方面也让他们找到归属感。我们按课型和程度分为多个课型组,每学期至少有两次集体活动,一次在期中考试前后,一次在期末考试后,由课型组长主持。本学期的课型组有16个:初1班读写、初2/4班读写、初3/5班读写,初1班听力、初2/4班听力、初3/5班听力,初1/3班口语、初2/4/5班口语,初中级阅读、高级本科班阅读、中级班精读、高级本科班综合汉语、中高级本科班写作、中高级本科班听力、中高级本科班口语、商务汉语。

课型组的任务是:开学时指导制订教学计划;在课程教学过程中,负责协调课程进度,平行班争取做到同教材同层次同进度;交流教学经验,解决教学中的问题;统筹期中和期末考试试题;学期结束时,回顾和总结一学期的教学情况。

(三)导师责任制

在学分基本修完后,我们就开始通过双向选择确定导师。导师不仅负责指导所带研究生的学习和学位论文,还对他们的教学实习负有督促责任,督促自己的研究生按时保质保量完成教学实习任务,这也是研究生院制定的《中山大学关于研究生指导教师的规定(2008年7月修订)》的要求。

(四)投诉处理

因为缺乏经验,难免有个别实习研究生遭到留学生的投诉。如果是个别学生投诉,我们安排班主任负责解决问题;如果是班长带着全班学生投诉,我们首先安排传帮带老师去听课,必要时可安排系主管领导去听课,以决定是提出整改意见,该老师继续上课,还是换老师。同时将有关情况通知导师。在这个过程中,我们会安排班主任听取学生意见。

(五)教学评估

每学期在期中考试以后,我们会进行教学评估,统一安排时间在课上进行,让每个学生给所在班级的所有任课老师打分。任课教师回避,由办公室教务员及时回收"教学调查表"(附录2),并统计有关信息,反馈给教师。每个教师,包括实习研究生都知道一个班级里教学评估的最高分、最低分和平均分,以及自己的分数和排名。学生提出的具体意见也会反馈给实习教师。

三、结 语

汉语国际教育研究生在学院内部进行的教学实习成绩将参考教学评估分数及其在班级的排名、传帮带教师的评价和打分以及课型组组长的意见综合评出。当然,课堂教学观摩认真与否、集中培训的出勤情况以及有无被学生投诉也是影响成绩的因素,这样《培养方案》中规定的教学实习成绩的评定工作就落到了实处。

参考文献

许嘉璐. 放开眼界，更新观念，让汉语走向世界［J］. 语言文字应用，2006（1）.
许琳. 汉语国际推广的形势和任务［J］. 世界汉语教学，2007（2）.
张和生. 机遇和挑战——从对外汉语教学到汉语国际推广［J］. 云南师范大学学报（对外汉语教学与研究版），2007（6）.
朱永胜. 有关汉语国际教育硕士专业课程设置与教学实习的几点设想［J］. 云南师范大学学报（对外汉语教学与研究版），2007（6）.

附录 1

教师听课表

项　目	评　分
教学准备（10 分）	
对教材的处理（10 分）	
课堂教学组织（10 分）	
内容的讲解（10 分）	
师生的互动（10 分）	
普通话及课堂用语（10 分）	
灵活性及应变能力（10 分）	
专业知识（10 分）	
教态仪表（10 分）	
板书（10 分）	
总分	
需要改进的地方及改进方法	
领导意见：	

附录 2

教学调查（Questionnaire of Teaching）

一、填表

说明：每个学生给所在班级的所有任课老师打分，从 1 分到 10 分，最好是 10 分，最差是 1 分。不能打 0 分。(Fill in the table with grading numbers for the teachers of your class, 10 for BEST and 1 for WORST, 0 is unacceptable.)

	教师 A	教师 B	教师 C	教师 D
1. 老师工作认真、负责、耐心。 Teacher is earnest, responsible and patient.				
2. 老师能合理安排教学内容，讲解清楚、重点突出。 Teaching is reasonably arranged, explanation is clear and main-points are emphasized.				
3. 老师的教学方法是恰当的。 Teaching methods are appropriate.				
4. 老师能很好地回答问题，教学效果良好。 Questions are well explained and teaching is efficient.				

二、开放式问题（Open questions, you can answer either in Chinese or English）

1. 你觉得现在的课对你有用吗？你还想上些什么课？（Are the current courses useful to you? What other courses do you want to take?）

2. 你对我们老师的工作有什么意见？（What's your opinion of the work of the teachers?）

3. 你对我们的教材有什么意见？（What's your opinion of the teaching materials?）

4. 你对我们的管理工作有什么意见和建议？（What's your opinion and suggestion of the management?）

你对我们其他工作有什么意见和建议？（What's your opinion of the other aspects of our work?）

Thank you!

原载于北京汉语国际推广中心、北京师范大学汉语文化学院编：《国际汉语教育人才培养论丛》（第一辑），北京大学出版社2008年版

第二部分　现代汉语语法研究

"由"字句的语篇分析

一、"由"字句的被动句型与主动句型

"由"字句的基本句型是"$N_{受}$ + '由' $N_{施}$ + V"。其中"由"字是施事的标志,它可以看成在句型变换过程中插到施事名词之前的,其变换矩阵如下:

$N_{施}$ +	V +	$N_{受}$	⇒	$N_{受}$ +	"由" $N_{施}$ +	V
老李	主持	会议。	⇒	会议	由老李	主持。
他们	解决	问题。	⇒	问题	由他们	解决。
服务部	办理	此事。	⇒	此事	由服务部	办理。
赵薇	扮演	小燕子。	⇒	小燕子	由赵薇	扮演。

左列为主动句型,右列为被动句型,在主动句变换为被动句的过程中,介词"由"字插在$N_{施}$前作为施事的标志。

这种变换是可继续进行的,即可以再从被动句变换成主动句,新矩阵如下:

$N_{受}$ +	"由"$N_{施}$ +	V	⇒	"由"$N_{施}$ +	V +	$N_{受}$
会议	由老李	主持。	⇒	由老李	主持	会议。
问题	由他们	解决。	⇒	由他们	解决	问题。
此事	由服务部	办理。	⇒	由服务部	办理	此事。
小燕子	由赵薇	扮演。	⇒	由赵薇	扮演	小燕子。

不过这第二次变换中,施事名词前面的"由"字仍然保留着。所以介词"由"不仅可以跟"被"字一样,在被动句中引进施事,有"$N_{受}$ + '由' $N_{施}$ + V"序列,而且能在主动句中引进施事,有"'由' $N_{施}$ + V + $N_{受}$"序列。在现代汉语中,"被"基本上不能在主动句中引进施事。而在近代汉语中,"被"字也能在主动句句首引进施事,有"'被' $N_{施}$ + V + $N_{受}$"序列,如:"被猴行者骑定馗龙。""被杨行密拿了庞师古。""被我咬断绳索,到得这里。"(王力,1980)。但是到了现代汉语中,这种用法萎缩了,基本消失了。

从句法层面来说,两种句型的变换是相当自由的。但是,在具体语篇中,两种序列的"由"字句的出现,受到一定语篇条件的限制,并不那么自由。下面我们试图找出不同序列"由"字句的出现条件。

二、话题及其推进模式

在一个具体的语篇结构中,话题占有重要的地位。到底什么是话题,语法学界的看法并不完全一致,我们觉得曹逢甫先生对什么是话题给出了比较全面的定义清单(曹逢甫,1994)。我们觉得曹先生的定义最重要的两点是:①确定了话题的句法位置:"占据话题链第一个小句的句首位置";②确定了话题的语篇功能:"控制话题链中所有互参 NP 的代词化或删略"。话题不仅跟句法层面有关,而且更加跟语篇层面有关,它是语篇的出发点,推动着语篇的发展变化。

在具体的语篇中,一个话题链保持同一话题,话题串的各个小句都以第一小句的话题为话题,后续小句以零形式、代词或同形回指主话题。一个新的话题链由一个新的话题开辟,新的话题往往从前置句的述题中引发出来。这种前后句子的话题保持同一或者发生变化的过程就叫作话题的推进(progression)。语篇具有什么样的话题及其推进模式,决定了其选择什么样的句型,也决定了句法结构的语篇功能。

话题推进的模式有多种,徐盛桓归纳为平行、延续、集中、交叉四种(徐盛桓,1982),黄衍归纳为七种(Ⅰ~Ⅶ)(黄衍,1985),胡壮麟认为基本的衔接模式有三种(胡壮麟,1994),朱永生归纳为主位同一、述位同一、延续、交叉四种(朱永生,1995),沈开木认为 TC 链(话题 T 述题 C 形成的链条)可以有平行式和链接式两种类型(沈开木,1996)。不管是七种、四种、三种模式,都包括平行式(即主位同一)和链接式(又称延续式)两种基本模式。我们将以这两种基本的话题推进模式——平行式和链接式为框架,来研究语篇的话题及其推进模式对"由"字句句式的制约关系,另外还要涉及话题的推进模式对"由"字结构("由"N$_{施}$)的语篇功能制约关系。

三、话题的推进模式对"由"字句的制约关系

(一)平行式

平行式的各句均以第一句的话题为话题,或者各以几个相关的话题为话题,引出不同的述题,从不同角度、不同侧面对同一话题或相关话题进行阐述。平行式有三种下位模式(A 式、B 式、C 式)。

A 式:

此平行式话题相同，述题不同。如选择 $N_{受}$ 作话题，则 $N_{受}$ 前置于句首，占据话题位，V 后真宾语悬空。如：

(1) 志愿活动内容不是由团组织规定或分配的，E 完全是由这些来自社会的志愿者自愿选择，自由安排的。(《中国青年报》980905)

"活动内容"是 $N_{受}$ 作话题，是 V "规定""分配""选择""安排"的受事。E 处①可以认为是与第一小句的话题相同而承前省，或谓之"删略"，也可以认为是一个空范畴或零形式回指。又如：

(2) 庞大的机构是由自己亲手创造出来的，E 想不到又要由自己的手将它缩小，实行缩小时就感到很勉强，很困难。(《毛泽东选集》P882)

"庞大的机构"也是 $N_{受}$ 作话题，在第二小句的述题中"将"引导的代词"它"复指第一小句的话题。

例 (1)(2) 中，语篇选择 $N_{受}$ 作为话题，也就意味着选择"由"字句的被动句式。如果不是选择 $N_{受}$ 作话题，而是选择 $N_{相}$（相关性 aboutness 的 N）作话题，则 $N_{受}$ 后置于句末。如：

(3) 这就是说，这个革命不能由任何别的阶级和任何别的政党充当领导者，E 只能和必须由无产阶级和中国共产党充当领导者。(《毛泽东选集》P1313)

$N_{相}$ "革命"位于句首，充当话题，$N_{受}$ "领导者"后置句末。

例 (3) 中，语篇没有选择 $N_{受}$ 作话题，$N_{受}$ 后置句末，也就意味着选择"由"字句的主动句式。

B 式：

  话题 1——述题 1
  话题 2——述题 2
  话题 4——述题 3
  ……

话题虽然各不相同，但是关系密切。话题可能是 $N_{受}$ 或非 $N_{受}$，述题是从"由"字开始。

(4)（一）有较大影响或者争议金额在五十万元以上至五百万元的经济合同纠纷案件，由省辖市、地区、自治州仲裁机关管辖；

（二）有重大影响或者争议金额在五百万元至一千万元的经济合同纠纷案件，由省、直辖市、自治区仲裁机关管辖；

（三）在全国范围内有重大影响或省、市、自治区之间，中央部门与省、市、自治区之间，中央各部门之间争议金额在一千万元以上的经济合同纠纷案件，由国家行政管理局的经济合同仲裁机关管辖。(《经济法规选编》P47)

这是跨段落的语篇分析。话题 1、话题 2 和话题 3 是不同档次的经济合同纠纷案件，其语义关系不言而喻，它们中心语相同，修饰语大同小异。它们都是 V "管辖"的受事。述题

---

① "E"为笔者为方便研究而加，原文无，下同。

1、2 和 3 规定了相应的管辖级别。

(5) 未经审批管理机关批准，擅自转让探矿权、采矿权的，由登记管理机关责令改正，没收违法所得，处 10 万元以下的罚款；情节严重的，由原发证机关吊销勘查许可证、采矿许可证。(《中华人民共和国新法规汇编》1998 第二辑 P52)

例 (5) 中话题 1 和话题 2 都是"的"字结构，都是 $N_{相}$ 话题。$N_{受}$ "违法所得" "10 万元以下的罚款"和"勘查许可证、采矿许可证"后置句末，形成"由"字句主动式。

C 式：

C 式可看成 A 式和 B 式综合在一起形成的模式。它主话题相同，次话题不同但是相关。

(6) 财政承担的部分，中央企业由中央财政解决，地方企业由地方财政解决。(《中华人民共和国新法规选编》第二辑 1998P166)

主话题为"财政承担的部分"，次话题 1 为"中央企业"，次话题 2 为"地方企业"。

（二）链接式

前置句和后续句的话题不同，后续句的话题是从前置句的述题中引发开来。后置句的话题与前置句中述题的一部分指同，通常是 $N_{受}$，以此作为新话题，开辟出一条新的话题链。链接式有两种下位模式（D 式、E 式）。

D 式：

话题1+述题1（V_1+N_1）。话题2+述题（"由"$N_{施}$+V_2+N_2）。
                              └─────（指同）─────┘

在 D 式中，述题仍然从"由"字结构开始。

(7) 全国人大常委会副委员长彭佩云出席会议。会议由全国人大科教文卫委员会副主任委员李绪鄂主持。(《人民日报》990929)

述题 1 中的 N_1 "会议"成为话题 2，这是近距离的同形复现的衔接。这两个"会议"都是受事，但是语篇意义不一样：第一个"会议"位于述题，是新信息；第二个"会议"即话题 2，已经转化为旧信息。从修辞学角度，这叫作"顶针格"；从语篇衔接角度，这叫作"链接式"，所谓"链接"，一环接一环者也。

(8) 这里我要说，这几条里面，最重要的就是全党服从中央。中央犯过错误，这早已由中央自己纠正了，任何人都不允许以此为借口来抵制中央的领导。(《邓小平文选》P236)

代词"这"指称前置句述题中的 N_1 "错误",从而形成链接式衔接。在 D 式中,后续句只能选择"由"字句的被动句型。如果例(7)的后续句改为主动句型"由全国人大科教文卫委员会副主任委员李绪鄂主持会议",结果第二个"会议"离第一个"会议"距离过远,则链接式不成立,语篇衔接失败。因为链接式的成立以近距离的同形复现或代词照应为前提。例(8)同。

E 式:

话题1+述题1(V_1+N_1)。"由"话题2+述题2(V_2+N_2)。

(指同)

(9)商标局依照……的决定,应当书面通知商标注册人,同时抄送原核转机关,由核转机关收缴《商标注册证》,并 E 寄回商标局。(《经济法规选编》P67)

前置句述题中的 $N_受$ "核转机关",成为后续句句首"由"引导的 $N_施$ 即话题,形成链接式。后续句中的"由 $N_施$"符合话题的两个基本条件:"占据话题链第一个小句的句首位置"和"控制话题链中所有互参 NP 的代词化或删略"。(曹逢甫,1994)"由核转机关"在后续句中处于句首并开辟了新的话题串,符合条件一;E 处可以看作话题"由核转机关"的承前省或删略,这与条件二同。

(10)总之,各国的事情一定要尊重各国的党、各国的人民,由他们自己去寻找道路,E 去探索,E 去解决问题。(《邓小平文选》P279)

代词"他们"回指前置句述题中的 $N_受$ "各国的党、各国的人民",形成链接式。"由"引导话题核心"他们"控制话题串中小同指名词组的删略形成 E,或者说 E 处为话题"由他们"的承前省。

在 E 式中,后续句只能是主动句型,后置句末的 $N_受$ 不能前置于"由"字前,也就是说不能变换为被动句型。例如,例(9)后续句"由核转机关收缴《商标注册证》"不能变换为"《商标注册证》由核转机关收缴",否则形成链接的前后项被 $N_受$ 隔开,链接式失败,语篇不连贯。

四、结　语

(一)选择"由"字句主被动句型的语篇条件

在平行式中,其三种下位模式对主被动句型的选择不构成约束,主被动句型的选择以语篇对话题的选择为转移:选择 $N_受$ 为话题,其句型为被动句型;选择 $N_施$ 为话题,$N_受$ 后置句末,其句型为主动句型。

在链接式中,其两种下位模式对主被动句型的选择具有严格的约束作用:D 式的后续句必须选用被动句型,E 式的后续句必须选用主动句型。如果随意变换句型,就会破坏话题的衔接,破坏语篇的连贯性。

(二)"由"字结构的语篇功能

不管在主动句型还是在被动句型中,介词"由"的句法-语义功能都是引进动作的施事,可是"由"字结构("由"$N_{施}$)在语篇中的功能却是不尽相同的。

在平行式和链接式的 D 式中,话题为 $N_{受}$ 或 $N_{相}$,述题从"由"字开始,"由"字结构(即"由"$N_{施}$)是述题的一部分。

在链接式的下位模式 E 式中,以"'由'$N_{施}$"为话题,这是话题与施事合一的模型。此时"由"字结构的语篇功能是充当话题,而不是充当述题的一部分。"由"字结构充当话题,"由"字作为引导词,$N_{施}$作为话题核。特殊的话题推进模式改变了"由"字结构的语篇功能。也只有在这样的条件下,我们才能同意白荃先生的说法,即"由"$N_{施}$ + V + $N_{受}$中的"由"$N_{施}$是主语(白荃,1998),如果他认可赵元任(1979)、朱德熙(1982)关于主语即话题的观点。

参考文献

白荃. 试论在句首的"由+施事"结构的句法功能及其相关问题 [J]. 北京师范大学学报(社会科学版),1998(6).
曹逢甫. 再论话题和"连……都/也"结构 [C] //戴浩一,薛凤生. 功能主义与汉语语法. 北京:北京语言学院出版社,1994.
胡壮麟. 语篇的衔接与连贯 [M]. 上海:上海教育出版社,1994.
黄衍. 试论英语主位和述位 [J]. 外国语,1985(5).
黄国文. 语篇分析概要 [M]. 湖南:湖南教育出版社,1988.
廖秋忠. 廖秋忠文集 [M]. 北京:北京语言学院出版社,1992.
吕文华. "由"字句——兼及"被"字句 [J]. 语言教学与研究,1985(2).
沈开木. 现代汉语话语语言学 [M]. 北京:商务印书馆,1996.
王力. 汉语史稿 [M]. 北京:中华书局,1980.
徐烈炯,刘丹青. 话题的结构与功能 [M]. 上海:上海教育出版社,1998.
徐盛桓. 主位和述位 [J]. 外语教学与研究,1982(1).
赵元任. 汉语口语语法 [M]. 吕叔湘,译. 北京:商务印书馆,1979.
朱德熙. 语法讲义 [M]. 北京:商务印书馆,1982.
朱永生. 主位推进模式与语篇分析 [J]. 外语教学与研究,1995(3).

原载于《语言研究》2002 年第 4 期;后收入《第七届国际汉语教学讨论会论文选》编辑委员会:《第七届国际汉语教学讨论会论文选》,北京大学出版社 2004 年版

"由"字句的句型研究

我们研究的"由"字句,即介词"由"的引进施事(即负责者和执行者)的句子,而"由"字其他义项,不在我们研究范围之内。"由"字句并不像人们想象的那么简单,使用的频率虽然在文学作品中是不高的,但是在新闻政论性的文章中,是有相当的频率的,而在法规性文件中,"由"字句密集使用,随处可见。"由"字句和"被"字句同样是被动句,而学术界对于"由"字句的研究与"被"字句的研究(既有专书,更多有专文或专章的研究)相比,就显得比较单薄,这就有必要对"由"字句深入研究。

"由"字句的基本句型为:$N_{受}$ + "由" $N_{施}$ + V。我们将把基本句型分成三段进行研究。我们还将研究"由"字句的连动式和兼语式等特殊句型,并对"由"字句做动态的变换分析。在研究的过程中,我们将与"被"字句做扼要的比较。

一、A 段研究

(一) 单项的 $N_{受}$

(1) 命运由你安排。("存"P121)
(2) 筹备工作由志愿者自理,一切有条不紊。("中青"980905)

$N_{受}$(VO/S) + "由" $N_{施}$ + V:

$N_{受}$由一个述宾词组(VO)甚至是一个小句(S)充当,但是在句中仍是主要动词 V 的受事。

(3) 起草重要文件,要由各级领导干部亲自动手或亲自指导、主持进行。("秘"P27)
(4) 立卷留有的电报是否与同期的文件统一归档,由各单位自行决定。("秘"P235)

句首的 $N_{受}$,例(3)是述宾词组,例(4)是小句。

(二) $N_{受}$(O 的 V) + "由" $N_{施}$ + V

(5) 区、县属企业的设立审批,由区、县人民政府指定的部门负责。("中法"97 二 P271)

述宾词组 VO:"设立审批区、县属企业" ⇒ O 的 V:"区、县属企业的设立审批"后,位于句首成为 $N_{受}$,是该式句法上的特色。

多项并列的 $N_{受}$——$N_{受}$扩展为多项的并列结构:

(6) 各部、各委员会工作中的方针、政策、计划和重大行政措施,应向国务院请示报告,由国务院决定。("秘"P6)

(7) 鉴定档案保存价值的原则、保管期限的标准以及销毁档案的程序和办法,由国家档案行政管理部门制定。("秘"P302)

例(6) $N_{受}$为四项并列,例(7)为三项并列。

二、B 段研究

(一) 单项的 $N_{施}$

(8) 因未办理注销手续而发生的法律责任由企业承担。("中法"97 二 P179)

(9) 会议时间不超过四天、人数不超过三十人的会议,由各部门主要负责同志批准。("秘"P229)

(二) 多项并列的 $N_{施}$

$N_{施}$扩展为多项并列结构:

(10) 利用未开放档案的办法,由国家档案行政管理部门和有关主管部门规定。("秘"P302)

(11) 有下列情况之一的会议,由主管的省委常委或副省长批准:("秘"P229)

例(10)(11) 中的 $N_{施}$各为两项并列。

三、C 段研究

(一) 单项的 V

(12) 单位之间的争议,由县级以上人民政府处理。("南"980831)

(13) 具体办法由国务院规定。("中法"98 二 P2)

一般认为"被"字句很少用光杆动词,而"由"字句却以用双音节光杆动词为常见。如例(12)(13) 中的 V "处理""规定"均为双音节光杆动词。

N$_受$ + "由" N$_施$ + "所" + V：

在"被"字句中，除了"所"可以置于 V 前，"给"和"被"（N$_施$省略）也可以置于 V 前；"由"字句中只有"所"字可以直接置于 V 前，这显示了"由"字句同样是一种被动句，虽然在例句的收集过程中，发现"由……所……"句式比较少。如：

（14）战时的政治制度大体上可以分为两类，一是民主集中制的，一是绝对集中的，由战争的性质所决定。（"毛"二 P383）

N$_受$ + "是" + "由" N$_施$ + V + "的"：

（15）任何自治体的经济结构都是由其内部劳动分工的状况决定的。（"存"P205）

（16）调查显示的另一现象是，在一般家庭，女性理财的机会更大一些，通常家庭的基本开支都是由女性决定的。（"广"991206）

（17）这部法律是由八届全国人大财经委起草的，法律委对草案修改过两次。（"中法"98 二 P153）

（18）1987 年以来，随着我国证券业的发展，陆续建立了 67 家证券公司，其中大部分是由人民银行省分行牵头组建的。（"存"P278）

句中插入"是……的"，作用有二：一是舒缓语气，如例（15）（16）；二是表示已然，如例（17）（18）。"由"字句多表示未然，如果表示已然，常用"是……的"格式；"被"字句多表示已然，常用虚词"了"（包括体助词"了$_1$"和语气词"了$_2$"）。"所"字和"是""的"都是虚化的语素，在句子中不担当任何成分。

（二）多项并列的 V

V 扩展为多项并列结构：

（19）报送国务院法制局的行政法规草案，由国务院法制局负责审查，并向国务院提出审查报告。（"秘"P163）

（20）公文由文书部门统一收发、分办、传递、用印、立卷和归档。（"秘"P18）

"被"字句中 V 也可能有多项联合结构，但是像例（20）中由六个动词相并列，在"被"字句中恐怕很难见到。跟"被"字句相比，"由"字句的多项并列结构更为发达。特别是在法规性的文件中，因为表达缜密的需要，多项并列结构得到充分的发育。

（三）N$_受$ + "由" N$_施$ + "进行" + V

"进行"类的所谓"形式动词"，有"进行、加以、给予、予以、给以"等。它们被称为形式动词，就是说，它们的作用仅仅在语法形式上，不在语义内容上。它们在句法结构上是动词谓语，但是表示动作语义却落在位于它们之后的双音节动词上；V 表面上成为"进行"类形式动词的宾语，但实际上却承担着主要动作语义。语义上支配句首 N$_受$ 的，不是"进行"类动词，而是"进行"的宾语 V。如

(21) 文稿在送领导人审批签发前，应由有关业务部门负责人或秘书部门负责人进行审核。（"秘"P125）

(22) 政府只能在它职权范围内活动，这种范围由一定的法律给以规定。（"存"P331）

(23) 其国际联网经营许可证由发证机构予以吊销。（"中法"97 二 P63）

例句中的 N$_{受}$ "文稿""范围""许可证"分别是 V "审核""规定""吊销"的受事。

N$_{受}$ + "由" N$_{施}$ + "负责/组织" + V：

(24) 本规定由劳动部负责解释。（"秘"P189）

(25) 根据国家法律指定我省有关审判、检察方面的地方性法规，分别由省高级人民法院、省人民检察院组织草拟。（"秘"P182）

(26) 为有利于这项工作的开展，中央确定，由国务院国有企业改革工作联席会议负责指导和组织协调，……。（"中法"98 二 P171）

(27) 莲花大桥由澳门新建业集团负责组织建设，该集团的总裁是全国政协委员吴立胜先生。（"人"991210）

"负责""组织"等虽然不是形式动词，但是跟形式动词一样以 V 作为宾语。语义上支配句首 N$_{受}$ 的，不是"负责/组织"，而是"负责/组织"的宾语 V。如例（24）"本规定"是"解释"的受事。

在例（27）中，"负责"和"组织"并不是处于并列关系中，"负责"处于上位的层次中，"组织"处于下位的层次中，它们的位次不能上下置换。也就是说，只有"负责组织 V"的组合，没有"组织负责 V"的形式。在下面两组层次分析中，（a）是正确的，（b）是错误的：

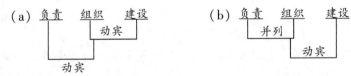

这是"由"字句比较有特色的句型。"被"字句不能用"进行"，也不能用"负责/组织"等作谓语动词。

（四）连动式 N$_{受}$ + "由" N$_{施}$ + "来/去" V

"由"字句大都叙述尚未实现的行为，V 前可以加上"来"或者"去"，这就构成所谓的连动句。如：

(28) 如果他们犯了错误，由他们自己去纠正。同样，他们对我们也应该如此，允许我们犯错误，有了错误以后，由我们自己来纠正。（"邓"三 P236）

(29) 作品的思想成就和艺术成就，应当由人民来评定。（"邓"P184）

(30) 一位经济学家尖锐地指出：行政评级是政企不分的基本表现，企业应该由市场来评定，行政官员怎能主管自定。（"存"P40）

"被"字句不能在 V 前加上"来/去"。

(五) 兼语式

$N_{受/施}$ 既是 V_1 的受事，又是 V_2 的施事，即所谓的兼语。
$N_受$ + "由" $N_施$ + V_1 + $N_{受/施}$ + V_2：

(31) 省、自治区、直辖市的人民政府的厅、局、委员会等工作部门的设立、增加、减少或者合并，由本级人民政府报请国务院批准。（"秘"P16）

(32) 集体共有股权行使和收益分配的管理办法，由上海市经济体制改革委员会会同有关部门另行规定。

(33) 凡是省人民代表大会决定制定的地方性法规，分别由省人大常委会、省人民政府、省高级人民法院、省人民检察院组织有关主管部门草拟。（"秘"P181）

"由"字句兼语式的第一动词（V_1）通常有"会同、报（请）、提请、（邀）请、授权、指定、转告、派、组织"等。在兼语句中，$N_受$ 语义指向 V_2，即 $N_受$ 是 V_2 的受事。
$N_受$ + "由" $N_施$ + V_1 + "由" $N_{受/施}$ + V_2：

(34) 代表对答复不满意的，可以提出意见，由全国人民代表大会常务委员会办事机构交由有关机关、组织或者上级机关、组织再作研究处理，并负责答复。（"秘"P223）

这是一种较为特殊的兼语句，第一个"由"引进施事，第二个"由"引进兼语。现在发现 V_1 中只有"交"后接"由"来引进兼语。

为什么会出现这种较为特殊的句型？我们认为在深层结构中，存在着两个句子："由……办事机构交有关机关、组织或者上级机关、组织"和"由有关机关、组织或者上级机关、组织再作研究处理，并负责答复"，在输出到表层结构时两句合并。"交"与介词"由"的宾语同形，从而删除"交"的宾语"有关机关、组织或者上级机关、组织"。为什么删除的不是"由"的宾语呢？因为动词的宾语可以悬空，介词的宾语一般不可以悬空。

(六) $N_相$ + "由" $N_施$ + V + $N_受$

"由"字句一般 $N_受$ 位于句首，（六）句型中位于句首的，却是 $N_相$（即相关性的N），而 $N_受$ 位于句末。如：

(35) 申请登记的农药，由其研制者提出田间试验申请。（"中法"97 二 P48）

(36) 冻结具体事宜，由国家土地管理局发布通告。（"中法"97 二 P236）

(37) 构成犯罪的，由司法机关追究刑事责任。（"秘"P188）

(38) 对直接责任人员由司法机关依法追究刑事责任。（"经"P59）

位于句首的 $N_相$，一般不是 V 所表示动作的直接参与者，但是通常与动作的参与者（主要是 $N_施$、$N_受$）语义上有联系。例（35）的"农药"与 $N_施$"研制者"语义相关，"研制者"研制的对象是"农药"。代词"其"复指前置 N"农药"。但句首的 N 却更多地与句末 $N_{受}$ 语义相关。如例（36）"通告"（$N_{受}$）是关于"冻结具体事宜"（$N_{相}$）的，例（37）（38）所追究的"刑事责任"（$N_{受}$）是"构成犯罪的"和"直接责任人员"（$N_{相}$）的"刑事责任"。位于句首的 $N_{相}$ 有时由介词"对/对于"引导，如例（38）。

在（六）句型中，为什么不是 $N_{受}$ 位于句首，而是 $N_{相}$ 位于句首，从句法层面很难做出有说服力的解释，我们在《"由"字句的语篇分析》一文中已从语篇角度讨论过这个问题（朱其智，2002b）。

（七）句型变换——从陈述到指称

$N_{受}$ + "由" $N_{施}$ + V $\Rightarrow$ "由" $N_{施}$ + V + $N_{受}$ $\Rightarrow$ "由" $N_{施}$ + V + "的" + $N_{受}$。这样"由"字句就从陈述变换为指称，成为句子成分：主语或者宾语。如：

（39）企业、事业单位中由国家行政机关任命的领导人员，依照本规定执行。（"秘"P440）

（40）法律、行政法规规定由监察机关履行的其他职责。（"中法"97 二 P4）

例（39）中的"由 $N_{施}$ + V + '的' + $N_{受}$"作主语，而例（40）中的"由 $N_{施}$ + V + '的' + $N_{受}$"作宾语。

四、小　结

我们把"由"字句的基本句型分成 A、B、C 三段进行研究，我们还研究了"由"字句的连动式、兼语式等特殊句型，以及"由"字句的变换式。我们从形式到语义对"由"字句句型进行了较为全面的研究，所用到的语言学方法以项目的分布描写为基础，还用到层次分析法、变换分析法等。

在研究的过程中，我们还与"被"字句进行了一些简明扼要的比较，以显示出"由"字句叠床架屋的书面语特点："由"字句的多项并列结构远比"被"字句发达；"由"字句有"进行 V"和"负责/组织 V"的句型，而"被"字句无；"由"字句有"来/去 V"的连动式，而"被"字句无；"由"字句有一种较为特殊的兼语式，即第一个"由"字引进施事，第二个"由"字引进兼语。

参考文献

白荃. 试论在句首的"由+施事"结构的句法功能及其相关问题［J］. 北京师范大学学报（社会科学版），1998（6）.

北京大学中文系 1955、1957 级语言班. 现代汉语虚词例释［M］. 北京：商务印书馆，1982.

陈建民. 现代汉语句型论［M］. 北京：语文出版社，1986.

戴浩一，薛凤生. 功能主义与汉语语法［M］. 北京：北京语言学院出版社，1994.

丁声树，等. 现代汉语语法讲话［M］. 北京：商务印书馆，1961.

傅雨贤．现代汉语语法学［M］．广州：广东高等教育出版社，1988．
傅雨贤，周小兵，李炜，等．现代汉语介词研究［M］．广州：中山大学出版社，1997．
龚千炎．现代汉语里的受事主语句［J］．中国语文，1980（5）．
龚千炎．语言文字探究［M］．北京：北京语言学院出版社，1994．
李临定．现代汉语句型［M］．北京：商务印书馆，1986．
李临定．汉语比较变换语法［M］．北京：中国社会科学出版社，1986．
李临定．李临定自选集［M］．开封：河南教育出版社，1994．
李珊．现代汉语被字句研究［M］．北京：北京大学出版社，1994．
李卫中．"由"字句的句法、语义、语用分析［J］．汉语学习，2000（4）．
陆俭明，马真．现代汉语虚词散论［M］．北京：北京大学出版社，1985．
陆俭明．陆俭明自选集［M］．开封：河南教育出版社，1993．
陆俭明．现代汉语句法论［M］．北京：商务印书馆，1993．
陆俭明．八十年代中国语法研究［M］．北京：商务印书馆，1993．
吕叔湘．汉语语法分析问题［M］．北京：商务印书馆，1979．
吕叔湘．现代汉语八百词［M］．北京：商务印书馆，1980．
吕叔湘．汉语语法论文集（增订本）［M］．北京：商务印书馆，1984．
吕文华．"由"字句——兼及"被"字句［J］．语言教学与研究，1985（2）．
马庆株．汉语语义语法范畴问题［M］．北京：北京语言文化大学出版社，1998．
沈开木．现代汉语话话语言学［M］．北京：商务印书馆，1996．
王还．英语和汉语的被动句［J］．中国语文，1983（6）．
王还．门外偶得集［M］．北京：北京语言学院出版社，1987．
吴竞存，侯学超．现代汉语句法分析［M］．北京：北京大学出版社，1982．
邢福义．汉语法特点面面观［M］．北京：北京语言文化大学出版社，1999．
徐烈炯，刘丹青．话题的结构与功能［M］．上海：上海教育出版社，1998．
赵恩柱．谈"受"、"挨"、"遭"和"由"［J］．中国语文，1956（11）．
赵元任．汉语口语语法［M］．吕叔湘，译．北京：商务印书馆，1979．
朱德熙．现代汉语语法研究［M］．北京：商务印书馆，1980．
朱德熙．语法讲义［M］．北京：商务印书馆，，1982．
朱德熙．语法答问［M］．北京：商务印书馆，1985．
朱德熙．语法丛稿［M］．上海：上海教育出版社，1990．
朱其智．用于"由"字句中典型动词的研究［J］．广州华苑，2002a（1）．
朱其智．"由"字句的语篇分析［J］．语言研究，2002b（4）．
朱其智．"由"字句选取依据研究［M］//周小兵，朱其智．对外汉语教学习得研究．北京：北京大学出版社，2006．
中国社会科学院语言研究所现代汉语研究室．句型和动词［M］．北京：语文出版社，1987．
周小兵．句法·语义·篇章——汉语语法综合研究［M］．广州：广东高等教育出版社，1996．

例句出处简称：

"存"——《存亡之秋》（向松祚著，人民中国出版社1993年版，320千字）
"邓"——《邓小平文选》（一九七五——一九八二），《邓小平文选》第三卷（前者人民出版社1983年版，265千字；后者人民出版社1993年版，288千字）
"广"——《广州日报》
"经"——《经贸法规选编》（《经贸法规选编》编选组，中国对外经济贸易出版社1990年版，510

千字）

"老"——《老舍选集》（上、下）（山东文艺出版社 1997 年版，862 千字）

"毛"——《毛泽东选集》（第一卷至第四卷）（人民出版社 1991 年版，分别为 245 千字、326 千字、225 千字、276 千字）

"秘"——《秘书工作规范手册》（邹育根编，暨南大学出版社 1991 年版，380 千字）

"南"——《南方日报》

"人"——《人民日报》

"羊"——《羊城晚报》

"原"——《原野》（曹禺著，人民文学出版社 1994 年版，131 千字）

"中法"——《中华人民共和国新法规汇编》，1997 年第二辑、第四辑，1998 年第一辑、第二辑（中国法制出版社 1997—1998 年版，均为 200 千字）

"中青"——《中国青年报》

原载于《海外华文教育》2006 年第 4 期

用于"由"字句中典型动词的研究[①]

所谓"由"字句是指"由"字引进施事的句子,也被认为是一种被动句式;用于"由"字句中的典型动词是指只能用于"由"字句中且代表了"由"字句典型特点的动词。

对于"被"字句,语言学界研究得相当充分,而"由"字句的研究、"由"字句与"被"字句的比较研究似乎只有对外汉语教学界比较重视,有关的重要论文都出自他们之手,如王还(1983)、吕文华(1985)、白荃(1998)等先生。而对于"由"字句中的动词,似乎只有吕文华进行了归纳研究,"其多半表示施事者负责或执行的动作"(吕文华,1985),这是我们研究"由"字句中典型动词的出发点,我们将由此做进一步的具体深入的探讨。

《汉语水平词汇与汉字等级大纲》一书中列有甲、乙、丙、丁级词共8822个,其中有动词约2780个。我们将选取那些只能出现在"由"字句中而不能用于"被"字句中的典型动词,考察研究这些动词的语义、语法特征。我们还将聚焦于其中两类较为特殊的动词:形式动词和谓宾动词,以揭示"由"字句中典型动词的典型特点。

一、"由"字句中典型动词的语义分析

从语义上来看,"被"字句中使用的典型动词,语言学界一般认为是那些贬义动词,是那些给受事主语带来一些消极的结果的处置动词。当然,五四运动以来,受到西方语言的影响,一些非贬义、非处置的动词也越来越多地用于"被"字句中。而只能在"由"字句中使用的典型动词,是那些要求施事有一定的权力或授权、一定的能力或资格才能完成动作的动词。

A. 施事为法人(政府、公司等企事业单位)或法人代表(即领导者、负责人)以及其他个人依据法律法规、规章制度、合同协议施行的行为,施事对其施行的动作负有一定的义务或责任。如:

颁布 颁发 办理 拨款 补贴 补助 部署 策划 承办 筹建 出版 出口 贷款 代办 代表 代理 担任 当选 缔结 订货 发布 发行 防守 防御 分红 付款 负责 供给 供应 管理 规定 合资 会同 会晤 集资 监察

[①] 本文是在抽取笔者硕士学位论文《"由"字句研究》其中一部分的基础上修改而成,该论文考察分析了法规性文件、新闻政论性作品、文学作品等约500万字的语料。

兼任　剪彩　交涉　接班　接洽　结算　进口　经销　经营　竞选　决策　决定　纳税　批复　批示　评估　评审　普查　签发　签署　视察　通告　投标　投票　投资　宣传　宣告　招聘　招生　执法　执政　主办

（1）助理主要由司、处级干部担任，年龄在55岁以下。（《中华人民共和国新法规汇编》1998年第一辑第137页）

（2）第九届全国美展的中国画展区由广东省承办，展出来自全国各地的600多件中国画优秀作品。（《人民日报》1999年9月30日）

（3）计划的管理范围由国务院规定。（《中华人民共和国新法规汇编》1998第二辑第16页）

（4）这里的游击队民兵由我负责，担架队由刘区长负责，老乡们由我爹负责。（《保卫延安》，转引自《虚词释例》第503页）

例（4）的"负责"是带体词性宾语的动词，即"体宾动词"，而在下面"三、B."中，"负责"是带谓词性宾语的动词，即"谓宾动词"。

B. 施事往往是专业人士，其施行的动作往往是其职业性的行为。如：

扮演　伴奏　报道　报考　编辑　表演　播送　播种　播音　补课　测验　创作　导航　导演　导游　调度　放映　辅导　耕种　合唱　绘画　驾驶　讲课　开课　抗旱　命题　谱曲　起草　摄影　施工　演唱　演出　演讲　演说　演奏　种植　主编　指挥　主持　装卸

（5）该剧由内蒙古电影制片厂和山东烟台渤霖经贸公司联合摄制。（《羊城晚报》1999年1月17日）

（6）晚会的第一个节目由广东南狮与武警北狮、重庆铜梁龙共同表演。（《人民日报》1999年9月28日）

这些动词表示不同行业的人所从事的具有行业特征的行为。

我们不排除有其他义类的动词用于"由"字句中；但是，用于"由"字句的动词集合的核心部分应该是我们上文提到的两类动词。我们进行对外汉语教学，就应该从典型的语言现象出发。

二、"由"字句中典型动词的句法解释

从语法的角度来看，出现在"被"字句中的动词一般不太可能是动宾复合词，如果这个复合词是不及物动词的话（李珊，1994）；而"由"字句中的典型动词不受这个限制，其中有相当一部分是不及物的动宾复合词。如：

把关　播音　拨款　补课　插秧　出口　贷款　带头　道歉　当家　点名　订货　发电　发言　分红　会客　汇款　集资　加班　剪彩　讲课　接班　捐款　进口　开课　抗旱　命题　排队　谱曲　签名　摄影　施工　说情　送礼　投标　投票

投资　招生　值班　执法　执政　致词　作主

它们都不能用于"被"字句中。又如：

(7) 工程一开始就由下属单位施工，形成早期拖欠（《南方日报》1998年8月31日）

(8) 申请人向专利局提交的文件应当使用专利局制订的统一格式，由申请人或者其专利代理人签字或者盖章。（《经济法规汇编》第102页）

(9) 专机由三架战斗机护航，在机场降落。（《现代汉语八百词》第555页）

(10)《中华人民共和国国歌》是由田汉作词，冼星海谱曲的。

为什么大量的不及物动宾复合词可以用在"由"字句中，却不太可能用于"被"字句呢？我们认为这和"由"字句和"被"字句的不同句法特点有关。在现代汉语中，"由"字句不仅有"$N_{受}$ + '由'$N_{施}$ + V"序列，而且在句法层面能够自由地变换为"'由'$N_{施}$ + V + $N_{受}$"序列。如：

$N_{受}$ + "由"$N_{施}$ + V	⇒	"由"$N_{施}$ + V + $N_{受}$
会议　由老李　主持。	⇒	由老李　主持　会议。
问题　由他们　解决。	⇒	由他们　解决　问题。
小燕子　由赵薇　扮演。	⇒	由赵薇　扮演　小燕子。

"被"字句却只有"$N_{受}$ + '被'$N_{施}$ + V"序列，基本上不能变换为"'被'$N_{施}$ + V + $N_{受}$"，后者是几乎被历史淘汰的格式（王力，1980：434）。这样，"'由'$N_{施}$ + 动宾复合词"序列就与"由"字句的变换式"'由'$N_{施}$ + V + $N_{受}$"序列相符合；而"被"字句的变换式"'被'$N_{施}$ + V + $N_{受}$"基本不成立，不及物的动宾复合词就很少用于"被"字句中——是类推的力量使得动宾复合词更多地进入"由"字句而不是"被"字句。这里我们尝试着从句法层面的语序因素来解释词法层面的现象。当然，这个问题比较复杂，还牵涉到其他方面的种种因素（如音律），有待我们进一步探讨。

三、"由"字句中典型动词的个案研究

我们将重点讨论"由"字句典型动词中两类较为特殊的动词：形式动词和谓宾动词，它们当然不能出现在"被"字句中，而且突出地反映了"由"字句的语体风格，它们是"由"字句典型动词中的典型。

A. 所谓形式动词，就是说，它们的作用仅仅在语法形式上，不在语义内容上。吕叔湘（1984：258）在其主编的《现代汉语八百词》中指出："'加以'是个形式动词，真正表示动作的是后面的动词。后面动词的受动者常常在前面。"这些形式动词在句法结构上是动词谓语，但是表示动作的语义却落在位于它们之后的双音节动词V上；V表面上成为形式动词的宾语，但实际上却承担着主要动作语义，语义上支配句首$N_{受}$的，不是形式动词，而是形式动词的宾语V。《汉语水平词汇与汉字等级大纲》收入了5个形式动词："给

以、给予、加以、进行、予以"。如:

(11) 文稿在送领导人审批签发前,应由有关业务部门负责人或秘书部门负责人进行审核。(《秘书工作手册》第 125 页)

(12) 政府只能在它职权范围内活动,这种范围由一定的法律给以规定。(《存亡之秋》第 331 页)

(13) 其国际联网经营许可证由发证机构予以吊销。(《中化人民共和国新法规汇编》1997 第二辑第 63 页)

例句中的形式动词"进行""给以""予以"的宾语分别是 V"审核""规定""吊销"。V "审核""规定""吊销"的受事分别是句首的 N$_{受}$"文稿""范围""许可证"。

V 成为形式动词的宾语后,V 的动词性减弱,其语义上支配的 N$_{受}$一般只能前置句首,不能回归到 V 后的位置,如例(13),"由发证机构予以吊销其国际联网经营许可证"不能成立。

B. 谓宾动词"负责/组织"跟形式动词一样只能用于"由"字句中,而不能用于"被"字句中。如:

(14) 本规定由劳动部负责解释。(《秘书工作手册》第 189 页)

(15) 根据国家法律制定的我省有关审判、检察方面的地方性法规,分别由省高级人民法院、省人民检察院组织草拟。(《秘书工作手册》第 182 页)

(16) 为有利于这项工作的开展,中央确定,由国务院国有企业改革工作联席会议负责指导和组织协调,……。(《中华人民共和国新法规汇编》1998 年第二辑第 171 页)

(17) 莲花大桥由澳门新建业集团负责组织建设,该集团的总裁是全国政协委员吴立胜先生。(《人民日报》1999 年 12 月 10 日)

"负责""组织"等跟形式动词一样以 V 作为宾语。语义上支配句首 N$_{受}$的,不是"负责/组织",而是"负责/组织"的宾语 V。如例(14)"解释"支配"本规定"。

在例(17)中,"负责"和"组织"并不是处于并列关系中,"负责"处于上位的层次中,"组织"处于下位的层次中,它们的位次不能上下置换。也就是说,只有"负责组织 V"的组合,没有"组织负责 V"的形式。在下面两组层次分析中,(a) 是正确的,(b) 是错误的:

谓宾动词"负责"以另一个谓宾动词"组织"作宾语,而这个下位的谓宾动词"组织"又以动词"建设"作宾语,这个下下位的动词"建设"又在语义上支配句首 N$_{受}$"莲花大桥"。这种叠床架屋的层次结构充分显示了"由"字句的书面语风格。

四、结束语

我们选取了只能用于"由"字句的典型动词进行考察研究,把既能用于"由"字句,又能用于"被"字句的动词排除在外,以突现"由"字句中动词的典型特点。在语义上,这些动词的施事往往具有一定的权力、能力和资历,有法规的依据和职业的范围;在语法上,"由"字句中的典型动词有相当一部分是不及物的动宾复合词;而形式动词、谓宾动词只能用在"由"字句中,形成层层相套的层次结构,这充分显示了"由"字句中典型动词的典型特点。

参考文献

白荃. 试论在句首的"由+施事"结构的句法功能及其相关问题［J］. 北京师范大学学报（社会科学版），1998（6）.
国家对外汉语教学领导小组办公室汉语水平考试部. 汉语水平词汇与汉字等级大纲［M］. 北京：北京语言学院出版社，1995.
李珊. 现代汉语被字句研究［M］. 北京：北京大学出版社，1994.
吕叔湘. 现代汉语八百词［M］. 北京：商务印书馆，1984.
吕文华. "由"字句兼及"被"字句［J］. 语言教学与研究，1985（2）.
王还. 英语和汉语的被动句［J］. 中国语文，1983（6）.
王力. 汉语史稿［M］. 北京：中华书局，1980.

原载于《广州华苑》2002 年第 1 期

"V/A 得 OC"结构中"得"具有致使义

一、两种"得"字补语句

本文所研究的"得"字句是指汉语动词或形容词之后附着的"得"(不含表可能的"得"字)引进补语的句子。关于"得"字句的类型学界多有研究,李临定(1986)从形式上把"得"字句分为12种句型,范晓(1993)从句式转换角度把"得"字句分为12种变式。我们认为,"得"字句最重要的分类是吕叔湘(1984)将"得"字句分成A、B两类,其中"B类要带宾语,宾语可以用'把'字提前",而A类不行。王还(1987)将"得"字句基本句式分为以下三类:

  A. 体词—动词+"得"—补语;
  B. 动词+"得"—体词—补语;
  C. "把"+体词—动词+"得"—补语。

王文提到的C式其实是B式的变换形式,因此,"得"字句基本句式只有A、B两种。

(一)"V/A 得 C"①

  (1)马跑得很快。 (2)他笑得那么天真、可爱。
  (3)张三走得慢慢腾腾的。 (4)小李装得没事人似的。
  (5)他说得完全不着边际。 (6)今年热得这么早。

上面这类"得"字句补语,语义多指向动词。在"V/A 得 C"结构中,"得"的后面一般没有体词性成分,也不能插入体词性成分。如"*马跑得它很快""*他笑得我那么天真、可爱"等都是不合法的。

---

① V表动词,A表形容词,C表补语,下同。

(二)"V/A 得 OC"[①]

(7) 你<u>气得他跑回去了</u>。 (8) 你<u>吓得他两眼发直</u>。
(9) 我<u>问得他半天答不上来</u>。 (10) 这天气<u>热得狗儿直伸舌头</u>。

李临定(1963)认为,"这种句式里的补语不包括'得'字后面的名词,只包括这个名词之后的部分"。如例(7)中,"他"后面的"跑回去了"才是补语。而且"他""狗儿"等体词性成分,可以用"把"字前置,这就是把这些体词性成分分析为宾语的原因。又如:

(7′) 你把他气得跑回去了。 (8′) 你把他吓得两眼发直。
(9′) 我把他问得半天答不上来。 (10′) 这天气把狗儿热得直伸舌头。

汪惠迪(1958)最早提出"得"后体词为宾语,并且注意到了这类句子"得"后体词之所以为宾语,就是因为可以转换成"把"字句。吕叔湘(1984)明确地把"V 得"后的体词标注为宾语。朱德熙(1984)明确指出"V 得"后的体词为宾语。李临定(1986)指出:"'得'后边的这个名词语都可以用'把'提前,这个特点很重要,它说明了这个名词语的语法性质。在汉语里边只有谓语后边的名$_受$(一般称'宾语')在一定的条件下可以用'把'提前。既然'得'后边的这个名词语可以用'把'提前,因此它也是名$_受$('宾语')。"张豫峰(2000)也认为,"'得'后的名词性成分分析为宾语似乎较科学"。我们同意以上的分析,因为将"得"后的名词分析为宾语有形式上的坚实论据;通常将"得"后的成分(即 OC)整体分析为主谓词组/小句作补语的观点,没有办法解释"V 得 OC"可以转化为"把"字句的事实。

二、"V/A 得 OC"结构中"O"是"V/A 得"的宾语

"V/A 得 OC"结构中"O"到底是谁的宾语,这需要进一步的探讨。

(一)"O"不是"V/A"的宾语

"V/A 得 OC"中的"V/A","A"是形容词,"V"或者是及物动词,或者是不及物动词。如:

(11) 缺乏流动周转资金,原料买不进,眼看生产要"断顿",<u>急得老周</u>吃不下睡不着。
(12) 晚上<u>疼得他</u>彻夜难眠。
(13) <u>走得我</u>累死了。

[①] O 表宾语,下同。

(14) 诸葛亮在阵前一阵痛骂，骂得王朗立时坠马身亡。
(15) 发现此次列车上臭虫四处乱爬，咬得乘客不得安宁。
(16) 但三人互相推诿，都不肯赡养老父，最后逼得老人只好向法院提出诉讼。

例（11）（12）中"急"和"疼"是形容词，例（13）中"走"是不及物动词，其后的体词"老周""他"和"我"不是受事，很明显"O"不是"V/A"的宾语。例（14）（15）（16）中"骂""咬"和"逼"是及物动词，其后的体词"王朗""乘客"和"老人"是受事。

那么为什么说"O"不是V的宾语呢？我们知道，"V得OC"是可以转换成"把"字句的，李临定（1986）从"把"字句转换的条件证明了仅仅是"V"不能与"O"构成动宾关系。我们赞成李文的分析，如例（14）"骂得王朗立时坠马身亡"可以转换为："把王朗骂得立时坠马身亡"。因为转换成"把"字句的条件是原句中谓语动词不能只是一个光杆动词，所以例（14）中仅仅"骂"这个光杆动词是不能与"王朗"构成动宾关系的。例（15）（16）类同。

（二）"O"也不是"V/A…C"的宾语

既然"O"不是光杆动词的宾语，那么"O"是谁的宾语呢？李临定（1986）认为，"O"是"V/A…C"的宾语。但这样的结论不符合汉语中动宾结构的语序，也不符合一般人的语感。如：

(17) 以至于感动得一些鬓发斑白的艺术家、评论家走上台去，含着泪向演职员鞠躬，感谢他们为老百姓创作了一出好戏。

要承认例（17）中"一些鬓发斑白的艺术家、评论家"是"感动得……走上台去，含着泪向演职员鞠躬，感谢他们为老百姓创作了一出好戏"的宾语，恐怕很难接受。类似的例子还有：

(18) "经商潮""股票风""跳槽热"接二连三地扑面而来，撩拨得急切求富的人神魂颠倒，仿佛一夜之间可以暴发，成为富翁。

(19) 因此，他爱上了唱歌，不仅自己唱，还带动了身边的队友，直闹腾得大伙儿竞相添置卡拉OK设备，纷纷加入歌唱大军。

（三）"O"只能是"V/A得"的宾语

朱德熙（1984）指出："在'走得我累死了'里，述补结构'走得累死了'的'走得'后头带宾语'我'。'我'是'走得'的宾语"，句式中的"体词性成分'N'不是动词'V'的宾语，而是'V得'的宾语。"我们赞同朱先生的观点，"O"是"V得"的宾语，而不是"V"的宾语。与"O"构成动宾关系的是"V得"，这也符合转换成"把"字句对于动词的要求。

三、"V/A 得 OC"结构中"得"具有致使义,表使动态

"V/A 得 OC"结构具有致使义已是学界的共识。范晓(2000)在研究致使结构时就将内部有致使关系的"V 得"句(即"V/A 得 OC")归纳进来,沈阳等(2001)将有使动用法的"V 得"结构归纳为汉语使役句法的基本结构之一,宛新政(2005)将表致使义的"得"字句归纳为由特定句法格式构成的致使句之一。

我们将"使"字句("使/叫/让 OC"句式)和"V/A 得 OC"句式进行比较,可以证明"V/A 得 OC"结构中的"得"具有致使义。请看下面两组例句:
"使"字句:

  (20) 我让他离开这里。
  (21) 我叫他离开这里。
  (22) 我使他离开这里。

"V/A 得 OC"句式:

  (23) 我气得他离开这里。
  (24) 我骂得他离开这里。
  (25) 我吵得他离开这里。

"让、叫、使"具有致使义,那么"气得、骂得、吵得……"也应该具有致使义,可事实上其本身没有致使义,一般学者认为致使义是句式造成的。但是我们认为"V/A 得 OC"句式中的关键词是"得"字,"得"是"V/A 得 OC"构成致使句的充分必要条件。有了"得","V/A 得 OC"致使句才能成立;没有"得","V/A 得 OC"致使句就不能成立。如:

  (23′) *我气他离开这里。
  (24′) *我骂他离开这里。
  (25′) *我吵他离开这里。

因此,我们认为"得"本身就具有致使义。朱德熙(1984)认为"得"是动词的后缀,那么"得"是表致使义的后缀,而不仅仅像范晓(2000)认为的那样:"V 得"隐含着致使义。

我们有理由认为"V/A 得 C"中的"得"与"V/A 得 OC"中的"得"是两个不同的"得",前者是一般所说的补语的标志,而后者是附着于谓词的表致使义的后缀。我们把前者记为"得$_1$",后者记为"得$_2$"。"得$_1$"和"得$_2$"语法意义的不同,决定了"V/A 得 C"和"V/A 得 OC"这两种结构的功能和用法的不同。这种不同,在粤方言里更可以得到验证。李新魁等(1995)对广州话中的"得[tɐk^{55}]"与"到[tou^{35}]"进行研究后认为,广州话中的"得"和"到"的用法和意义,加在一起大致相当于普通话的"得"。我们认为,广州话中的"得"相当于普通话中的"得$_1$","到"相当于"得$_2$"。如:

(26) 佢住得几好啊。(他住得挺好嘛。)[转引自李新魁等(1995),下同]
(27) 瘦得紧要。(瘦得厉害。)
(28) 食到佢个肚仔胀卜卜。(吃得他那个小小的肚子圆鼓鼓的。)
(29) 喊到对眼肿晒。(哭得眼睛全肿了)

四、"V 得$_2$"的语法化

"得"具有致使义,不仅可以在共时研究中找到实证,而且也可以从历时研究中得到支持。

一般学者认为"得"字句中的"得"来源于表"达成"义的动词"得"字。赵长才(2002)认为"得"字有两个来源:一是达成义动词"得"的语法化,二是表致使义动词"得"的语法化。

江蓝生、曹广顺(1997)确定唐五代"得"有致使义。赵长才(2002)更把"得"表致使义的时代推到了魏晋六朝,赵文用同时代替换、同义连用、互文等方法加以证明。虽然刘子瑜(2003)发现赵文有些例证存在问题,不过他也认为:"'得'字在六朝以来的文献中有'致使'义,这本来是不错的,也是客观存在的。"然而刘子瑜认为表致使义的"得"与"V 得"结构中的"得"无关,这当是不明"得"字句中的"得"字是两个语义不同的"得":表达成义的"得"是"得$_1$"的来源,而表致使义的"得"是"得$_2$"的来源。对此,我们将在下文中加以证明。先看中古"得"独立使用表致使义的例子:

(30) 忽忆父兄枉被诛,即得五内心肠烂。(《伍子胥变文》,江蓝生、曹广顺例)
(31) 欲得人人伏,得教面面全。(《全唐诗·元稹·见人咏韩舍人新律诗因有戏赠》)
(32) 名花倾国两相欢,长得君王带笑看。(《全唐诗·李白·清平调词三首》)
(33) 殿前来往重骑过,欲得君王别赐名。(《全唐诗·王建·宫词一百首 35》)
(34) 欲得君王回一顾,争扶玉辇下金阶。(《全唐诗·王涯·宫词三十首2》)
(35) 欲得身中佛性明,事须勤听大乘经。(《敦煌变文集新书·八相押座文》)
(36) 西施淫摩(淫魔)得人怜,迷得襄王抛国位。(《敦煌变文集新书·维摩碎金》)

例(30)~(36)诸句中"得"单用,与"使、令、教(交)"语义相通。特别是例(31)"欲得人人伏,能教面面全"是对偶句,"得"与"教"交替使用,是"得"单用表致使义的又一明证。例(36)第一句是"得"单用,第二句"迷得……"是表致使义的"V/A 得 OC"句。

既然我们承认魏晋六朝以来的文献中"得"独立使用时有致使义,而唐五代以来的文献中又有表致使义的"V/A 得 OC"句式,得出"V/A 得 OC"句式中的"得"表致使义的结论是很自然的。下面都是表致使义的"V/A 得 OC"例句:

(37) 一声催得一枝开，江城上佐闲无事。（《全唐诗·白居易·山石榴寄元九》，赵长才例）

(38) 芳情乡（一作香）思知多少，恼得山僧悔出家。（《全唐诗·白居易·题灵隐寺红辛夷花戏酬光上人》，赵长才例）

(39) 练得身形似鹤形，千株松下两函经。（《全唐诗·李翱·赠药山高僧惟俨二首》）

(40) 吹霞弄日光不定，暖得曲身成直身。（《全唐诗·孟郊·答友人赠炭》）

(41) 浮名浮利过于酒，醉得人心死不醒。（《全唐诗·杜光庭·伤时》）

(42) 无端织得愁成段，堪作骚人酒病衣。（《全唐诗·陆龟蒙·溪思雨中》）

(43) 安禅不必须山水，灭得心中火自凉。（《全唐诗·杜荀鹤·夏日题悟空上人院》）

(44) 何因浇得离肠烂，南浦东门恨不胜。（《全唐诗·黄滔·断酒》）

(45) 旋得明王不觉迷，妖胡奄到长生殿。（《全唐诗·元稹·胡旋女》）

(46) 子胥祭了，发声大哭，感得日月无光，江河混沸。（《敦煌变文集新书·伍子胥变文》）

(47) 太子既生之下，感得九龙吐水，沐浴一身。（《敦煌变文集新书·八相变》）

(48) 师示众云："从门入者非宝，直饶说得石点头，亦不干自己事。"（《祖堂集》卷第五）

例（37）~（48）诸句中"得"为"得₂"。其中例（38）的"恼"和例（40）的"暖"是形容词，余例为动词。在例（37）句"一声催得一枝开"中，"一枝"是宾语，"开"是补语；例（38）"恼得山僧悔出家"中，"山僧"是宾语，"悔出家"是补语；余例类同。

自唐代达成义的"得"移至动词后虚化，形成一般的"得"字补语句，已是不争的事实。如：

(49) 驱禽养得熟，和叶摘来新。（《全唐诗·白居易·与沈杨二舍人阁老同食》，曹广顺例）

(50) 亦知官罢贫还甚，且喜闲来睡得多。（《全唐诗·姚合·罢武功县将入城》）

(51) 已应春得细，颇觉寄来迟。（《全唐诗·杜甫·佐还山后寄三首》）

(52) 头玉硗硗眉刷翠，杜郎生得真男子。（《全唐诗·李贺·唐儿歌》）

(53) 男女病来声喘喘，父娘啼得泪汪汪。（《敦煌变文集新书·故圆鉴大师二十四孝押座文》）

例（49）~（53）诸句中的"得"为"得₁"，为"V/A 得 C"句式。

我们认为，在类推作用下，表致使义的"得"也可移至动词后虚化，不过在后移的同时，保留了使动句本身的"得 OC"模板，"V/A"和"得"融合而形成"V/A 得 OC"句式。这个语法化过程也是发生在唐代①。我们试分析如下：

得五内心肠烂［见例（30）］→浇得离肠烂［见例（44）］。

左为"得"单用表致使义："得"＋"五内心肠"O＋"烂"C；右为"V得OC"句："浇"＋"得"＋"离肠"O＋"烂"C。

在唐代"得"移至动词后虚化的大环境下，"浇得离肠烂"一句是独立使用的表致使义的"得"，即像"得五内心肠烂"这样使动句式移至动词（此处为"浇"）后，"得"虚化并与动词逐步融合，得以重新分析而形成的"V/A得OC"句式，此时后移的"得"不再是独立使用的动词，而是具致使义、表使动态的虚化成分。又如：

得身心俱静好［见例（34）］→灭得心中火自凉［见例（43）］。

左为"得"单用表致使义："得"＋"身心"O＋"俱静好"C；右为"V得OC"句："灭"＋"得"＋"心中"O＋"火自凉"C。再如：

得君王带笑看［见例（32）］→迷得襄王抛国位［见例（36）］，
得君王别赐名［见例（33）］→醉得君主不解醒［见例（44）］，

左为"得"单用表致使义："得"＋"君王"O＋"带笑看"C，"得"＋"君王"O＋"别赐名"C；右为"V得OC"句："迷"＋"得"＋"襄王"O＋"抛国位"C，"醉"＋"得"＋"君主"O＋"不解醒"C。

"灭得""迷得""醉得"中的"得"作为动词的后附成分，是单用表致使义的"得"经过语法化而形成的。当然，在"得"语法化开始阶段的唐五代时期，还有单用表致使义的"得"移至动词后而与动词结合得不紧密的例证。如：

（54）姜女自雹哭黄天，只恨贤夫亡太早。妇人决列（烈）感山河，大哭即得长城倒。（《敦煌变文集新书·孟姜女变文》，赵长才例）

例（54）中，虽然表致使义的"得"已经移至动词"哭"后，但是却被副词"即"隔开，可以发现，"V/A"和"得"的融合有一个扩展的过程，这是"得"在语法化过程中的一个过渡现象。

中古这个表致使义、独立使用的动词"得"，就是现代汉语表致使义、表使动态的"得$_2$"的源头，它经过类推和重新分析等语法化过程，形成了"V/A得$_2$OC"结构。

参考文献

曹广顺. 近代汉语助词［M］. 北京：语文出版社，1995.
范晓. 复动"V"得句［C］//中国语文杂志社. 语法研究和探索（六）. 北京：语文出版社，1993.
范晓. 论"致使"结构［C］//中国语文杂志社. 语法研究和探索（十）. 北京：商务印书馆，2000.
江蓝生，曹广顺. 唐五代语言词典［M］. 上海：上海教育出版社，1997.
李临定. 带"得"字的补语句［J］. 中国语文，1963（5）.

---

① 不仅是"V/A得C"结构为"V/A得OC"的形成提供了类推动力，唐代"得"字使用的基本格式之一"V得O"——"V得O"结构中的"得"部分已发展为动态助词（曹广顺，1995），也为"V/A得OC"的形成提供了强有力的类推动力。

李临定. 现代汉语句型［M］. 北京：商务印书馆，1986.
李新魁，等. 广州方言研究［M］. 广州：广东人民出版社，1995.
刘子瑜. 也谈结构助词"得"的来源及"V得C"述补结构的形成［J］. 中国语文，2003（4）.
吕叔湘. 现代汉语八百词［M］. 北京：商务印书馆，1984.
沈阳，何元建，顾阳. 生成语法理论与汉语语法研究［M］. 哈尔滨：黑龙江教育出版社，2001.
宛新政. 现代汉语致使句研究［M］. 杭州：浙江大学出版社，2005.
汪惠迪. 不是主谓结构作补语，也不是复杂的谓语［J］. 语文教学，1958（1）.
王还. 汉语结果补语的一些特点［C］//王还. 门外偶得集. 北京：北京语言学院出版社，1987.
张豫峰. "得"字句研究述评［J］. 汉语学习，2000（2）.
赵长才. 结构助词"得"的来源与"V得C"述补结构的形成［J］. 中国语文，2002（2）.
朱德熙. 语法讲义［M］. 北京：商务印书馆，1984.

原载于《汉语学习》2009年第3期

"随着 V"与"越来越 A"同现研究及其历时考察

一、"越 V 越 A"中 V 与 A 是正比函数关系

吕叔湘在《中国文法要略》（1982：367）中将"越 V 越 A"中 V 与 A 间的关系称为"倚变"或者"函数"关系。现代汉语语法学界多选用前者，如：北京大学中文系 1955、1957 级语言班编写的《现代汉语虚词例释》（1982：523）认为"表示两种或两种以上行为、性状的倚变关系，即后者随着前者的变化而变化"；邢福义（1985）也选择了"倚变"这一术语，指出：越 V 表示变异的条件或依据，越 A 表示的是结果，虽然他在文中也提到"函数关系"；张斌主编的《现代汉语虚词词典》（2001：670）同样认为是倚变关系。

我们认为用"函数"这一术语更能准确表示 V 与 A 之间的语义关系。在"越 V 越 A"中，V 是自变量，A 是因变量，V 与 A 是正比函数关系。如果 A 是积极形容词，V 与 A 之间的关系就是正值的正比函数关系；如果 A 是消极形容词，V 与 A 之间就是负值的正比函数关系。如：

正值正比函数关系　　　　　　　负值正比函数关系
（1）a 越跑越快　　　　　　　　（1）b 越跑越慢
（2）a 越做越大　　　　　　　　（2）b 越做越小
（3）a 越赚越多　　　　　　　　（3）b 越赚越少
（4）a 越聊越有趣　　　　　　　（4）b 越聊越没劲
（5）a 越解释越清楚　　　　　　（5）b 越解释越糊涂
（6）a 越说越客气　　　　　　　（6）b 越说越不客气
（7）a 越学越努力　　　　　　　（7）b 越学越不努力
（8）a 越劝越不固执　　　　　　（8）b 越劝越固执

以例（1）为例，请看示意图：

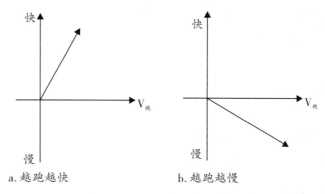

a. 越跑越快　　　　b. 越跑越慢

有的形容词没有相应的反义词，在表示相反意思时只能加"不"，形成"越V越不A"的变式，闫立媛（2005）对这个现象已有研究。例（6）（7）是积极形容词加"不"成为消极形容词，例（8）则相反。"不"字出现，进一步验证了我们引进"正值"和"负值"的概念是以语言事实为依据的。

邢福义（1985）曾举了这样一个例子来讨论"越……越……"的函数关系：

（9）你现在调回来了，这是第一步，以后的路只会越走越宽，不会越走越窄……

邢福义这样评论道："孤立地看'越走越窄'，很难断定是不是反比倚变。上例由于把'越走越宽'和'越走越窄'对比着说，才显出了前者是正比倚变，后者是反比倚变。"然而，根据我们的研究，"越走越宽"和"越走越窄"都是正比函数关系，不过，前者是正值的，后者是负值的。

当然，语言结构不可能像数学那样精确。正比函数的数学表达式是 $y=kx$。当 $k>0$，图像如上图左图呈上升趋势；当 $k<0$，图像如右图呈下降趋势。正比函数的 k 值，可以任意取（但是 $k\neq 0$），k 值决定了图像的倾斜程度。可"越V越A"仅仅是语言结构，只有积极形容词和消极形容词二项定性，不可能具体取值。

二、介词结构"随着V"与"越来越A"同现，而很少与"越V越A"同现

"越来越A"只是"越V越A"的一种特殊的形式，可是它们与介词结构"随着V"的同现率相差很远。我们检索北京大学汉语语言学研究中心现代汉语语料库，"随着"与"越……越"共有1086例，我们对此做了穷尽统计（表1）。

表1　"随着"与"越……越"用例统计

两者无关	随着V，越发/越加	随着V，越A₁越A₂	随着V₁，越V₂越A	随着V，越来越A
179 例	18 + 2 例	13 例	30 例	844 例
16.5%	1.8%	1.2%	2.8%	77.7%

"随着 V"与"越来越 A"同现占了约 78%,而"随着 V"与"越 V 越 A"同现不到 3%;前者有 844 例,而后者只有 30 例,前者是后者的 28 倍强。为什么两者的差距这样大?我们有必要做进一步的研究。(对于"随着 V,越发/越加"和"随着 V,越 A_1 越 A_2"等本文暂不讨论。)

(一)"来"的性质

赵元任(1979:70)认为:"如果第一个'越'找不到一个动词(没有什么具体的行动),那就用一个填空的动词'来'或'过'或'变',借以补足这个公式。"这是从共时角度来说的。

刘楚群(2004)认为"越来越 A"是"越 V 越 A"的虚化形式,"越 V 越 A"由一个包含很强的动作性意义的格式经过不断虚化而最终变成一个动作义消失、包含较强的时间意义的格式"越来越 A"。这是从语法化角度来分析的。

这就是说,在"越 V 越"结构中,V 具有动作性和时间性;而"越来越"中的"来"丧失了动作性,仅仅具有时间性,成为一个形式动词来填空。

我们进一步认为在"越来越"结构中的形式动词"来"具有指代作用。赵元任(1979:290)认为"来"是最常用的代动词(pro-verb):"可以替代任何动词,例如讲到'玩儿牌',可以说:'他不会,不能让他来'。甚至可以带宾语,例如说'你来两牌'。"吕叔湘主编的《现代汉语八百词》(1984:308)也指出动词"来"具有"代替意义具体的动词"的作用,下面是该书举出的"来"作代动词的例子:

> 你拿那个,这个我自己来(=自己拿)
> 唱得太好了,再来一个(=再唱一个)
> 老头儿这话来得痛快(=说得痛快)

而我们所说的指代作用,就是代动词的功能之一,请看下文分析。

(二)"越 V 越 A"与"随着 V,越来越 A"的句式变换

"越 V 越 A"可以变换为"随着 V,越来越 A",如("→"表示转换的符号):

(10a) 生产社会化程度**越**提高,管理工作**越**重要。→
(10b) **随着**生产社会化程度的提高,管理工作**越来越**重要。

原式(10a)中,第一个"越"引导自变量 V"提高",第二个"越"引导因变量 A"重要"。在变换式(10b)中,由介词"随着"将自变量 V 前置,就在第一个"越"后留下一个空位,可是,"越—越 A"不能成立,而且第一个"越"也不可删除,因为单个的"越"不能表示函数关系,就用形式动词"来"填充空位,构成"越来越 A",并且指代前置的自变量 V,这显示出"来"作为代动词的功能。这就是"随着 V"与"越来越 A"同现,而绝少与"越 V 越 A"同现的原因,因为一般动词无指代作用。又如:

(11a) 世界工业**越**发展，垃圾**越**多。→
(11b) **随着**世界工业的发展，垃圾**越来越**多。
(12a) 人口和车辆**越**增加，昆明城市交通滞后的情况**越**突出。→
(12b) **随着**人口和车辆的增加，昆明城市交通滞后的情况**越来越**突出。
(13a) 生产规模**越**扩大，原有的厂房和劳动力**越**紧张。→
(13b) **随着**生产规模的扩大，原有的厂房和劳动力**越来越**紧张。

例（11b）（12b）和（13b）中，用"来"填空并分别指代"发展""增加"和"扩大"。

（三）"随着V，越来越A"结构自身存在的价值

例（10）～（13）的变换是可逆的，即"随着V，越来越A"可以变回"越V越A"。以例（10）为例：

(10b) **随着**生产社会化程度的提高，管理工作**越来越**重要。→
(10a) 生产社会化程度**越**提高，管理工作**越**重要。

可是有的例子是不能变换回去的。如：

(14b) **随着**社会主义市场经济的逐步建立，法律的地位和作用已**越来越**重要。→
(14a) *社会主义市场经济**越**逐步建立，法律的地位和作用已**越**重要。

例（14b）不能变换回去，即例（14a）不能成立的原因为："越V"表示随着时间的变化而变化，那么副词"越"之后和V之前就不能再加上表示渐变的副词，即在"越"和"建立"之间就不能插入"逐步"。"越"多和光杆动词组合。下面两例同此：

(15) **随着**改革开放的不断发展，在我国举办的大型体育赛会**越来越**多。
(16) **随着**国家之间联系的日益紧密，经济上的相互依存和优势互补**也越来越**明显。

而介词结构"随着V"的V之前是可以加此类修饰语的，如例（14b）（15）（16）中的"逐步""不断"和"日益"。这样，语言表达就更加细致精密，这显示了"随着V，越来越A"结构有其自身存在的价值。

三、"越来越A"的历时考察

（一）"越V越"的出现

现代汉语"越来越"很常用，但是在汉语历时发展进程中出现得很晚。而"越V越"句式，蒋冀骋、吴福祥（1997：429）认为早在宋代就出现了；杨荣祥（2005：108）也有同样观点，并注意到《朱子语类》有"越……越……"句式。我们考察的结果是《朱

子语类》已有 5 例"越……越……"句式。如：

（17）如何是义，如何是礼，如何是智，如何是仁，便"仁"字自分明。若只看"仁"字，越看越不出。（《朱子语类》卷六）

（18）曰："不要说高了圣人。高了，学者如何企及？越说得圣人低，越有意思。"（同上，卷四十四）

（19）故浙中不如福建，浙西又不如浙东，江东又不如江西。越近都越不好。（同上，卷一百一十一）

（二）"越来越 A"的考察

到了清代早期的《红楼梦》，也只有"越 V 越"结构，没有出现"越来越"的用法。我们从北京大学汉语语言学研究中心古代汉语语料库中，共检索到清代中晚期小说中有 11 例"越来越 A"，我们全部列举在这里：

（20）贾明上前叫道："奚老伯父！您看**越来越**多了。"（清张杰鑫《三侠剑》第 6 回）

（21）常、镇两府的地方官，见这班饥民**越来越**多，到得后来，连那淮、扬、徐、海三府一州的饥民，大家都逃避过来。（清张春帆《九尾龟》第 187 回）

（22）世风**越来越**薄，人心越弄越坏。（清无垢道人《八仙得道》第 68 回）

（23）此时天有二鼓，自从起更，墙上灯**越来越**暗，纪逢春就害怕起来。（清贪梦道人《彭公案》第 153 回）

（24）石铸的船被围在中间，他一看贼人**越来越**多，只听见马玉山吩咐："……！"（同上，第 180 回）

（25）马玉龙精明强干，把马一带，往南就杀，南边人**越来越**多；往北杀去，北边人也**越来越**多，再找白水都督马雄，早已踪迹不见。（同上，第 316 回）

（26）若不依我那药方行，他的病是**越来越**重。（清《济公全传》第 24 回）

（27）掌柜的果然把李三德找来，酒饭座**越来越**多，都冲着李三德和气，爱招顾，二年多的景况，买卖反倒赚了钱。（同上，第 125 回）

（28）病**越来越**重，没钱叫孩子到铺子取去，日子长了，内中伙友就有人说闲话，说……（同上，125 回）

（29）后面跟着马队，那号鼓声**越来越**近，直向狄营冲来。（清无名氏《续济公传》第 184 回）

（30）石就忙拿起三角旗展了一展，突然那香头上放出一道金光，就此**越来越**多，满屋都是金光。（同上，第 197 回）

清代"越来越 A"例证见于《三侠剑》《九尾龟》《八仙得道》《彭公案》《济公全传》和《续济公传》六种通俗小说中。花城出版社出版的《济公全传》"原版序言"前有黄天骥的论文《评〈济公全传〉》。据黄天骥（1983）的研究：《济公全传》的作者现已无法查悉，它的创作年代当为清代中叶。如果黄天骥推论正确的话，这是我们发现的最早出现的"越来越 A"的例证。

《八仙得道》是无垢道人在同治七年（1868 年）完成的；据鲁迅《中国小说史略》（1980）考订，《彭公案》一书最早的刊行时间是光绪十七年（1891 年）；《九尾龟》最早由点石斋从光绪三十二年（1906 年）到宣统二年（1910 年）陆续出版；《续济公传》约成书于光绪年间；《三剑侠》公开发表更晚，已进入民国时代。

通过对以上六种书籍成书年代和出版时间的考察，我们可以得出初步结论："越来越 A"用法萌芽于清代中叶，到了晚清，逐渐增多，民国以降发展至今成为现代汉语常用句式之一。

（三）代动词"来"的考察

经初步检索和考察，《红楼梦》中"来"也只是用作趋向动词，没有代动词的用法。而《济公全传》中却出现了不少代动词的用法。如：

（31）和尚说："算我错了。你给我**来**一壶酒，要有两层皮有馅的**来**一个。"伙计心说："和尚连馅饼都不懂。"伙计刚要走，这个矮子也说："小子，给我**来**一壶好酒，要两层皮有馅的**来**一个。"伙计一想："这两个人倒是一样排场来的。"赶紧给和尚拿了一壶酒、一个馅饼。也给矮子一壶酒、一个馅饼。（《济公全传》第 81 回）

（32）正冲盹，就听有人说："**来**一卦。"一睁眼，只打算是算卦的，睁眼一瞧不是，人家买一挂红果。赌气，又把眼闭上。刚一闭眼，和尚来到近前说："辛苦，算卦，卖多少钱？"一抬头说："我这卦理倒好说，每卦十二个钱，你要算少给两个吧，给十个钱。"（同上第 181 回）

例（31）中连续四个"来"都是代动词；例（32）"来一挂"的"来"代动词的作用更明显，甚至引起了歧义，睡眼朦胧的算命的以为是要"算一卦"，而来人只是想"买一挂"红果。

作为代动词的"来"和"越来越 A"在清中叶、在《济公全传》中同时出现，使得我们有理由相信正是"来"字发展成为代动词的时候，才有资格出现在"越 V 越"结构中来填空，发展成"越来越"格式；这同时也证明了"越来越"中"来"的作用是指称和替代，而不是别的什么。

（四）"随着"与"越来越 A"同现

随着语言表达的日益精密，在民国时代开始出现"随着"与"越来越 A"同现的例证，这是当代汉语该句式的滥觞。如：

（33）凤彩于是移居别处，**随着**宾客往来的增加，她的声价也**越来越**高。（民国曹绣君辑，刘玉瑛、梅敬忠主编《古今情海》卷九）

例（33）中用来填空的"来"，因为前面有了"随着"介引出前置词"增加"，就凸显了它代动词的功能。

从"越 V 越"发展到"越来越"，这是语法化的第一步；再从"越来越"单用，发展到"随着"与"越来越"同现，"来"指代"随着"引导的前置词 V，这是语法化的第二步。

参考文献

北京大学中文系1955、1957级语言班. 现代汉语虚词例释 [M]. 北京：商务印书馆，1982.
黄天骥，评《济公全传》[M]//济公全传. 广州：花城出版社，1983.
蒋冀骋，吴福祥. 近代汉语纲要 [M]. 长沙：湖南教育出版社，1997.
刘楚群. 论"越V越A" [J]. 河北师范大学学报（哲学社会科学版），2004（4）.
鲁迅. 中国小说史略 [M]//鲁迅. 鲁迅全集：第9卷. 北京：人民文学出版社，1980.
吕叔湘. 中国文法要略 [M]. 北京：商务印书馆，1982.
吕叔湘. 现代汉语八百词 [M]. 北京：商务印书馆，1984.
邢福义. "越X，越Y"句式 [J]. 中国语文，1985（3）.
闫立媛. "越A越B"的语义、语法制约 [J]. 柳州职业技术学院学报，2005（5）.
杨荣祥. 近代汉语副词研究 [M]. 北京：商务印书馆，2005.
张斌. 现代汉语虚词词典 [M]. 北京：商务印书馆，2001.
赵元任. 汉语口语语法 [M]. 吕叔湘，译. 北京：商务印书馆，1979.

原载于《世界汉语教学》2010年第1期

"N+的+V$_{非谓}$"之V$_{非谓}$作为有标记项在语法手段选择上包含在无标记项V$_{谓}$中

一、"N+的+V$_{非谓}$"之V$_{非谓}$的基本特征

对于像"这本书的出版"这样"N+的+V"结构的中心词V，学术界有各种不同的观点。黎锦熙等（1960）认为这样的词已经转成名词了，而朱德熙等（1961、1984）认为它们还是动词。其实名词和动词是两个极端，在两者之间有诸多过渡状态。鉴于该结构中V动词性降低和名词性提高这样一个事实，吕叔湘（1979：51）、施关淦（1981）、张学成（1991）和胡明扬（1996：248）等将它分析为"动名词"。

英语的非谓语动词是有形式标志的，即不定式用"to"，如 to publish；现在分词/动名词用"-ing"，如 publishing。汉语动词可以作主语、宾语等，但是，没有形式上的标志，如"这本书的出版"中的"出版"无任何变化，我们无法确定它是动名词、分词、不定式，还是其他什么。虽然"动名词"的名称反映了"N+的+V"之V的语法特点，但是正如本论文题目上的"V$_{非谓}$"所显示的那样，我们认为其上位术语"非谓语动词"更为确切，而杨成凯（1991）将它称为"非谓语式谓词"。

汉语非谓语动词（V$_{非谓}$）在分布上丧失了大部分动词性。根据张伯江（1993）的研究，除了否定副词"不"以外，否定副词"没"、语气副词、范围副词、时间副词、助动词都不能放在V$_{非谓}$之前；动态助词"着、了、过"和补语都不能放在其后。那么，V$_{非谓}$剩余的动词性在哪里呢？我们认为主要表现在语义上，即V$_{非谓}$在语义上管辖支配着"的"前的N，N可能是V$_{非谓}$的施事、受事等。

N为受事，如：

这本书出版（了）	这本书的出版
方法改进（了）	方法的改进
影响扩大（了）	影响的扩大
普通话（正在）推广	普通话的推广
房屋（正在）建造	房屋的建造
机电产品（正在）生产	机电产品的生产

左列为V$_{谓}$，右列为V$_{非谓}$。动词"出版"，不管是V$_{谓}$还是V$_{非谓}$，它们在语义上都管辖着N$_{受}$"（这本）书"。余例同。又如：

我们抵抗敌人	对敌人的抵抗
群众支持你们	对你们的支持
老师称赞小王	对小王的称赞
他回忆母亲	对母亲的回忆

当 V 的 $N_{施}$ 和 $N_{受}$ 都是表人的名词时，就需要在 $N_{受}$ 前加上介词"对"。"抵抗"的 $N_{施}$ 是"我们"、$N_{受}$ 是"敌人"，那么，就应该说"对敌人的抵抗"，这表示 $N_{受}$ 与 $N_{施}$ 的区别，也体现了 $V_{非谓}$ 对 $N_{受}$ 的管辖。余例同。

N 为施事，如：

思想变迁（了）	思想的变迁
律师（正在）辩护	律师的辩护
政府保护（环境）	政府的保护
工人检修（设备）	工人的检修

左列为 $V_{谓}$，右列为 $V_{非谓}$。动词"变迁"，不管是 $V_{谓}$，还是 $V_{非谓}$，都在语义上管辖着 $N_{施}$"思想"。余例同。

"这本书出版"是一个未定状态。如果句末加"了"，则句中不能插入"的"，生成"这本书出版了"，那么"出版"就是谓语动词（$V_{谓}$）；如果句中插入"的"，则句末不能加"了"，生成"这本书的出版"，那么这里的"出版"就是非谓语动词（$V_{非谓}$）。

如果说句末加"了"使"出版"成为 $V_{谓}$，那么，"出版"获得 $V_{非谓}$ 的资格，是由句中"的"决定的。汉语中，只要进入"N 的____"结构中"的"后的位置，就可以获得名词性偏正结构中心语的地位，不管它是什么词类。双音节 V 进入这个位置，获得了名词性偏正结构中心语的地位，这可以说是 $V_{非谓}$ 名词性的唯一表现，因为它不是严格意义上的名词。如果我们接受赵元任（1979：233）关于名词是能受数量词修饰体词的定义，那么 $V_{非谓}$ 则不能受数量词的修饰。在语义上管辖 $N_{施}$ 和 $N_{受}$ 等、在功能上成为名词性偏正结构的中心语就是 $V_{非谓}$ 的基本特征。

英语谓语动词和非谓语动词之间存在着泾渭分明的排他关系。英语非谓语动词是非限定形式（non-finite forms），不受主语限制；英语谓语动词是限定形式（finite forms），要与主语保持一致关系（agreement）（张道真，1979：105 – 106），如动词与主语在人称上一致：

I am writing.（第一人称）/ You are writing.（第二人称）

动词与主语在数上一致：

He writes well.（第三人称单数）/They write well.（第三人称复数）

沈家煊（1999：258）认为：动词作谓语（$V_{谓}$）是无标记（unmarked）项，动词作主语宾语（$V_{非谓}$）是有标记（marked）项。我们进一步做出以下的论断：汉语中 $V_{谓}$ 和 $V_{非谓}$ 之间不像英语那样是非此即彼的对立关系，而是一种非排他的包含关系，即有标记项 $V_{非谓}$ 在语法手段的选择上包含在无标记项 $V_{谓}$ 之中。本文将对此展开分析和论证。

二、V_非谓在音节的选择上包含在V_谓中

詹卫东（1998）根据孟琮等的《动词用法词典》（1987）研究得出的结论，能进入"N 的 V_谓"结构的双音节动词有 519 个，单音节动词只有"爱、哭、死、笑"4 个，双音节的比例占 99%强。

一般来说，V_谓不受音节限制，可以是单音节，也可以是双音节；V_非谓则受到限制，绝大多数只能选择双音节。这就意味着，在音节的选择上，V_非谓包含在 V_谓之中。在汉语中，音节不仅是语音单位，也是一种语法手段。我们同意沈家煊（2011：11）的观点："汉语里单音变双音的'双音化'也是一种语法形态手段。"如：

春天到来了，	春天到了，	春天来了，
春天的到来	*春天的到	*春天的来
蚊子叮咬我	蚊子叮我	蚊子咬我
蚊子的叮咬	*蚊子的叮	*蚊子的咬
抄写生词	抄生词	写生词
生词的抄写	*生词的抄	*生词的写
传递纸条	传纸条	递纸条
纸条的传递	*纸条的传	*纸条的递
捆绑行李	捆行李	绑行李
行李的捆绑	*行李的捆	*行李的绑
挑选队员	挑队员	选队员
队员的挑选	*队员的挑	*队员的选
担负责任	担责任	负责任
责任的担负	*责任的担	*责任的负

左列是双音节动词，V_谓和 V_非谓都能成立，而中列和右列是单音节动词，只有 V_谓可以成立，V_非谓不能成立。

（一）单音节和双音节动词是一对一

当一个单音节的 V_谓转变为双音节的 V_非谓时，是一对一的对应关系，即一个单音节动词对应一个双音节动词。如：

敌人败了	敌人失败了	敌人的失败
他昏（过去）了	他昏迷（过去）了	他的昏迷
他降了（敌人）	他投降了（敌人）	他的投降
学文件	学习文件	文件的学习
演节目	表演节目	节目的表演

练书法	练习书法	书法的练习
印了这本书	印刷了这本书	这本书的印刷
他瞒了这件事	他们隐瞒了这件事	他对这件事的隐瞒
他校了这篇文章	他校对了这篇文章	他对这篇文章的校对

一对一的词例列举如下：

败—失败，逼—逼迫，调—调动，赌—赌博，堆—堆积，雇—雇用，昏—昏迷，校—校对，咳—咳嗽，哭—哭泣，练—练习，命—命令，骗—欺骗，删—删除，降—投降，买—购买，瞒—隐瞒，挪—挪动，喷—喷射，围—包围，握—把握，误—耽误，献—贡献，羞—害羞，学—学习，演—表演，译—翻译，印—印刷，种—种植……

（二）单音节动词与双音节动词是一对多

单音节动词在语义上往往是宽泛的，双音节动词在语义上往往比较有限。在单音节动词转换为双音节动词时，我们要根据上下文选择一个恰当的动词。不同的上下文就可能选择不同的双音节动词。

1. 一对多（近义）

即一个单音节动词对应多个近义的双音节动词。如：

作文改了	作文批改了	作文的批改
缺点改了	缺点改正了	缺点的改正
发型改了	发型改变了	发型的改变
旧体制改了	旧体制改革了	旧体制的改革
救伤员	抢救伤员	伤员的抢救
救穷人	救济穷人	穷人的救济
救中国	拯救中国	中国的拯救
犯人跑了	犯人逃跑了	犯人的逃跑
马在跑着	马在奔跑着	马的奔跑
造汽车	制造汽车	汽车的制造
造大桥	建造大桥	大桥的建造

一对多（近义）的词例列举如下：

爱—热爱/爱戴，帮—帮忙/帮助，变—变化/改变/转变，辩—辩解/辩论，驳—驳斥/反驳，补—补充/补助，查—调查/检查，缠—缠绕/纠缠，吵—争吵/吵架，逮—捕捉/捉拿，担—担任/担负/担当/承担，挡—阻挡/阻拦，到—到达/来到/到来，等—等待/等候，丢—遗失/失去/丢失/丢掉，动—动弹/移动/挪动/触动，读—阅读/朗读，夺—争夺/抢夺，躲—躲避/躲藏，罚—处罚/惩罚，防—防备/防止，改—批改/修改/改正/改变/改革，赶—驱赶/驱逐，攻—进攻/攻击，害—陷害/残害，核—核对/核查，换—交换/兑换，活—生活/生存，记—记录/记载，奖—奖励/奖赏，降—降落/下降，救—抢救/挽救/拯救/救济，考—考试/测验，靠—靠近/依靠，夸—夸奖/夸耀，露—流露/暴露，漏—泄漏/遗漏，留—遗留/残留/留存，怕—害怕/恐惧/担心，攀—攀登/攀附，跑—奔跑/逃跑，陪—陪伴/陪同，赔—赔偿/赔本，漂—漂浮/漂动，飘—飘扬/飘动，聘—招聘/聘任/聘请，评—评论/评议/评价/评估，请—邀请/聘请，求—请求/祈求，劝—劝解/劝说，缺—缺乏/缺少，忍—忍耐/忍受，死—去世/逝世/牺牲，算—计算/算命，胜—胜利/战胜，搜—搜查/搜集，谈—谈论/议论，逃—逃走/逃离，听—听从/听取，停—停止/停留/停顿，拖—拖延/拖拉，玩—玩耍/玩弄，亡—灭亡/消亡，问—问询/查问/盘问，忘—忘记/忘却，望—希望/期望，悟—觉悟/醒悟，吓—恐吓/吓唬，写—写作/书写，信—相信/信任，醒—苏醒/觉醒，修—修理/修剪/修建，忆—回忆/回顾，用—使用/应用，怨—埋怨/抱怨，造—制造/建造/修造，占—占领/占有，长—生长/成长，转—旋转/转动，治—治疗/医治，租—租用/租借……

2. 一对多（非近义）

即一个单音节动词对应多个非近义的双音节动词。如：

这本书出了	这本书出版了	这本书的出版
出问题了	出现问题了	问题的出现
出事故了	发生事故了	事故的发生
出经费	提供经费	经费的提供
文章发了	文章发表了	文章的发表
文件发了	文件发送了	文件的发送
信号弹发了	信号弹发射了	信号弹的发射
他发了	他发财了	他的发财
开大会	召开大会	大会的召开
开花了/花开了	花开放了	花的开放
开汽车	驾驶汽车	汽车的驾驶
开工厂	开办工厂	工厂的开办
水开了	水沸腾了	水的沸腾
开了他	开除了他	他的开除

一对多（非近义）的词例列举如下：

办—办理/经营/采购，比—比较/比赛，出—出版/出现/发生/提供，打—殴打/打击/制造/搅拌/编织/领取，对—对待/针对/调整/掺和，发—发表/发送/发射/发财，开—召开/开放/驾驶/开办/沸腾/开除，看—看望/观察/诊治，扣—扣留/扣除，离—离开/离婚，领—率领/带领/领取，排—排列/排演/排除，批—批发/批判/批评/批准，容—容纳/容忍，收—收集/收拾/收获/接受，守—遵守/防守，提—提出/提拔，选—选举/选择，想—思考/回忆/想念，游—游览/游泳，运—运输/运作/运行，抓—抓捕/负责，装—装扮/假装/安装/装载，追—追赶/追求/追究……

三、$V_{非谓}$在语序的选择上包含在$V_谓$中

（一）V为不及物动词

根据$V_谓$和$V_{非谓}$的分布，$V_谓$有一两种语序，$V_{非谓}$只有一种语序，且$V_{非谓}$包含在$V_谓$中。

(1) $N_施 + V_谓$
犯人逃走了
孩子失踪了
工厂倒闭了
战士隐蔽着
伤员在呻吟
病人在咳嗽
顾客在排队
经理在出差
妻子怀孕了
大学招生了

(2) $V_谓 + N_施$
逃走了（几个）犯人
失踪了（几个）孩子
倒闭了（几家）工厂
隐蔽着（很多）战士

(3) $N_施 + 的 + V_{非谓}$
犯人的逃走
孩子的失踪
工厂的倒闭
战士的隐蔽
伤员的呻吟
病人的咳嗽
顾客的排队
经理的出差
妻子的怀孕
大学的招生

$V_谓$"逃走"等有两种语序，即$N_施$可以位于$V_谓$前，如"犯人逃走了"等左列（1）前四行例；也可以位于$V_谓$后，即上文中列（2），如"逃走了（几个）犯人"等。

$V_谓$"呻吟"等只有一种语序，即$N_施$位于$V_谓$前，如"伤员在呻吟"等左列（1）第五行以后例。

$V_{非谓}$不管怎样只有一种语序，即右列（3），如"犯人的逃走"等。

右列（3）"犯人的逃走"中"逃走"是$V_{非谓}$。"逃走的犯人"当然也可以说，但是这时的"逃走"不再是$V_{非谓}$，而是$V_谓$，它具有谓语动词的主要特征，如"已经逃走了的犯人"，前面可以加所谓时间副词"已经"，后面可以加动态助词"了"。余例同。

具有两种语序的不及物动词有：

逃走 逃跑 行驶 兴起 爆发 奔驰 飞翔 生长 昏迷 失踪 去世 倒闭 死亡 脱落 出生 出现 诞生 存在 浮动 洒落 流行 散落 瘫痪 散落 竖立 逝世 残废 牺牲 毕业 散失 丧失 遗失 损失……

只有一种语序的不及物动词有：

呻吟 前进 起义 拼搏 咳嗽 旅行 流浪 流动 疗养 劳动 开演 考试 叫唤 叫喊 怀孕 欢呼 后退 工作 飞行 倒退 打猎 奔腾 外出 妥协 折腾 排队 停顿 说谎 动手 开幕 撒野 偷税 起程 怠工 办公 立正 稍息 救灾 喘息 逃荒 入境 决策 就业 造句 营业 探亲 叹气 投资 下班 宣誓 招生 照相 值班 作案 办事 报名 播音 插嘴 吃苦 出差 吹牛 带头 完毕 瓦解 中断 安定 波动 到来 来临 断绝 恶化 泛滥 后悔 糊

涂　缓和　激动　胜利　失败　苏醒　生病　负伤　到期　出名　中毒　失眠　及格　进步……

(不及物动词的这两个词表参见陈昌来，2002：83-97。)

(二) V 为及物动词

根据 $V_{谓}$ 的分布，$V_{谓}$ 有三种语序：

(4) $N_{施}+V_{谓}+N_{受}$　　(5) $N_{受}+被/由/受到+N_{施}+V_{谓}$　　(6) $N_{施}+把/对+N_{受}+V_{谓}$

(4)	(5)	(6)
贵社出版这本书	这本书由贵社出版	贵社把这本书出版了
专家研究这个课题	这个课题由专家研究	专家把这个课题研究（出来）了
干警教育他们	他们由干警教育	干警把他们教育（过来）了
调查组清查账目	账目由调查组清查	调查组把账目清查了（一下）
工人检修设备	设备由工人检修。	工人把设备检修了（一遍）
监狱改造犯人	犯人由监狱改造	监狱把犯人改造（好）了
我们解决问题	问题被我们解决了	我们把问题解决了
我们克服困难	困难被我们克服了	我们把困难克服了
我们消灭敌人	敌人被我们消灭了	我们把敌人消灭了
股民关注股市行情	股市行情受到股民的关注	股民对股市行情很关注
领导信任小王	小王受到领导的信任	领导对小王很信任
学生尊重老师	老师受到学生的尊重	学生对老师很尊重

左列 (4) 的语序为"$N_{施}+V_{谓}+N_{受}$"，$N_{施}$ 和 $N_{受}$ 前都没有标志。

中列 (5) 的语序为"$N_{受}+被/由/受到+N_{施}+V_{谓}$"，$N_{施}$ 之前有标志"被/由/受到"，是所谓被动句。"被/由"是介词，都用来引进 $N_{施}$。"由"字强调 $V_{谓}$ 动作的发出者 $N_{施}$，"被"字强调 $V_{谓}$ 给 $N_{受}$ 带来的结果，像"解决""克服"和"消灭"等这样的述补复合词就会选择介词"被"。而"受到"是意义很虚的动词，其宾语是"关注""信任"和"尊重"等这样的心理动词，这时它们已经转变成了 $V_{非谓}$。

右列 (6) 的语序为"$N_{施}+把/对+N_{受}+V_{谓}$"。如果是动作动词，$N_{受}$ 之前通常用介词"把"，是所谓的处置式；如果是心理动词，多数选择介词"对"。

$V_{谓}$ 有三种语序，而 $V_{非谓}$ 受到限制，只有一种语序，且 $V_{非谓}$ 包含在 $V_{谓}$ 中：

(7) $N_{施}+对+N_{受}+的+V_{非谓}$　　(7a) $N_{施}+对+N_{受}+进行/加以+V_{非谓}$

(7)	(7a)
贵社对这本书的出版	贵社对这本书进行/加以出版
专家对这个课题的研究	专家对这个课题进行/加以研究
干警对他们的教育	干警对他们进行/加以教育
调查组对账目的清查	调查组对账目进行/加以清查
工人对设备的检修	工人对设备进行/加以检修
监狱对犯人的改造	监狱对犯人进行/加以改造

我们对问题的解决	我们对问题加以解决
我们对困难的克服	我们对困难加以克服
我们对敌人的消灭	我们对敌人加以消灭
股民对股市行情的关注	股民对股市行情加以关注
领导对小王的信任	领导对小王加以信任
学生对老师的尊重	学生对老师加以尊重

左列（7）是本文研究的 $V_{非谓}$ 语序，右列（7a）是以"进行/加以"为动词谓语的语序，其中 $V_{非谓}$ 作形式动词"进行/加以"的宾语，朱德熙（1982：59-60）将（7a）中的 $V_{非谓}$ 称作"名动词"。右列（7a）和左列（7）的基本要素序列一样，都是"$N_{施}+N_{受}+V$"，而且也都用介词"对"引导 $N_{受}$。也就是说，$V_{非谓}$ 的语序只有一种。

结构（7）是"$N_{施}+对+N_{受}+的+V_{非谓}$"，结构（6）是"$N_{施}+把/对+N_{受}+V_{谓}$"，它们的基本要素序列都是"$N_{施}+N_{受}+V$"。而且，结构（6）的 $N_{受}$ 之前有标志"把/对"，结构（7）的 $N_{受}$ 之前也有标志"对"，它们都是介词，作用都是引进 $N_{受}$。所以结构（7）在语序上等同于结构（6），也就是说，$V_{非谓}$ 选择的唯一一种语序等同于 $V_{谓}$ 选择的三种语序中的一种，即结构（6），即 $V_{非谓}$ 在语序的选择上包含在 $V_{谓}$ 之中。不过（7）是以 $V_{非谓}$ 为中心的名词性偏正结构，而（6）是主谓结构，这是它们的区别所在，但这种区别并没有影响它们的语序排列。

四、结　语

传统标记论的包含性体现在语义上，典型的例子是形容词："长、高、宽……"是无标记项，"短、低、窄……"是有标记项。有标记项"短、低、窄……"语义上包含在无标记项"长、高、宽……"之中，或者说，无标记项形容词包含有标记项形容词（沈家煊，1999：33；石毓智，2001：225）。还有英语名词 man 和 woman 是包含关系，无标记项 man 在语义上包含有标记项 woman（沈家煊，1999：23；2011：13）。

我们经过分析和研究，得出这样的结论：$V_{非谓}$ 作为有标记项，在音节和语序的选择上都包含在无标记项 $V_{谓}$ 之中。换言之，$V_{谓}$ 在语法手段的选择上包含了 $V_{非谓}$。这不仅揭示了汉语 $V_{谓}$ 和 $V_{非谓}$ 之间存在着包含而非排他关系，而且在某种程度上也发展了标记性理论。

参考文献

陈昌来. 现代汉语动词的句法语义属性研究［M］. 上海：学林出版社，2002.
胡明扬. 词类问题考察［M］. 北京：北京语言文化大学出版社，1996.
黎锦熙，刘世儒. 语法再研讨——词类区分和名词问题［J］. 中国语文，1960（1）.
吕叔湘. 汉语语法分析问题［M］. 北京：商务印书馆，1979.
孟琮，郑怀德，孟庆海，等. 动词用法词典［M］. 上海：上海辞书出版社，1987.
沈家煊. 不对称和标记论［M］. 南昌：江西教育出版社，1999.
施关淦. "这本书的出版"中"出版"的词性［J］. 中国语文通讯，1981（4）.

石毓智. 肯定和否定的对称与不对称［M］. 北京：北京语言文化大学出版社，2001.
杨成凯. 词类的划分原则和谓词"名物化"［C］//中国语文杂志社. 语法研究和探索（五）. 北京：语文出版社，1991.
詹卫东. 关于"NP+的+VP"的偏正结构［J］. 汉语学习，1998（2）.
张伯江. "N 的 V"结构的构成［J］. 中国语文，1993（4）.
张道真. 实用英语语法［M］. 北京：商务印书馆，1979.
赵元任. 汉语口语语法［M］. 吕叔湘，译. 北京：商务印书馆，1979.
朱德熙，卢甲文，马真. 关于动词、形容词"名物化"的问题［J］. 北京大学学报，1961（4）.
朱德熙. 关于向心结构的定义［J］. 中国语文，1984（6）.
朱德熙. 语法讲义［M］. 北京：商务印书馆，1982.

原载于中国语文杂志社：《语法研究和探索（二十）》，商务印书馆 2020 年版

现代汉语概率值的系统研究

一、实现概率值的语法项目

根据系统功能语法（Halliday，2000），情态（modality）是语篇中人际功能的重要组成部分之一，其下位范畴为概率（probability）、频率（usuality）、义务（obligation）和意愿（inclination）。本文将研究现代汉语概率值（probability values）的系统及其表达方式。

在肯定、否定两极（polarity）之间，存在着一系列的过渡值，这就是我们需要进行研究的概率值系统。实现概率值的语法项目为表可能的助动词和表概率的语气副词。而这两类词与表强调或委婉的副词、程度副词、否定副词等相组合，概率值就呈现出许多差异。

根据朱德熙（1982：62-63）的《语法讲义》，表可能性的助动词只有"会、能、可能"三个。当然，"会、能"还表其他意义，这不在我们研究之列。根据周小兵（1996）的统计，表可能的"会$_2$"的使用频率高达83.5%，表可能的"能$_4$"只有16.5%；而在这16.5%中，在疑问句出现的频率有64.3%。我们知道，概率值的研究应该把疑问句排除在外，因为疑问句无所肯定，也无所否定。至于"可能"，我们认为更像个副词，与"大概、也许、恐怕"同类，意义也接近。那么助动词方面，我们的概率值研究以"会"为主要参数。

表概率的语气副词可以分为两类：一类为低绝对值的，如"可能、大概、大约、也许、或许、兴许、恐怕……"；另一类是高绝对值的，如"必然、必定、一定、势必、准……"（其中表主观愿望的"一定"、表意志坚决的"必定"排除在外）。

一般认为概率值的表达或用以上两类词之一，或两者并用（胡壮麟、朱永生、张德禄，1989：120）。表强调的副词对于实现概率值也有所贡献，如"确、的确、确实、当然、绝对、简直、决、绝、根本"，其中"决、绝、根本"只用于加强否定。

否定副词"不、没（有）"决定了概率值的正负，而且"不"的位置还会影响概率值的大小。

表委婉否定的副词有"未必、不见得……"，有了它们，概率值不会高。

二、概率值基本尺度的确立

我们将从现代汉语概率值系统的两端出发，找出系统的中点，并进一步确定概率值的基本尺度。"一定会"趋向于肯定一极，"一定不会"趋向于否定一极，这是概率值系统的两端。那么中点在哪儿呢？郭志良认为："不一定会"，当句重音在"一定"上时，表示"有可能……有可能不"，其意义为无定（郭志良，1993：191）。我们同意"不一定会"="有可能……有可能不"，不过我们认为"不一定"不表无定。无定是无所肯定，也无所否定；"不一定"表特殊的有定，是"有可能"与"有可能不"的中和，它在概率值系统中的位置是确定的，它处于"一定会"与"一定不会"两端的中点。如：

（1）不必说拿人，刚才那个骑车的也许是侦探，也许不是；你也先别着慌！（老舍《骆驼祥子》）①

是不是"侦探"，不一定，但是都有可能，其概率各为50%。

（2）"听说虹口几个厂情形不好呢！你看来不会出事罢？出了事，会不会影响到我们闸北？"
"不一定！"（茅盾《子夜》P432-433）

"不一定"意味着可能会，也可能不会。这是屠维岳模棱两可的回答，使得刚愎自用的吴荪甫不满，他要的是"一定"。又如：

（3）我又问："您认为需要第二轮选举吗？"他说，"有50%的可能性。但本站有可能80%的选民投普京的票，不过，在莫斯科的南区有可能一半以上的选民投久加诺夫的票。"（《人民日报》）

"有50%的可能性"即需要不需要第二轮选举还不一定，但是都有可能。

"不一定会"就是50%的可能性，意味着既"可能会"也"可能不会"。它是概率值系统的中点，是"一定会"与"一定不会"的中点，也是"可能"与"可能不"的中点。

西方从亚里士多德开始的形式逻辑是"排中律"；东方思维则是从孔子的"中庸之道"到大乘佛教的"中观"，都强调一个"中"字。我们对于概率值系统中点的确立，就反映出东方思维的特点。

我们把"不一定"的概率值定为"0"，"0"不意味着没有，只意味着"中点"。"可能""一定会"定为正值，它们大于中点，逐渐趋向于肯定一极，可能性大；"可能不""一定不"定为负值，它们小于中点，逐渐趋向于否定一极，可能性小。介于"可能"与"一定会"之间有"很可能"；介于"可能不"与"一定不会"之间有"很可能不"。这样概率值的正值就有："可能"为+1，"很可能"为+2，"一定会"为+3；负值有："可能不"为-1，"很可能不"为-2，"一定不会"为-3。

---

① 本文所引用的语料均来自北京大学中国语言学研中心 CCL 现代汉语语料库。

表1初步排列出概率值的连续统（continuum），这是衡量概率值的基本尺度。

表1　概率值的连续统

-3	-2	-1	0	+1	+2	+3
一定不会	很可能不会	可能不会	不一定会	可能会	很可能会	一定会
			50%的可能性			

概率值渐增

这里我们试图将现代汉语概率值量化，但是除了0度以外，其他数值都不是绝对的精确的数学数值，只是相对的模糊的准数学数值，应有一定的弹性。

经典的系统功能语法概率值分为"高、中、低"三级量值，同时还将肯定与否定作为参数（Halliday, 2000：76；胡壮麟、朱永生、张德禄，1989：124）。肯定的"高、中、低"，相当于我们标尺的+3、+2、+1；否定的"高、中、低"，相当于我们标尺的-3、-2、-1。而我们的概率值标尺有其优点：这就是我们根据现代汉语的特点，找到了概率值系统的中点（0），并确定其50%的精确概率值。

三、概率值系统的分析研究

我们将以上面的标尺来衡量和研究现代汉语的概率值，找出实现各个刻度概率值的主要表达方式，并挖掘出概率值的微分刻度。我们发现概率值系统既有左右对称均衡的一面，也有与系统不够协调的地方。

（一）高绝对值的表达式

+3值通过表高绝对值概率的副词和/或"会"来实现，或者表强调的副词加上"会"或"可能"来实现；-3值同上，但必须有否定副词。

1. +3值的表达式

+3值的表达式包括"一定、一定会、必定、必定会、当然会、势必、势必会、必（将）会、准、准（保）会、无疑会、的确会、完全可能、绝对可能、必然、必然会、是必然的、具有……必然性"等。如：

（4）她无须再怕任何人，任何事，老三就离她不远，一定会保护她！（老舍《四世同堂》）

（5）一进操场，他预料学生们必定哈哈的笑他；即使不笑出声来，他们也必会偷偷的唧唧咕咕。（老舍《四世同堂》）

老舍"必定"与"必会"互文,有"会"无"会"不影响概率值的大小。

(6) 她可是准知道:一个有出息的孩童必须规规矩矩,像个大人似的。(老舍《牛天赐传》)

(7) 这次"综合",像上一次"综合"一样,是现实提出的要求,是文学理论自身运动提出的命题,具有明显的历史和逻辑的必然性。(《人民日报》)

"必然性"是"必然"的名物化(nominalization)。

2. -3 值的表达式

-3 值的表达式包括"一定不、一定不会、必定不、必定不会、绝对不会、决(绝)不会、必不会、当然不会、无论如何不会、绝对不可能、决(绝)不可能、根本不可能、简直不可能"等。如:

(8) 可是再一想,假若他们真被扣下,日本人也一定不会轻易放过祁家和她自己。(老舍《四世同堂》)

(9) 那傻子似的乡下姑娘也许非常的清白,可是绝不会有小福子的本事与心路。(老舍《骆驼祥子》)

(10) 如果财务管理混乱、数据虚假、原始凭证不健全,财务公开根本不可能搞好。(《人民日报》)

(二) 低绝对值的表达式

如果可以把"可能/也许/大概/恐怕……"看成委婉的肯定,那么表委婉否定的"未必""不见得"的概率值就应该等于"可能不/也许不/大概不/恐怕不……" = -1;进一步就可以推导出"未必不""不见得不"的概率值 = +1。

另外,当"不一定"的重音落在"不"上,"不一定"相当于"未必、不见得"(郭志良,1993:191)。

1. +1 值的表达式

+1 值的表达式包括"可能、会、可能会、是可能的、有可能、有……可能、是有可能的、成为可能、存在……可能性、不排除……可能性、大概、大概会、也许、大概也许、也许会、也许可能、或许、或许会、兴许、兴许会、恐怕、恐怕会、大约、大约会、未必不会、不见得不会、不一定不会、未尝不会"等。如:

(11) 钱,几个钟头以后,就可能贬值,不过卡车是不会贬值的。(老舍《鼓书艺人》)

(12) 如果不对自己提出更高的要求,就会有落伍的可能。(《人民日报》)

(13) 他晓得自己的病源在哪里,可是为安慰自己,他以为这大概也许因为二十多天没拉车,把腿摆生了;跑过几趟来,把腿遛开,或者也就没事了。(老舍《骆驼祥子》)

(14) 而且即使要是还要走，最早也还要过两年，不然恐怕两个人中间会有一个走不成。(巴金《家》)

(15) 爱花儿不见得就不爱杀人放火呀！(老舍《二马》)

2. -1 值的表达式

-1 值的表达式包括"可能不、有可能不、不会、可能不会、可能没有、大概不、大概不会、大概没有、也许不、也许不会、也许没有、或许不会、或许没有、兴许不会、兴许没有、恐怕不、恐怕不会、恐怕没有、大约不会、大约没有、未必会、不见得会、不一定会"等。如：

(16) 他想，从琴珠的样子看来，穿得挺随便，又没擦脂抹粉，眼下可能还没干那号买卖。(老舍《鼓书艺人》)

(17) 大概不会开了，现在连提也没有人提起了。(巴金《家》)

(18) 密司张，我老实说，即使你不反对，却也未必会有多大的热心，(茅盾《子夜》)

(三) 实现 +2/-2 值的途径

1. 高低值的中和

+2/-2 值可以是高绝对值 +3/-3 与低绝对值 +1/-1 的中和（表2）。如：

表2　+2/-2 值是高低值的中和

-3	-2	-1	0	+1	+2	+3
一定不会	大概一定不会	大概不会	不一定会	大概会	大概一定会	一定会
				大概会	大概准会	准（保）会
				大概会	大概必会	必会
		可能不会	可能会……可能不会	可能会		
决（绝）不会	恐怕决（绝）不会	恐怕不会				
		也许不会	也许会……也许不会	也许会		

(19) 战事很不利，在北平恐怕一时绝不会有出路。(老舍《四世同堂》)

(20) 父亲看出来，若是叫姑母这么结束了今年，大概明年的一开头准会顺利不了。(老舍《正红旗下》)

2. +2/-2 值的微分

+2/-2 为 +3 与 +1 的中和、-3 与 -1 的中和,其概率值比较稳定。而用程度副词表示 +2/-2 值则有一定的跨度,因为程度副词所表达的程度有差异。我们认为程度副词可以微分成"较/比较/较为""很/非常""极"三个档次。

当"可能"名物化为"可能性"后,+2/-2 值这种微分的刻度发育得比较充分。+2 值可细分为三档:"可能性较大、可能性很大、可能性极大"。"可能性很大" = "很可能"这一标准值;"可能性极大" = "极(有)可能",其概率值则高于"很可能"而明显趋近"必然"。-2 值也可以细分为三档:"可能性较小/不大、可能性很小、可能性微乎其微"。"可能性很小" = "很可能不会"这一标准值;"可能性微乎其微"低于"很可能不会"而趋向于"一定不会"。从"可能会(+1)"到"一定会(+3)"之间、从"可能不会(-1)"到"一定不会(-3)"之间也还是渐变的过程。于是我们有了比较精密的概率值表(表3、表4)。如:

表3　概率值正值

+1	+2			+3
可能会	很可能会			一定会
存在/提供可能性 不排除可能性	可能性较大	可能性很大	可能性极大 极大的可能性	具有必然性
有可能/成为可能		很有可能	极有可能	
		有很大的可能		

表4　概率值负值

-3	-2			-1
一定不会	很可能不会			可能不会
	可能性微乎其微	可能性很小	可能性较小/不大	
				有可能不

(21) 病险库闸是每年防汛工作中的薄弱环节,一旦遭遇暴雨洪水,有些水库垮坝失事造成下游局部地区毁灭性灾害的可能性很大。(《人民日报》)

(22) 此消彼长,两人交锋极有可能成为一场心理因素为主导的较量。(《人民日报》)

(23) 从当前形势看,在克林顿离开白宫前实现美巴以三方首脑会晤大概不成问题,但巴以解决"最终地位"问题,达成永久和平协议,可能性微乎其微。(《人民日报》)

3. 其他途径

其实 +2/-2 值不一定是上述组合形式,+2 有"难免(不)会、在所难免、是难免的、免不了（掉）""多半会"，-2 有"多半不会"等。如：

（24）至于母子之间，因为有天性里发出来的感情，虽然勉强压抑，总难免流露出来。（冰心《冰心作品集1920》）

（25）"瑞宣！开门去！"祁老人叫。"多半是你爸爸回来了。"（老舍《四世同堂》）

这里"多半"意为"很可能"。而在很多场合，"多半"表示数量超过一半。

（四）否定词的位置

否定词可以位于"可能"前，也可以位于"可能"后。但是"不可能"≠"可能不（-1）"，"不可能"的概率值小于"可能不"；而"不太（大）可能"＝"很可能不会（-2）"；我们知道"决不可能"概率值为-3，"不太可能"概率值为-2。那么"决不可能、不可能、不太可能"三项只能挤在-3与-2两个值之间，这是它们与标尺刻度"一定不会、很可能不会、可能不会"不协调之处（表5）。如：

表5　否定词的位置

-3		-2	-1
一定不会		很可能不会	可能不会
决（绝）不可能	不可能	不太（大）可能	
根本不可能	不可能	基本不可能	
	排除了……可能性		

（26）西部地区与东部地区的发展差距是长期以来历史及一些客观原因形成的，要从根本上改变面貌，需要几代人持之以恒和坚韧不拔的艰苦努力，决不可能一蹴而就。（《人民日报》）

（27）卢安邦审查此案后，认为间接证据已形成锁链，一是朱圣金主动邀人同行，又让儿子借钱送医院，加上路途很短，因而不太可能主动改变抢救伤者的意图。（《人民日报》）

（28）另一位海湾国家的高级官员也排除了从今年4月开始在世界范围内增加原油产量的可能性。（《人民日报》）

（五）双重否定与概率值

双重否定是否定之否定，是对肯定的回归，但是在回归的过程中就有程度的差异，或者加强，或者减弱。这个问题比较复杂，我们不准备做深入的探讨，只举一例加以说明。"不会不＝会"（丁声树等，1961：201）；而"不会＝必然≠会"（吕叔湘，1985：247）。哪一个等式更接近事实呢，我们可以放在概率值系统中来考察。见下例：

(29) 你去呢，他决不会不送来。(老舍《赵子曰》)

如果此例"决不会不" = 一定会（+3）= 必然，那么"不会不" ≠ 必然。

四、结　论

我们从概率值系统的两端"一定会"和"一定不会"出发，找到了系统的中点"不一定会"，确定了其50%的精确概率值，并以此为0度，制定出概率值的基本尺度。按照基本尺度的刻度，我们列出各个概率值刻度的主要表达方式。由于程度副词本身存在不同的档次，+2/－2刻度又可以再微分为三档。名物化"可能性"的微分刻度发育得非常充分，而且我们发现这种微分的刻度可以很顺利地纳入标准尺度中。以上的系统状况都基本上是均匀的、左右对称的。可是，由于否定副词"不"位置的不同，使得"决不可能、不可能、不太可能"三项只能纳入－3与－2两个刻度中，这虽然与整个系统不甚协调，形成不对称的局面，但是我们还是尊重事实，予以客观的描写，不会为了系统的美观而削足适履。

决定概率值大小的，首先是否定副词，它决定了正负值；其次是表概率副词的绝对值（有高低两档）和表强调或委婉的副词，再次是程度副词（有三档）。另外，我们发现助动词"会"可以在各个概率值刻度，而对于概率值的大小并没有起什么作用。

参考文献

北京大学中文系1955/1957级语言班．现代汉语虚词例释［M］．北京：商务印书馆，1982．
丁声树，等．现代汉语语法讲话［M］．北京：商务印书馆，1961．
郭志良．试论能愿动词的句法结构形式及其语用功能［J］．中国语文，1993（3）．
胡壮麟，朱永生，张德禄．系统功能语法概论［M］．长沙：湖南教育出版社，1989．
吕叔湘．疑问、否定、肯定［J］．中国语文，1985（4）．
周小兵．句法·语义·篇章——汉语语法综合研究［M］．广州：高等教育出版社，1996．
朱德熙．语法讲义［M］．北京：商务印书馆，1982．
HALLIDAY M A K. An Introduction to Functional Grammar［M］. Beijing：Foreign Language Teaching and Research Press，2000.

附：概率值总表

-3	-2	-1	0	+1	+2	+3
一定不会	很可能不会	可能不会	不一定会	可能会	很可能会	一定会
必定不会	大概一定不会	大概不会	50%的可能性	大概会		必定会
决（绝）不会	恐怕决（绝）不会	恐怕不会	可能会……可能不会	恐怕会	大概必会	必然会
		也许不会	也许会……也许不会	也许会	大概准会	准（保）会
	多半不会	未必会		未必不会	多半会	势必会
绝对不可能		不见得会		不见得不会	难免/免不了（掉）	绝对可能
		不一定会		不一定不会		
	可能性微乎其微	可能性很小	可能性较小	存在可能性	可能性较大	可能性很大
					可能性极大	具有必然性
		有可能不		有可能/成为可能	很有可能	极有可能
决不可能	不可能	不太（大）可能				
根本不可能	不可能	基本不可能				

原载于王建华、张涌泉主编：《汉语语言学探索》，浙江大学出版社2007年版

从方位词的构成看琉球官话课本南京方言的特征

濑户口律子（1990）根据琉球官话课本之一《白姓官话》标注的阴平、阳平、上声、去声和入声五个调类，得出结论：琉球官话课本"是根据南京方言编写的"。张全真（2009）指出："因前后鼻音不分正是今天南京话的特点，发现《白姓官话》中所标注的前后鼻音不分的同音字，无一例外在南京话中同音。"

从语音上讲，琉球官话课本是根据南京方言编写的应该没有问题。从词汇上看，琉球官话课本也带有南京方言的特征，我们将从复合方位词的构成来进行分析。

李慧敏（2004）认为：表示方位的词，江淮官话普遍带有后缀"头"，如"上头、高头、下头、里头、前头、后头"等；相反，说"上面（边）、下面（边）、前面（边）、后面（边）、里面（边）、外面（边）"的要少得多。刘丹青（1995）在《南京方言词典》中，只收录了带后缀"头"的方位词，而没有收录带"面/边"的方位词。

国家汉办（2002）编写的《高等学校外国留学生汉语专业教学大纲》附件二"语法项目表·合成方位词"中，只收录了"上面（边）/下面（边）、前面（边）/后面（边）、里面（边）/外面（边）"，没有"上头/下头、前头/后头、里头/外头"。

用后缀"头"而不是用"面/边"构成方位词，是南京方言有别于北京官话的重要指标之一。

日本天理大学图书馆藏的琉球官话课本，有《风流配》《自作孽》《狭路逢》《终有报》《寒彻骨》《白姓官话》《官话问答便语》《学官话》等八种材料。前五种是改编自《人中画》话本小说的叙述体教材，后三种是专为教学编写的会话课本，它们都改编/编写于18世纪[①]（濑户口律子 等，2004；李炜 等：2007）。我们将对这批材料中的复合方位词的使用频率进行统计和分析。

一、里头/外头、里面/外面、里边/外边

（一）里头/外头

琉球官话课本中"里头"用例最多，共有182例，下面仅列20例，余162例见附录：

(1) 二月初八日，随众进场，坐在号房**里头**。(《风流配》)

[①] 这批材料中还有一种《广应官话》，不是严格意义上的教材，只是"语汇集"，产生的时间又超出18世纪，到了19世纪20年代，故不录。

(2) 走出号房来，看那隔壁号房**里头**，一个举子，拿着卷子，(《风流配》)
(3) 又留几个得意的门生，到书房**里头**，摆起小碟子再吃。(《风流配》)
(4) 吕柯看了一遍，心**里头**想起来说：(《风流配》)
(5) 因此京**里头**没有人晓得。(《风流配》)
(6) 小姐看了一会，心**里头**暗暗想说：(《风流配》)
(7) 我心**里头**有可怜你的意思，不是嫌你的少。(《自作孽》)
(8) 总是**里头**还有不好之处，你不要怪我讲你。(《自作孽》)
(9) 没有多久，同乡的亲戚朋友，在京**里头**住的，都来贺喜，热闹做一堆。(《自作孽》)
(10) 李天造心**里头**也想进庙去，拜拜神像。(《狭路逢》)
(11) 买杯热酒吃吃，再进庙**里头**去看看也不迟。(《狭路逢》)
(12) 就走进店**里头**坐下。(《狭路逢》)
(13) 说这项王庙**里头**一个老道士，看见有人在庙前走动，(《狭路逢》)
(14) 走在人**里头**，就像仙鹤站在鸡群里头。(《终有报》)
(15) 走在人里头，就像仙鹤站在鸡群**里头**。(《终有报》)
(16) 走到柳春荫门口，听见**里头**朗朗书声，(《寒彻骨》)
(17) 商尚书听了半天，心**里头**说：(《寒彻骨》)
(18) 收到贵国奇界岛**里头**。(《白姓官话》)
(19) 日子久了，**里头**发起热来，都是没干的了。(《白姓官话》)
(20) 我都不作声，躲在帐**里头**看他，(《学官话》)

"外头"有17例：

(21) 天天吩咐家人，不许**外头**乱说。(《风流配》)
(22) 说没有完，**外头**嚷闹起来，摆了好多礼物，鼓手吹吹打打。(《风流配》)
(23) 若写榜文，**外头**招谣不便。(《风流配》)
(24) **外头**喝道一声，有什么官府来了。(《自作孽》)
(25) 那个人到了房门**外头**说道：(《自作孽》)
(26) 庙里道士，听见说**外头**打坏船，(《狭路逢》)
(27) 我听见他不学好，整日在**外头**，不是嫖，就是缠人家的女人，(《终有报》)
(28) 并没有替**外头**人绣，(《终有报》)
(29) 这时候，庄临、王鹤、唐辰、元晏，替那多朋友，都在**外头**看审。(《终有报》)
(30) 他就乘空跑出房门**外头**去了。(《寒彻骨》)
(31) 这对众人不会对，会对的人，**外头**来了。(《寒彻骨》)
(32) 对的人，**外头**来了。(《寒彻骨》)
(33) **外头**人都不知道他内里的事。(《寒彻骨》)
(34) **外头**纷纷的，都是这样讲。(《寒彻骨》)
(35) 不要去**外头**乱走，墙头上也不要望外头张望。(《白姓官话》)
(36) 不要去外头乱走，墙头上也不要望**外头**张望。(《白姓官话》)

(37) **外**头供一身纸糊的菩萨,(《官话问答便语》)

(二) 里面/外面

琉球官话课本中"里面"只有 8 例:

(38) 自家带了老头子,到书房**里面**,叫他坐下,细细的盘问。(《风流配》)
(39) 只见个白头发的老人家,坐在**里面**,傍边一个童子跟着。(《自作孽》)
(40) 一天走到山东地方,陡然黄河**里面**,水涨起来,把大路都淹了。(《自作孽》)
(41) 求老爷天恩准放我的船进去**里面**湾泊,(《学官话》)
(42) 这个茶有搀假古茶在**里面**的,有好的拿来。(《学官话》)
(43) 那银钱藏在荷包**里面**,难道他也抢得去的么?(《学官话》)
(44) 那房子矮小黑暗的,人住在**里面**,好不受用,难过的紧。(《学官话》)
(45) 把花摘几枝,插在**里面**拿进来。(《学官话》)

"外面"有 15 例:

(46) 陡然听见**外面**有人乱乱的,在那里寻黄舆相公。(《自作孽》)
(47) 你不学好,**外面**包老婆,反来疑心到我!(《终有报》)
(48) 兄们自从到这里,有出去**外面**玩玩解解闷没有呢?(《白姓官话》)
(49) 你看林通事在**外面**,快请他进来,吃两杯酒。(《白姓官话》)
(50) 中间将松油夹住,**外面**用竹篾捆紧,做火把长长的,(《官话问答便语》)
(51) **外面**将汤倒入竹筒,就淌进来,到澡盆中,任你漫漫的洗。(《官话问答便语》)
(52) **外面**打门,是那一位?(《官话问答便语》)
(53) 使我站在**外面**等候,好不耐烦,故此懒得进来。(《官话问答便语》)
(54) 虽平日**外面**知己有人,及至大故,还要自亲。(《官话问答便语》)
(55) 这**外面**有了,可以遮寒,腹里冷起来,有什么主意呢?(《官话问答便语》)
(56) **外面**有外面方法,腹里有腹里方法,怕他天寒地冻则甚。(《官话问答便语》)
(57) 外面有**外面**方法,腹里有腹里方法,怕他天寒地冻则甚。(《官话问答便语》)
(58) 家中给妻儿欢喜,**外面**给亲友敬重,(《官话问答便语》)
(59) 今日主意,要去**外面**走走,看看景致,散散闷儿。(《学官话》)
(60) 我想东西在**外面**他抢得去的,(《学官话》)

(三) 里边/外边

琉球官话课本中没有"里边","外边"也只有 4 例:

(61) 请问通事,这两天**外边**只管打锣,做什么事情?(《白姓官话》)
(62) 就在这港口**外边**,离这里不多远,可以望得见的。(《白姓官话》)
(63) 不如**外边**靠着房子,盖一个凉篷,(《白姓官话》)
(64) **外边**有这凉篷,可以乘凉。(《白姓官话》)

根据表1,琉球官话课本中"里头/外头"的用例共199例,占88%;"里面/外面"23例,占10.2%;"里边"无用例;"外边"4例,占1.8%。

表1 "里头/外头、里面/外面、里边/外边"用例统计

课本	里头	外头	里面	外面	里边	外边
《风流配》	61	3	1	0	0	0
《自作孽》	26	2	2	1	0	0
《狭路逢》	35	1	0	0	0	0
《终有报》	23	3	0	1	0	0
《寒彻骨》	21	5	0	0	0	0
《白姓官话》	15	2	0	2	0	4
《官话问答便语》	0	1	0	9	0	0
《学官话》	1	0	5	2	0	0
总计	226	182	17	8	15	4
	100%	80.5%	7.5%	3.6%	6.6%	0%	1.8%

二、前头/后头、前面/后面、前边/后边

(一) 前头/后头

琉球官话课本中"前头"有17例:

(65) 就叫他拿纸笔,将**前头**记的诗写出来,(《风流配》)
(66) **前头**六句,做得狠好,(《风流配》)
(67) **前头**一带树木,傍着那溪河,就是他家。(《风流配》)
(68) 因他**前头**的老婆死了,听得华岳的女儿生得标致,心里头要娶他来做填房。(《风流配》)
(69) 就走到小姐房里头来,把**前头**事情,细细替小姐说了一遍说:(《风流配》)
(70) 自家来见老子,把**前头**的事,细细说了一遍。(《风流配》)
(71) 华岳一面吩咐明日办酒,又吩咐**前头**一席,后头挂起帘子,另办一席。(《风流配》)
(72) 这是**前头**负心,后头苟合的人了。(《风流配》)

(73) 学生意思要借**前头**一间房子，求老师暂停一会叙叙，(《自作孽》)

(74) 问那认得来的船上人，都说道："在**前头**。"(《狭路逢》)

(75) 也是李天造命不该死，恰恰李贵的大船，在**前头**走。(《狭路逢》)

(76) 我替你都是半百以外的人，**前头**有限，后头没有指望。(《狭路逢》)

(77) 悄悄的把**前头**事情，说了一遍。(《狭路逢》)

(78) 看见张媒婆坐在一只酒船上，在**前头**摇。(《终有报》)

(79) 两个人事完了，张媒婆在床**前头**，低低叫道：(《终有报》)

(80) 意思要把这**前头**房檐下边，开两个窗户，(《白姓官话》)

(81) 既然这样，我**前头**引路便了。(《白姓官话》)

"后头"有12例：

(82) **后头**两句，做得更好，(《风流配》)

(83) 你看**后头**一首诗，明明是他许我的了。(《风流配》)

(84) 华岳一面吩咐明日办酒，又吩咐前头一席，**后头**挂起帘子，另办一席。(《风流配》)

(85) 这是前头负心，**后头**苟合的人了。(《风流配》)

(86) 司马玄这个时候，搬新房子，于**后头**两边，设两间卧房。(《风流配》)

(87) **后头**的人都先拔贡去了。(《自作孽》)

(88) 不晓得**后头**的事是怎么样的？(《自作孽》)

(89) 碰见黄舆抬着一顶小轿子，**后头**两个家人，骑着两个骡子跟着，(《自作孽》)

(90) **后头**船家看见，也跑过来，(《狭路逢》)

(91) 我替你都是半百以外的人，前头有限，**后头**没有指望。(《狭路逢》)

(92) 走到**后头**来，寻张媒婆，要打他出气。(《终有报》)

(93) 替蠢家人走到**后头**来叫。(《寒彻骨》)

（二）前面/后面、前边/后边

琉球官话课本中没有"前面"，没有"前边"和"后边"，只有2例"后面"：

(94) 看到**后面**，见"不准考选"四字，就心里头着忙，连连打恭说：(《自作孽》)

(95) 又收拾**后面**一间房子，给傅星老头子居住。(《狭路逢》)

根据表2，琉球官话课本中"前头/后头"的用例为29例，占93.5%；"后面"只有2例，占6.5%；"前面、前边/后边"的用例均为0。

表2 "前头/后头、前面/后面、前边/后边"用例统计

课本	前头	后头	前面	后面	前边	后边
《风流配》	8	5	0	0	0	0
《自作孽》	1	3	0	1	0	0
《狭路逢》	4	2	0	1	0	0
《终有报》	2	1	0	0	0	0
《寒彻骨》	0	1	0	0	0	0
《白姓官话》	2	0	0	0	0	0
《官话问答便语》	0	0	0	0	0	0
《学官话》	0	0	0	0	0	0
总计	31 100%	17 54.8%	12 38.7%	0 0%	2 6.5%	0 0%	0 0%

三、上头/下头、上面/下面、上边/下边

(一) 上头/下头

琉球官话课本中"上头"有17例：

(96) 只是有我写的诗句在上头，恐怕给那俗人拣去，就可惜了。(《风流配》)

(97) 这个不好，要姑娘写几个字在上头才好。(《风流配》)

(98) 就依他的原韵，题了一首诗，写在上头，(《风流配》)

(99) 就端了一张椅子，放在上头说：(《风流配》)

(100) 他一时得意，竟自家上头坐起来，都不让人。(《自作孽》)

(101) 说完，提起笔来，就题在缘簿上头。(《狭路逢》)

(102) 李天造替李春荣吊下水，喜得都打在那浅滩上头。(《狭路逢》)

(103) 先有一个老人家，坐在上头，自家一个人，在那里吃酒。(《终有报》)

(104) 喜得柳春荫穿带的衣帽，都有金珠嵌在上头，(《寒彻骨》)

(105) 商尚书也不推辞，站在上头，受柳春荫恭恭敬敬拜了八拜。(《寒彻骨》)

(106) 见佛堂上头一盏琉璃，供养着好多佛像，果然干净。(《寒彻骨》)

(107) 看见上头涂抹的批语，就替商春荫在家看的一样，(《寒彻骨》)

(108) 两个人相见都欢喜，曹先生拿椅上头，请拜见老师。(《寒彻骨》)

(109) 就像坐在针毡上头一样，心里其实不安。(《白姓官话》)

(110) 这边榟上头，放一个铜磬；(《官话问答便语》)

(111) 同他们众人，到教场后碧山寺上头去看看，(《学官话》)

(112) 上头是天花板、仰板。(《学官话》)

"下头"有2例：

(113) 就叫家人放了一张椅子在**下头**，说道："请坐！"（《风流配》）
(114) 替他贴身的小袄脱去，**下头**裤子，毕竟穿着上床。（《终有报》）

（二）上面/下面

琉球官话课本中"上面"有7例：

(115) 司马玄接来一看，**上面**一首诗：（《风流配》）
(116) 一点久酒饭来了，汪费坐在**上面**就吃。（《自作孽》）
(117) 进到大殿，正中**上面**坐着三宝佛大大身的。（《官话问答便语》）
(118) 我们大家，就朝**上面**拜了菩萨。（《官话问答便语》）
(119) 石盆上安一座假山，**上面**布些景致，草木人物，（《官话问答便语》）
(120) 尾夜焰口，搭一座高台，五个人坐在**上面**，（《官话问答便语》）
(121) **上面**一位哥，下面一位兄弟么？（《学官话》）

"下面"有4例：

(122) **下面**又写一行说：（《寒彻骨》）
(123) **下面**坐着一位释迦佛，两边坐着十八罗汉。（《官话问答便语》）
(124) 上面一位哥，**下面**一位兄弟么？（《学官话》）
(125) 上头是天花板、仰板。**下面**是地板。（《学官话》）

（三）上边/下边

琉球官话课本中没有"上边"，只有2例"下边"：

(126) 意思要把这前头房檐**下边**，开两个窗户，（《白姓官话》）
(127) 秤是小弟门头，**下边**还要做买卖，若秤少了，不是打断主顾了。（《学官话》）

根据表3，琉球官话课本中"上头/下头"的用例为19例，占59.35%；"上面/下面"用例为11例，占34.4%；"下边"用例为2例，占6.25%；"上边"无用例。

表3 "上头/下头、上面/下面、上边/下边"用例统计

课本	上头	下头	上面	下面	上边	下边
《风流配》	4	1	1	0	0	0
《自作孽》	1	0	1	0	0	0
《狭路逢》	2	0	0	0	0	0
《终有报》	1	1	0	0	0	0

续表 3

课本	上头	下头	上面	下面	上边	下边
《寒彻骨》	5	0	0	1	0	0
《白姓官话》	1	0	0	0	0	1
《官话问答便语》	1	0	4	1	0	0
《学官话》	2	0	1	2	0	1
总计	32 / 100%	17 / 53.1%	2 / 6.25%	7 / 21.9%	4 / 12.5%	0 / 0%	2 / 6.25%

四、结　语

根据表 1、表 2 和表 3，琉球官话课本中方位词"里头/外头、前头/后头、上头/下头"都占了绝大多数，分别为 88%、93.5% 和 59.35%，而"里面（边）/外面（边）、前面（边）/后面（边）、上面（边）/下面（边）"只占少数，分别为 12%、6.5% 和 40.65%。

我们把三个表中琉球官话课本方位词的用例加在一起，总数为 289 例。"里头/外头、前头/后头、上头/下头"就有 247 例，占 85%；"里面/外面、后面、上面/下面"有 36 例，占 13%；"外边、下边"只有 6 例，占 2%。

如果说由"面/边"构成的复合方位词代表着北京官话的特征，而由"头"构成的方位词代表着南京方言的特征，那么，根据上文的统计数据，琉球官话课本南京方言的特征相当显著。而且由"面"构成的方位词已经系统地进入了琉球官话课本这批材料，只有"前面"无用例；由"边"构成的方位词则刚刚开始萌芽，只有"外边"和"下边"有用例，而且用例很少。

窥一斑见全貌，产生于 18 世纪的琉球官话课本应该代表着官话发展的历史阶段。在 18 世纪，官话的南京方言特征相当显著，而北京话的因素也逐次渗透进来，代表着官话的发展方向。当然，我们的结论是初步的，还需要对琉球官话课本的共时材料、前时和后时材料做进一步分析。

参考文献

国家对外汉语教学领导小组办公室. 高等学校外国留学生汉语言专业教学大纲 [M]. 北京：北京语言大学出版社，2002.

濑户口律子，李炜. 琉球官话课本编写年代考证 [J]. 中国语文，2004（1）.

濑户口律子. 关于琉球官话课本的研究 [C] //北京外国语学院·大东文化大学交流协定十周年纪念论文集. 北京：北京外国语学院，1990.

李慧敏. 江淮官话的归属与特征研究概述 [J]. 安徽师范大学学报（人文社会科学版），2004（5）.

李炜，李丹丹. 从版本、语言特点考察《人中画》琉球写本的来源和改写年代 [J]. 中山大学学报（社会科学版），2007.

刘丹青. 南京方言词典［M］. 南京：江苏教育出版社，1995.

张全真.《白姓官话》所记录的南京方言及山东方言现象发微［J］. 长江学术，2009（2）.

附录：

（1）司马玄（看）见他的花生得好，心**里头**爱他，就走上前来看。（《风流配》）
（2）到念完，那**里头**的意思，都是美人怨恨的心事。（《风流配》）
（3）司马玄说："我问你扇**里头**呵！"（《风流配》）
（4）司马玄就在家人银包**里头**，拿了一锭，递给他说：（《风流配》）
（5）司马玄叫家人将这些花，送进吕老爷**里头**，（《风流配》）
（6）那时候，这个尹姑娘，才有八九岁，……也时常到庵**里头**玩耍。（《风流配》）
（7）司马玄又叫家人到吕老爷**里头**，讨了三钱银子，还他花钱。（《风流配》）
（8）老头子到家下晚了，走到花园**里头**，放下担子。（《风流配》）
（9）自家在**里头**玩耍，想到：（《风流配》）
（10）尹荇烟心**里头**想说：（《风流配》）
（11）司马玄心**里头**暗暗想说：（《风流配》）
（12）尹荇烟心**里头**想说：（《风流配》）
（13）司马玄接扇子一看，……就收进袖子**里头**说：（《风流配》）
（14）尹荇烟听了，心**里头**早已知道是诗扇的缘故，（《风流配》）
（15）女儿看见聘礼不薄，又见吕翰林亲自到门，心**里头**暗暗想说：（《风流配》）
（16）叫老子请吕老爷，到轩子**里头**去坐。（《风流配》）
（17）吕翰林见轩子**里头**，诗书、古董狠多，不胜称赞说：（《风流配》）
（18）听得华岳的女儿生得标致，心**里头**要娶他来做填房。（《风流配》）
（19）华岳心**里头**想说：（《风流配》）
（20）就走到小姐房**里头**来，把前头事情，细细替小姐说了一遍说：（《风流配》）
（21）华岳思想了一会，忽然心**里头**想到，自家笑说：（《风流配》）
（22）华岳想了一会，没奈他何，只得进**里头**去，替女儿商议说：（《风流配》）
（23）除非孩儿改了女扮男妆，假做司马玄，坐在轿**里头**不出来。（《风流配》）
（24）华岳看了欢喜，将轿子抬进府**里头**上了轿，吩咐家人：好生伺候去。（《风流配》）
（25）就叫拿笔砚笺纸，到轿**里头**去要诗。（《风流配》）
（26）小姐在轿**里头**，暗暗笑说：（《风流配》）
（27）村**里头**亲眷要送，都伸手缩脚不敢来。（《风流配》）
（28）再说，华岳恐怕娶到府**里头**来，人知道不便。（《风流配》）
（29）自家也到房**里头**等候。（《风流配》）
（30）只他两个人对拜了，就送进房**里头**。（《风流配》）
（31）就叫丫头（们）送酒到后房**里头**，吃交杯酒。（《风流配》）
（32）华小姐仔细一看，见他标致得狠，心**里头**就有百分爱他。（《风流配》）
（33）见他的容貌脸色，真真可爱，心**里头**暗想说：（《风流配》）
（34）华小姐心**里头**想说：（《风流配》）
（35）尹荇烟心**里头**想说：（《风流配》）
（36）尹荇烟听见称呼"姐姐、妹妹"，心**里头**一想，不晓得是什么意思，（《风流配》）
（37）尹荇烟见新郎是个女子，心**里头**大怕，（《风流配》）
（38）心**里头**这样想，不觉脸上变起来。（《风流配》）

(39) 有甚么缘故？求小姐讲明，免得我心里头可疑。(《风流配》)
(40) 村里头闹了一天，那个不知道？(《风流配》)
(41) 相公前日亲自坐在轿里头，怎么会赖得？(《风流配》)
(42) 这首催妆的诗，明明相公坐在轿里头写的，难道也是假的不成？(《风流配》)
(43) 司马玄读了一遍，心里头慌说：(《风流配》)
(44) 在"浣古轩"里头替"无梦阁"上，细细寻他那些诗词歌赋，(《风流配》)
(45) 再说，华岳进里头，替两个小姐商议说：(《风流配》)
(46) 就做一个揖，也不讲半句话，就退进后窗帘里头去。(《风流配》)
(47) 一副送在司马玄席上，一副送进帘里头。(《风流配》)
(48) 司马玄这个时候，早早心里头都服了，不爱做这个好歹的想头。(《风流配》)
(49) 华岳看了，称赞不歇，心里头想说：(《风流配》)
(50) 事到如今，没法处置，只得称赞他好，就叫人送进帘里头去。(《风流配》)
(51) 虽然送进去，心里头总是跳。(《风流配》)
(52) 家人传去，那新人早早从帘里头走出来一拱，(《风流配》)
(53) 随着那些家人、丫头，进里头去了。(《风流配》)
(54) 心里头想必有缘故，不妨明说。(《风流配》)
(55) 只说长安里头，难道都没有一个人合你探花的意？(《风流配》)
(56) 年年给人都钻谋去，这一年，该挨到他了，学里头再没有话说了。(《自作孽》)
(57) 黄舆这时候，年是五十四岁，在秀才里头算，要算他是个老的。(《自作孽》)
(58) 在挨贡里头算，又要算他年轻些的。(《自作孽》)
(59) 你们不读书，不晓得这里头的滋味。(《自作孽》)
(60) 一天闲走到城南一个寺里，只见大殿里头，排着几桌酒。(《自作孽》)
(61) 近来七十岁了，还壮健，时时去那黄山白岳里头。(《自作孽》)
(62) 到问人家，才知道是吏部尚书，心里头想说：(《自作孽》)
(63) 明日替你取进知县里头，以谢我久留的罪。(《自作孽》)
(64) 看到后面，见"不准考选"四字，就心里头着忙，连连打恭说：(《自作孽》)
(65) 见你高才，不是贡里头的人，不忍轻看你。(《自作孽》)
(66) 心里头有一宗苦情，不瞒老爷说。(《自作孽》)
(67) 偶然走到寺里，见方丈里头，一个白头发的老人家，在那里坐。(《自作孽》)
(68) 黄舆回到自家公馆，心里头暗想说：(《自作孽》)
(69) 我心里头原没有这个意思，(《自作孽》)
(70) 总是我命里头，没有一顶纱帽的份，颠颠倒倒这样的。(《自作孽》)
(71) 忽然树林里头，闪出一所的庄院，甚是幽雅，(《自作孽》)
(72) 里头庄客听见，慌忙来问说：(《自作孽》)
(73) 就在这树林里头，那一所庄院，就是他家。(《自作孽》)
(74) 我只认做一个乡下老头子，讲话里头得罪他，怎么好呢？(《自作孽》)
(75) 又听得黄舆连科高中，心里头十分惊讶说：(《自作孽》)
(76) 你后梢里头，顺便带了我去，(《自作孽》)
(77) 这个我们可以做得情，要他后梢里头搭得下。(《自作孽》)
(78) 接到省城衙门里头坐了，先是三司进见。(《自作孽》)
(79) 贫道就是隔壁项王庙里头的道士。(《狭路逢》)
(80) 我吃完了酒，少不得也要到庙里头来看看，(《狭路逢》)
(81) 缘簿也到庙里头来写罢。(《狭路逢》)

（82）你同小相公先下船，我到庙**里头**一拜就来。（《狭路逢》）
（83）又一浪把破篷卷着，把李天造夹在篷**里头**。（《狭路逢》）
（84）李贵没奈何，在项王庙**里头**，许了个空愿，回来回复主人。（《狭路逢》）
（85）季寡妇听见他肯了，就满心欢喜，就叫他进**里头**去，（《狭路逢》）
（86）李天造忙忙起来，接到房**里头**相见。（《狭路逢》）
（87）傅星收到房里，一封一封，兑明包好，装进褡连**里头**，收拾好好的。（《狭路逢》）
（88）怎么窝藏你们船**里头**呢？（《狭路逢》）
（89）等一会，天大亮了，内**里头**要出一个帖子来，（《狭路逢》）
（90）这丫头是我家老爷房**里头**要用的，求老爷发给小的们领去。（《狭路逢》）
（91）如今只得请你到酒店**里头**去叙叙！（《狭路逢》）
（92）傅星又把搭袋**里头**有千金的事，对女儿说个知道，傅氏大欢喜。（《狭路逢》）
（93）肚**里头**这样想，就送了乡邻些房租，权且住下。（《狭路逢》）
（94）忙忙**里头**，到没有问他有亲事没有。（《狭路逢》）
（95）见傅星来谢他，满心欢喜，慌忙请进**里头**相见，大家道谢。（《狭路逢》）
（96）口里虽不敢乱讲，心**里头**到有些爱他。（《狭路逢》）
（97）心**里头**不快活了几天，也就丢开了。（《狭路逢》）
（98）李天造梦**里头**惊醒，听见船家叫喊，（《狭路逢》）
（99）江**里头**舒黑，都看不出东西南北，船家只是驾着乱荡。（《狭路逢》）
（100）谁想那芦草**里头**难走，一步一跌，岸又高，扒不上来。（《狭路逢》）
（101）就是我船**里头**的本钱，都沉下水去，我也甘心情愿不恨了！（《狭路逢》）
（102）李贵听见芦草**里头**有人叫，忙忙叫荡拢岸来一看，（《狭路逢》）
（103）就留李天造父子，进**里头**去散福。（《狭路逢》）
（104）一路父子在船**里头**，细细诉说前后事情，大家欢喜不尽。（《狭路逢》）
（105）李春荣一面……，一面……，一面……，一面就到后房**里头**，替丈人说知，请出来相见。（《狭路逢》）
（106）慌忙**里头**，委曲不得，寡叫一声：（《狭路逢》）
（107）傅星羞得满面通红，站脚不定，往**里头**就走，嘴里连连叫：（《狭路逢》）
（108）傅星躲在房**里头**，不肯出来。（《狭路逢》）
（109）李天造在堂上不好说明，替儿子到**里头**，悄悄把前头事情，说了一遍。（《狭路逢》）
（110）院子**里头**，好多花柳，一座高楼。（《终有报》）
（111）吃罢，就带两个人进**里头**说：（《终有报》）
（112）再细看楼**里头**，（上）挂一牌匾，（《终有报》）
（113）如今没有一对，叫你替我寻一枝，你去房**里头**见他。（《终有报》）
（114）小姐要仔细，恐怕有（个）风声吹到元相公耳朵**里头**，他就恼我了！（《终有报》）
（115）就在妆盒**里头**，拿了二两银子，（《终有报》）
（116）心**里头**暗暗笑说：（《终有报》）
（117）有个人睡在被**里头**。（《终有报》）
（118）生得不好，不当好看，黑**里头**正好遮羞。（《终有报》）
（119）日**里头**看，有头有脸，像个鹊子。（《终有报》）
（120）这天庄小姐，正替他妈在房**里头**讲闲话。（《终有报》）
（121）不如先把我替庄小姐私会的事情，轻轻透个风儿，在唐呆子耳朵**里头**。（《终有报》）
（122）那**里头**有好多的委曲，难替人家讲，（《终有报》）
（123）就起身进**里头**，问夫人说：（《终有报》）

(124) 说是城**里头**乡宦人家小姐要学绣,(《终有报》)
(125) 有人吹风到庄老爷耳朵**里头**,庄老爷大怒,(《终有报》)
(126) 再说,元晏替花小姐,在洞房**里头**,同吃交杯酒。(《终有报》)
(127) 才解了上身的衣裳,内**里头**贴身衣裳,死不肯脱,上床来睡。(《终有报》)
(128) 见红通通的,元晏心**里头**更加欢喜,(《终有报》)
(129) 心**里头**才明白他就是唐季龙,(《终有报》)
(130) 被窝**里头**,认出前日私会的,不是庄小姐替唐相公,就是自家夫妻,(《终有报》)
(131) 船**里头**屏风、案桌,蜡烛点着,(《寒彻骨》)
(132) 知道是个富贵人家落难的人,心**里头**有些可怜的意思,(《寒彻骨》)
(133) 商夫人就叫四个儿子,接了商春荫,进到厅**里头**相见。(《寒彻骨》)
(134) 拜完,商夫人就留他在**里头**吃饭,(《寒彻骨》)
(135) 自家在书房**里头**,早晚苦读。(《寒彻骨》)
(136) 算计定了,就时时寻几个清客朋友,引诱他到花柳**里头**去玩耍。(《寒彻骨》)
(137) 你们躲在**里头**做什么?(《寒彻骨》)
(138) 看见各房**里头**,那多男男女女,都一个一个扒起来。(《寒彻骨》)
(139) 每日早晚,必要到书房**里头**,看过一遍。(《寒彻骨》)
(140) 看见隔墙一间小房子**里头**,一个少年,手拿一本书,(《寒彻骨》)
(141) 四书**里头**,一句名实也有不相合的。(《寒彻骨》)
(142) 先生再在**里头**,狂妄的话添他几句,(《寒彻骨》)
(143) 孟学士送了两个人出门,进**里头**,就把商春荫这首诗,交给女儿说:(《寒彻骨》)
(144) 西边佛堂**里头**好干净。(《寒彻骨》)
(145) 到了场**里头**,商春荫学问深了,做的文章好得狠。(《寒彻骨》)
(146) 悄悄到场**里头**,讨出他的落卷来。(《寒彻骨》)
(147) 看见上头涂抹的批语,就替商春荫在家看的一样,心**里头**才有几分软了,(《寒彻骨》)
(148) 心**里头**许他久了,(《寒彻骨》)
(149) 刘恩先前到家,暗暗把老爷替太太仝至亲骸骨,都停在丁房**里头**。(《寒彻骨》)
(150) 那边盖起的房子,是什么人住在**里头**呢?(《白姓官话》)
(151) 如今天气炎热,房子**里头**,一点风也没有,(《白姓官话》)
(152) 又见**里头**暗暗的,意思要把这前头房檐下边,开两个窗户,(《白姓官话》)
(153) 一则通些风进来,二则也见得**里头**光亮,(《白姓官话》)
(154) **里头**房檐下,开个窗户,(《白姓官话》)
(155) 想要另盖一间小房子,叫他在**里头**住着养病,好不好呢?(《白姓官话》)
(156) 远远看见一所寺院,**里头**供养,是什么神像呢?(《白姓官话》)
(157) **里头**原是给雨打湿了的,(《白姓官话》)
(158) **里头**开了窗户,又见光亮,好得紧。(《白姓官话》)
(159) 所以另盖这一间小房子,给他住在**里头**养病。(《白姓官话》)
(160) 蔡先生,令尊大人在府么?——(呵)在家**里头**。(《白姓官话》)
(161) 在那边新盖的房子**里头**养病。(《白姓官话》)
(162) 也不晓得那岛子**里头**,有人家住没有,(《白姓官话》)

本文在 2017 年北京外国语大学举办的东亚文化交涉学会第 9 届国际学术大会上宣读,后收入《中国语文法研究》2018 年卷(第 7 期),朋友书店(日本)2018 年版

《语言自迩集》汉语语法研究札记

威妥玛所著的《语言自迩集》是 19 世纪著名汉语教材,在对外汉语教材史和现代汉语语法研究上具有非常重要的地位。本论文根据该书原版(1886 年版扫描本),比较该书中文、英文不同的表述,参考对该书已有的研究成果,希望能够对威妥玛《语言自迩集》中有关汉语语法的研究做更为客观和更为深入的评价。本论文不准备对威妥玛的语法研究做全面系统的评价,而是以札记的形式做出点滴评论。

一、量词研究

27 汉语里头那名目、又有个专属、是这么着、话里凡有提起是人是物、在名目之先可加一个同类的名目,做为陪衬的字。即如一个人、一位官、一匹马、一只船、这四句里头、那个字、位字、匹字、只字、即是陪衬人官马船这些名目的。这些陪衬的字、不但竟能加之于先、也有加在名目之后之时。泛说马、船、也能说马匹、船只。(W1886 – 1·言语例略,pp. 345 – 344)

札记 1:威妥玛在第一卷第八章"言语例略"(第二卷相应的英文标题为 The parts of speech 词类章)第三段中把汉语量词称为"陪衬的字",英文的术语为 a associate or attendant noun(W1886 – 2,p. 486),第三段英文的标题为 The Chinese Numerative Noun(W1886 – 2,p. 486),是威妥玛笔下量词的另一个英文术语。威妥玛认为量词是"在名目之先可加一个同类的名目"。很明显,威妥玛是把量词当作名词的附类。20 世纪 20 年代黎锦熙著的《新著国语文法》是中国第一本专门研究现代汉语的语法书,也将量词归纳为名词的一个附类,有专门章节进行研究。他给量词下了一个定义:"量词是表数量的名词,添加在数词之下,用来作所计算的事物之单位。"(1924:84)黎锦熙的定义"表数量的名词",与威妥玛 Numerative Noun 的术语相应。黎锦熙《新著国语文法》对于量词的认识,是衔接了威妥玛的相关研究的,而且在量词的外延方面有所发展。黎锦熙把量词分为三类:一类是个体量词,如"个、只、朵、棵、匹"等;另一类是容器/集合量词,如"碗、桶、包"等;还有一类是度量衡单位,如"尺、寸、升、斗、斤、两"等。(1924:84 – 85)而威妥玛的量词表(W1886 – 1·言语例略,pp. 344 – 336),主要是个体量词,也有个别容器/集合量词,没有一个度量衡单位量词。

何九盈认为威妥玛对于量词的认识和表述,"中国学者直到 20 世纪 50 年代才达到同一水平"(转引自张卫东,2002:4),这样的评价不够准确。我们对威妥玛等西方汉学家的汉语语法研究要做出客观的评价,既不能过贬,也不能过褒。

当然，对于量词的认识，中国语法学界也在发展。吕叔湘指出，"有的语法著作把量词也作为名词的一个附类，但是从句法功能看，量词比方位词更有理由独立成为一类"（1979：37）。

札记2：威妥玛注意到量词不仅可以前置，而且可以后置，他举的例子为"马匹、船只"。量词放在名词之后表示集合概念（威妥玛称为"泛说"）是对的。但是这时的"马匹、船只"等是复合词，这是构词层面的问题。这样的复合词比较有限，可以穷尽列举，如"马匹、船只、花朵、人口、车辆、诗篇、纸张、信件、事项"等。而"数+量+名"结构是句法层面的问题，可以有无穷的组合。

其实在句法层面量词也是可以后置的，即"名+数+量"结构，这同样是句法层面的，很遗憾威妥玛没有举出这样的例子。马礼逊则已经指出这种"名+数+量"的语序可用于记账（reckoning or writing accounts），他举出的例子为"货船二十只、白布一千匹"（1815：37-38）。

> 28 又有本名目刚已提过、接着再说的、就可以把陪衬的字做为替换之用、设若有人买了牛、他告诉我说、我昨儿买了牛、我问他买了多少只、他说买了十几只。这就是牛作为本名目、那只字就是陪衬的、有陪衬的替换本名目、本名目就不必重复再提了。（W1886-1·言语例略，p. 344）。

札记3：威妥玛在此提到了量词替换名词的现象，这种现象是大量存在的。与其说是替换，倒不如说是省略现象。威妥玛例中"本名目"不再重复，是因为承前"牛"而省。"替换"一词，威妥玛用的英文是 substitute。韩礼德语篇分析专门研究了 substitute/substitution 问题，中文的翻译是"替代"。下位概念有"名词替代"，最常见的英语名词替代词为 one，可以替代一个名词词组。至于汉语，胡壮麟认为"'的'字比较接近英语的 one，赵元任曾提到'的'字可以作为名物化词头（nominalizer），如'掌柜的'、'要饭的'、'打杂的'、'扫街的'等等"（1994：70-73）。

威妥玛在第二卷 Part Ⅲ·The Forty Exercises（散语章）中，进行了英汉量词对比分析：

> We have in English nouns that do somewhat the same duty. We say so many *head* of oxen; so many *stand* of arms; a *crew* of so many hands; a *fleet* of so many sail. These are all plurals or collectives … Where it comes between a number, one or more, and its substantive, it cannot be translated. For $yi^2\ ko^4\ jên^2$, one man, $san^1\ ko^4\ jên^2$, three men, the Cantonese, in the broken English which is the lingua franca of the open ports of China, would say, "one piece man," "three piece man." We have nothing analogous to this in our language. （W1886-2·The Forty Exercises, p. 4）

> 我们英语里的一些名词也有差不多相同的作用。我们说"这么多头牛"；"那么多支军队"；"船上那么多个水手"；"舰队有那么多艘船"。这些都是复数和集合名词。……不论在那里，在数词和名词之间的陪衬词，都是没法翻译的。例如，"一个人"，"三个人"这样的话，让广州人用通行于中国各开放口岸的蹩脚的洋泾浜英语一说，就成了"one piece man""three piece man"。在我们的语言里，还没有任何与此类似的东西。"（张卫东，2002：57）。

札记4：对比分析的理论出现在20世纪50年代的Lado，对比分析的实践则源远流长。威妥玛就汉语的量词与英语对比，发现汉语和英语中都有集合量词，而像"一个人"和"三个人"中的"个"这样的个体量词，英语中没有类似的形式，因此是没法翻译的。而且当时在中国各开放口岸使用的洋泾浜英语，有"one piece man"和"three piece man"的用法，这是受到汉语母语影响而产生的偏误。这应该是首例通过汉英对比分析来解释偏误的原因。

二、"的"字研究

（一）"的"字的用法

威妥玛在第二卷 Part Ⅲ · The Forty Exercises（散语章）中，分析了"的"字的用法：

19 的 ti^1...Appended enclitically to substantives and pronouns, it forms, as we should say, the genitive or possessive case. Appended to adjectives or adjective constructions, it adverbialises them. It is sometimes a relative pronoun; sometimes an indefinite pronoun, such as one, some, etc. （W1886 – 2 · The Forty Exercises, p. 9）

19 的 ti^1……作为一个非重读后接成分，它附在名词和代词后面，构成我们说的生格或所有格。形容词或形容词性结构之后附加了"的 ti^1"，它们就状语化了。它有时是关系代词，有时是不定代词，诸如英语的 one, some, 等等。（张卫东，2002：60）

札记5：根据威妥玛的原文和张卫东的翻译，我们可以看出威妥玛归纳出了"的"字的四种用法：

（1）"名词/代词 + 的"构成所谓的"所有格"："自己的、他人的、我的、我们的、你的、你们的、他的、他们的"，即名词/代词作定语的情况。

（2）"形容词/形容词结构 + 的"是状语化的用法，adverbialise，宋桔（2011：275）翻译为"副词化"，因为这里没有具体的例证，所谓"状语化/副词化"的用法比较费解。我们找到威妥玛书中"形容词 + 的"用例及其分析：

你老前年坐海船不是受了累了么。不错、是刮大风、船在山东海边儿上搁了浅、我们那些人辛苦的了不得。
……

Obs. 4...The adjective hsingk'u is verbalized by ti. （W1886 – 2 · The Forty Exercises, p. 80）

"的 ti"是形容词"辛苦"变为动词。（张卫东，2002：103）

这里又出现了动词化的说法。是状语化/副词化，还是动词化？根据威妥玛的例子"辛苦的了不得"，我们现在的观点，"辛苦的"中"辛苦"既没有变成副词，也没有变成动词，还是形容词，不过"的"通常写作"得"，是补语的标志。

(3) 关系代词（The relative pronouns）。

《语言自迩集》第八章"言语例略"第八段第 85 小节 Relative Pronouns 是一个含有 17 个句子的对话，其中有 4 个句子跟关系代词有关（中文的句子引自 W1886 - 1 · 言语例略，p. 331，相应的英文翻译引自 W1886 - 2 · The parts of speech, p. 499）：

我去拜的那个人没在家。
1. The man **whom** I went to see was not at home.
是从前教我官话的一位先生。
3. He is a teacher **who** used to teach me mandarin.
是在虎皮胡同住的那张家的么？
6. Is it the CHANG **who** lives in Tiger-skin Lane?
那倒不是张先生住的胡同、他住得是城外头。
9. That is not the lane in **which** CHANG lives; he lives outside the walls.

为什么威妥玛认为"的"字是关系代词呢？原来上面四个句中都有"的"字，翻译成英语都需要关系代词，即 whom、who 和 which。威妥玛自己就是这么说的，见 W1886 - 2 · The Forty Exercises, p. 150 例 4：

我兄弟送我的那个箱子、叫你挪开点儿、怎么挪那么远。
4. Because I told you to move the box away which my younger brother gave me, why should you have moved it so far?
Obs...Ti can often be translated which.
"的 ti"经常可以译作 which。（张卫东，2002：142）

在此例英文翻译中，用 which 连接一个定语从句 my younger brother gave me（我兄弟送我），修饰 the box（那个箱子）。而汉语位于"我兄弟送我"和"那个箱子"之间的是"的"字，这就是威妥玛认为"的"是关系代词的原因。

事实上汉语中没有关系代词，"的"在这里是结构助词。

(4) 不定代词。

52 他把那本书丢了、丢得是谁的书、是我的那本书。（W1886 - 1 · 言语例略，p. 334）

52 Whose was that book[1] that he has lost? It was that book of mine.
......

1 Whose was that book: tê would be generally pronounced ti = one, or that which; q. d., the lost one is whose book? The correct analysis of the construction is probably this: tiu, to lose, tiu-tê loss achieved, lost; [someone] tiu-tê has lost [a book; that book] is whose book. (W1886 - 2 · The parts of speech, p. 496)

这段英文，是对"丢得是谁的书"的解释和分析：一是"丢得"中的"得 tê"，通常读作"的 ti"，这个"的"就相当于 one 或 that which，"丢的"即 lost one。现代汉语语法将这种结构分析为"的"字结构，这也就是所谓"的"为不定代词 an indefinite pronoun 的用法。二是威妥玛认为很可能是正确的分析，即"丢得"是 lost，"得"是分词的标志。

我们认为"丢得是谁的书"中,"得"应该读/写作"的","丢的"是"的"字结构。

(二) 语气词"的"

《语言自迩集》第一卷第八章"言语例略"例53中"的"字位于句末,是"的"字的另外一种用法:

53 你那本书不是送给他么。不是送给他的、是借给他的。(W1886 – 1·言语例略,p. 334)

53 Had you not made him a present of that book of yours? No; it was only lent³ him. ……

3…Note two *ti*, both = *tê*, and both acting as our participial inflexions in *given* from *give*, *lent* from *lend*. (W1886 – 2·The parts of speech, p. 496)

注意两个"的 ti",都 = tê(笔者按:即"得"),而且都充当我们所说的分词屈折变化形式,即从 give 到 given、从 lend 到 lent。(张卫东,2002:412)

札记 6:这两个"的"字位于句末,而且是在动宾结构"送给他"和"借给他"之后,不太可能分析为动词的"分词屈折变化形式"。其实这两个"的"都是语气词。

三、其 他

(一)"咱(偺)"——第一人称代词的包括式用法

17 偺,咱,tsa²,properly tsan, is a pronoun of the first person peculiar to northern Chinese, but never used in the singular. In the plural, tsa²-mên means you and I, or you and we, when the persons spoken of are present; parties in the same undertaking or concern. The second form of tsa² is but an abbreviation of the first. (W1886 – 2·The Forty Exercises, p. 9)

17 偺,咱,tsa²,本音 tsan,是北方汉语特有的第一人称代词,但从来不用于单数。复数"咱们"指你和我,或你和我们,说到的人当时都在场;这些人是在做同一件事儿,或是一伙儿的。"咱"是"偺"的简体。(张卫东,2002:60)

札记 7:基于北京口语语料,威妥玛对于第一人称代词包括式的用法,观察得比较细致,说明得比较清晰。黎锦熙《新著国语文法》对此是这样总结的:"北京话和北方许多方言,常用'咱们'(或作'偺们')作自、对两方面的统称。"(1924:88)

(二) 动词的重叠

6. 那花瓶是什么人弄破了的。那是我弄破的、收拾收拾还可以使得。那家伙弄坏了、使不得。

6. Who is it that has broken the (or that) flower-vase? I broke it, but it is not utterly spoiled; it can be mended, and (or, if it be mended) then some use can be made of it. That article is so badly injured that no use can be made of it.

Obs. 1. Mend, mend, still can [one] use it. The reduplication of verbs and attributives is very colloquial. It has no special significance.

收拾收拾：动词和定语的重叠是非常口语化的说法。它没有特殊意味。(张卫东，2002：83)。

札记 8：Obs.1 是对"收拾收拾还可以使得"这一句话的字译和说明。威妥玛注意到了动词的重叠现象，但没有意识到重叠后的语法意义是什么。

(三) 动词与介词

8 小的是替哥哥来替工。(W1886 – 1·问答章, p. 152)

8 I came to do my elder brother's work.

……

8. *Obs*…Notice *t'i* first as the preposition instead of, and then as the verb to replace, or to do instead of. (W1886 – 2·The Ten Dialogues, p. 220)

注意句中的"替 t'i"，前一个作为介词的"代替"，后一个是作为动词的"接替"，或"作为代替"。(张卫东，2002：186)

札记 9：现代汉语学者一般认为"他在家"，"在"是动词；"他在家学习"，"在"是介词。威妥玛当年的分析与之有异曲同工之处。

参考文献

何九盈. 中国现代语言学史 [M]. 广州：广东教育出版社，1995.
胡壮麟. 语篇的衔接与连贯 [M]. 上海：上海外语教育出版社，1994.
黎锦熙. 新著国语文法 [M]. 北京：商务印书馆，1992 (初版于1924).
吕叔湘. 汉语语法分析 [M]. 北京：商务印书馆，1979.
马礼逊. 通用汉言之法·英吉利文话之凡例 [M]. 郑州：大象出版社，2008 (影印) (初版于1815).
宋桔.《语言自迩集》的文献和语法研究 [D]. 上海：复旦大学，2011.
威妥玛. 语言自迩集 [M]. 张卫东，译. 北京：北京大学出版社，2002.

原载于周小兵主编：《国际汉语》第四辑，中山大学出版社 2018 年版

第三部分　西周金文研究

西周金文第一人称代词"余""朕"和"我"的区别与混用①

西周时代的金文,是诸子百家古典汉语之前的语言,有其自身的特点。第一人称代词有"余""朕"和"我"三个。"余"是主宾格代词;"朕"是领格代词;"我"则是通格代词,既可以用于主语、宾语,又可以用于定语。陈梦家(1988:96)注意到西周金文"领格的'朕''我'并用,主宾格的'余''我'并用",那么在主宾语位置并用的"余"与"我"、在定语位置并用的"朕"与"我"到底有何异同呢?本文将根据《殷周金文集成》,穷尽收集西周金文第一人称代词相关用例,分析西周金文第一人称代词在语用上的区别和混用情况。

一、"余"和"我"的区别与混用

西周金文中,第一人称代词"我"和"余"都可以作主语和宾语,那么它们有什么区别呢?

(一)"余小子"

西周金文"余"和"小子"组合共有8例如下:

(1) **余小子**肈(肇)帥井(型)朕皇且(祖)考懿德,用保奠。(00082 單伯昊生鐘,数字为《殷周金文集成》编码,下同)②

(2) 弔(叔)向父禹曰:**余小子**司朕皇考,肈(肇)帥井(型)先文且(祖),(04242 叔向父禹殷)

(3) 叀**余小子**肈(肇)盄(淑)先王德,(02830 師��鼎)

(4) 烏虖,**趣余小子**,圂湛于囏(艱),永巩(巩)先王。(02841 毛公鼎)

(5) 鄉(嚮)女(汝)彶屯卹周邦,妥立**余小子**,飘乃事,(04342 師訇殷)

(6) 敃(旻)天疾畏(威),司**余小子**弗彶,邦酉(將)害(曷)吉,(02841 毛公鼎)

---

① 本文为国家社会科学基金项目"西周金文考证歧见汇释与相关语法研究"(14BYY108)成果。
② 为便于更清晰地讨论,本部分(西周金文研究)单列成段的金文引文统一用繁体字。

(7) 隹（唯）皇上帝百神，保**余小子**，朕猷又（有）成亡竞，（00260 㝬鐘）

根据例（1）～（7），我们可以看出"小子"就是作器者面对自己先祖先考、先王之灵的自称，甚至是面对皇天上帝的自称。西周金文中没有"我"与"小子"搭配的文例，只有"余"和"小子"的同位组合，那么这就揭示出"余"作为第一人称代词指代晚辈/继承者，是下对上的自称。再看例（8）：

(8) 王曰：有**余**隹（唯）**小子**，余亡康昼夜，至勤先王，用配皇天，（04317 㝬簋）

例（8）与例（1）～（7）语法结构不同，"余唯小子"是判断句，"唯"是系词①，句首"有"为发语辞。

西周金文更有一例"余"和"顺孙"的搭配：

(9) 先王其严才（在）上，翼=（翼翼）躲=（躲躲），降余多福，福**余顺孙**，（00260 㝬鐘）

"余顺孙"与"余小子"同构，均为同位结构。"余顺孙"强调的是面对祖先/先王晚两辈（或以上）自称。张亚初（2014：46）认为"福余顺孙即赐福于我的孝顺的子孙"，当是不明"余"为主宾格而非领格代词，"余"和"顺孙"之间是同位结构，而不是偏正结构。"福余顺孙"当为"赐福于我（这个）孝顺的孙儿"。

（二）"昔/才先王既令/命……，今余蠁（亯）……"句法②

王国维（1959：134）认为"古天子诸侯之命群臣也，必于庙中"，册命礼仪都是在宗庙举行的。③ "昔/才先王令/命……，今余蠁（亯）……"是周王继先王之后再次册命群臣的典型句法。在这样的句法中，"才"为"昔"义，"昔"与"今"相对，面对先王之灵，时王自称"余"。"余"在这里同样是下对上的自称。例如：

(10) 王曰：善，昔先王既令女（汝）左足（胥）龏侯，今**余**唯肇蠁先王令，（02820 善鼎）

(11) 王若曰：师颖，才先王既令女乍（作）䢐（司）土，官䢐（司）汸䣙，今**余**隹（唯）肇（肇）蠁乃令，（04312 师颖簋）

(12) 王乎（呼）内史吴册令师瘨曰：先王既令女，今**余**唯蠁先王令，（04283～04284 师瘨簋盖）

(13) 王乎（呼）内史册命郷，王曰：郷，昔先王既命女（汝）乍（作）邑，耕五邑祝，今**余**隹（唯）蠁亯乃命，（04296～04297 郷簋盖）

(14) 王曰：师毀，才先王小学（教）女=（汝，汝）敏可使，既令女（汝）更

---

① 赵诚虽然认为"余隹小子"之"隹"是连词，表示"虽然""尽管""即使"之义，但是他认为此句的意思是："余"是"小子"（《金文的隹·唯（虽·谁）》，《容庚先生百年诞辰纪念文集》第 433 页，广东人民出版社 1998 年版），这跟笔者一致。

② 本文中"句法"一词是传统语文学意义上的术语，下文同。

③ 册命地点，有称"庙"者，即宗庙；有称"大室"者，即宗庙之大室；有称"宫"者，"宫"亦即宗庙（参见唐兰《西周铜器断代中的"康宫"问题》，《唐兰先生金文论集》，紫禁城出版社 1995 年版，第 115～167 页）。

乃且（祖）考嗣（司），今**余**唯䚔京乃令，（04324～04325 师㝬殷）

（15）王若曰：蔡，昔先王既令女（汝）乍（作）宰，嗣（司）王家，今**余**隹（唯）䚔京乃令，（04340 蔡殷）

（16）王若曰：牧，昔先王既令女乍（作）嗣（司）土，今**余**唯或叚改，令女辟百寮有叵吏，……今**余**隹（唯）䚔京乃命，（04343 牧殷）

（17）王曰：父厝，今**余**唯䚔先王命，（02841 毛公鼎）

（18）今**余**隹（唯）䚔京乃令，（04342 师訇殷）

例（17）和（18）皆无先行句"昔/才先王令/命……"，但是都在上文提及先王的功绩。"昔/才先王令/命……，今余䚔（京）……"句法中，"䚔（京）"是该句法的典型动词。"䚔"字，裘锡圭（2012：54-60）释为"申"，义为"重申"；"京"字，杨树达（1997：73）读为"庚"，续也。"䚔京"一词的含义，突显出时王作为继承者的身份。

（19）王若曰：克，昔**余**既令女（汝）出内（纳）朕令，今**余**隹䚔京乃令，（02836 大克鼎）

（20）王曰：克，余隹（唯）巠乃先且（祖）考克黹臣先王，昔**余**既令女，今**余**隹䚔京乃令，（04467～04468 师克盨/师克盨盖）

（21）王乎（呼）内史尹册令师兑，**余**既令女足师龢父，嗣（司）左右走马，今**余**隹（唯）䚔京乃令，（04318～04319 三年师兑殷）

例（19）～（21）是变例，先行句的主语不是先王，而是时王自己，是时王先后两次册命。在例（10）～（21）12个例句中，动词"䚔（京）"的主语都选择了"余"，而无一例选择与"我"搭配，这充分证明了在宗庙这样的册命场合，"余"是时王以晚辈/继承者身份面对先王之灵时的下对上的自称。

例（19）～（21）中，不仅"䚔京"的主语选择了"余"，而且先行句中动词的"令"也用"余"自称。这样的用例还有：

（22）王若曰：訇，不（丕）显文武受令，则乃且（祖）奠周邦，今**余**令女（汝）啻官：（04321 訇殷）

（23）今**余**隹（唯）令女（汝）孟甾（召）燊（荣）芍（敬）雝德巠（经）。（02837 大盂鼎）

（24）白（伯）龢父若曰：师獣，乃且（祖）考又爵于我家，女有隹（唯）小子，**余**令女死（尸）我家，（04311 师獣殷）

在册命句式中，只有1例例外，"我"做"令"的主语：

（25）迺令曰：今**我**唯令女二人，亢眔矢，奭左右于乃寮㠯乃友事。（06016 矢令方尊，09901 矢令方彝）

"06016"和"09901"可以看作同一篇铭文，铸在不同的器上。

追溯甲骨文，动词"令"也是压倒性地选择第一人称代词"余"作主语，《甲骨文合集》共有 10 例“余令”，而仅有一例是“我令”，也应该是例外。① 这说明“余”和“我”的这种区别在甲骨文中也是存在的。

（三）“我一人”和“余一人”

西周金文共有 3 例“我一人”：

（26）女（汝）母（毋）敢妄（荒）寍（寧），虔夙夕，叀（惠）**我一人**，雝我邦小大猷，（02841 毛公鼎）

（27）王曰：盂，迺置（召）夾死嗣（司）戎，敏誎罰訟，夙夕置（召）**我一人**荳（烝）四方，（02837 大盂鼎）

（28）王曰：塱，敬明乃心，用辟（弼）**我一人**，善效（教）乃友内（納）辟，勿使虣（暴）虐從獄，爰（援）奪叡行道；（04469 塱盨）

西周金文“余一人”有 4 例：

（29）死（尸）母（毋）童（動）**余一人**在立（位），（02841 毛公鼎）

（30）迺乍（作）**余一人**夃。（04469 塱盨）

（31）隣明黹辟前王事**余一人**。（02830 師訊鼎）

（32）余隹（唯）即朕小學，女（汝）勿毖**余**乃辟**一人**，（02837 大盂鼎）

例（32）“余乃辟一人”是三项同位，“乃辟”之“辟”，义为“君王”，显示出“一人”的含义即后世的所谓“孤家寡人”，是统治者的自称。然而“一人”既可以与“我”搭配，又可以与“余”搭配，可以看出“我”和“余”已经相当混用了。这种混用从甲骨文就开始了，《甲骨文合集》有 6 例“余一人”②。

（四）“余”和“我”跟数无关

（33）今**我**隹（唯）即井（型）亩（禀）于玟王正德，若玟王令二、三正。今**余**隹（唯）令女（汝）盂置（召）燮（榮）芍（敬）雝德巠（經）。（02837 大盂鼎）

（34）王令**我**羞追于西，**余**來歸獻禽，**余**命女（汝）御追于畧，（04328～04329

---

① 以下为“余令”文例：“……王，余令……”（20312《合集》）“丙申卜，余令鄉☐。”［20313《甲骨文合集》（以下简称《合集》）］“甲子卜，王貞，余令☐……”（20314《合集》）“戊申卜，扶，余令［方］至不。”（20477《合集》）“丁亥卜，扶，余令曰：方其至。”（20478《合集》）“庚戌卜，貞，余令阦从羌田，亡囚。”（22043《合集》）“☐亥卜，王，余令……屮正朕佳……”（03413《合集》）“丁亥卜，扶，余令曰：方其至。”（40839《合集》）“甲子卜，王貞，余令☐……”（04996《合集》）“甲戌卜，王，余令角婦甾朕事。”（05495《合集》）例外的文例为：“辛丑卜，隹我令又囚。”（34691《合集》）

② 以下为《合集》“余一人”文例：“甲戌王卜貞，［令］䨻子（？）盂方，西戉典西田，☐妥余一人，从多田甾正，又自上下于若。”（36181《合集》）“……余一人……田甾征盂方，自上下䂞示……”（36514《合集》）“乙亥王卜……眔螶方……妥余一人……自上下于䂞……告于大［邑商］……”（36966《合集》）“癸丑卜，王曰：貞翌甲寅气福咎自上甲衣至毓，余一人亡囚，兹一品祀。在九月冓示癸賣豕。”（41027《合集》）“癸未卜，王［曰：贞］翌甲申气兒（？）自上甲至［毓］，余一人［亡］囚。”（41028《合集》）“……余一人亡［囚］……”（41028《合集》）

不嬰殷/不嬰殷蓋)

例（33）中，上句和下句都是时王面对玟王的自称，可上句用"我"而下句用"余"；例（34）是军命层层下达，上句是"我"而下两句却用"余"。"余""我"在同一篇铭文中同样的情形下都已经不加区别地使用了。

张玉金（2006：38-50）认为，西周汉语"余"指称单数，而"我"既可以指称单数，又可以指称复数。例（26）～（34）中"余"和"我"都是单数，然而我们再看下例：

> （35）唯王九月辰才乙卯，矢卑鮮、且、羼、旅誓曰：**我**既付散氏田器，有爽，實**余**有散氏心賊，則爰千罰千，傳棄之。鮮、且、羼、旅則誓。迺卑西宮襄、武父誓曰：**我**既付散氏淫（隰）田，嗇（畛）田，**余**又爽䜌，爰千罰千。西宮襄、武父則誓。（10176 散氏盤）

例（35）中，立誓的有鮮、且、羼、旅和西宮襄、武父多人，誓词中既用"我"，又用"余"。这里的两个"余"跟两个"我"一样，也都是指代复数。这样看来"余"和"我"的差异不是单数和复数，那么"余"和"我"的区别就跟数没有关系。

二、"朕"和"我"的区别与混用

在西周金文中，"朕"和"我"都可以作定语，它们的区别在哪里？

（一）"朕 + 祖/考/母/姬/姑"

"朕"与"祖""考""母""姬""姑"搭配，定语绝大多数是"朕"而不是"我"。这说明"朕"是在先辈面前下对上的自称，代表晚辈/继承者的身份。

1. "朕+单名"（共91例）

单名用得比较多的是"文祖""皇祖""文考""皇考""烈考"等。下面仅列15例，剩下76例见附录1。

（36）邢叔采乍（作）**朕**文祖穆公大鐘，（00356～00357 邢叔采鐘）

（37）用享孝于**朕**文祖，（02679 廬叔樊鼎）

（38）無異用乍（作）**朕**皇且（祖）鼇季障（尊）殷，（04225～04228 無異殷）

（39）用乍（作）**朕**皇且（祖）雁侯大薔（林）鐘，（00107～00108 雁侯見工鐘）

（40）余用乍（作）**朕**文考大中寶障（尊）彝。（06011 盠駒尊）

（41）宴乍（作）**朕**文考日己寶殷，（04118～04119 宴殷）

（42）**朕**文考罙毛公遣中征無需，（04162～04164 孟殷）

（43）余小子司**朕**皇考，（04242 叔向父禹殷）

(44) 尌仲乍（作）**朕**皇考赶仲彝障（尊）**殷**，（04124 尌仲殷蓋）
(45) 用享用孝于**朕**皇考，（09935～09936 伯公父勺）
(46) 余用乍（作）**朕**剌（烈）考富白（伯）寶**殷**，（04294～04295 揚殷）
(47) 用乍（作）**朕**剌（烈）考障（尊）壺，（09721～09722 幾父壺）
(48) 用喜（享）于**朕**剌（烈）考，（02814 無叀鼎）
(49) 用乍（作）**朕**穆考後中（仲）障（尊）壺，（09725 伯克壺）
(50) 散季肇乍（作）**朕**王母叔姜寶**殷**，（04126 散季殷）

2. "朕+复名"（共 33 例）

复名主要是"X 祖+Y 考""X 考+Y 母"和"X 祖/考 +Y 姬"等，下面仅列 8 例，剩下 25 例见附录 2。

(51) 走乍（作）**朕**皇祖文考寶龢鐘，（00054～00058 走鐘）
(52) 仲辛父乍（作）**朕**皇祖日丁皇考日癸障（尊）**殷**，（04114 仲辛父殷）
(53) 簫兌乍（作）**朕**文祖乙公皇考季氏障（尊）**殷**，（04168 簫兌殷）
(54) 善（膳）夫梁其乍（作）**朕**皇考惠仲皇母惠妣障（尊）**殷**，（04147～04151 膳夫梁其殷）
(55) 戜曰：烏虖，**朕**文考甲公、文母日庚，弋（式）休則尚，（02824 戜方鼎）
(56) 用乍（作）**朕**剌且（祖）乙白（伯）同益姬寶**殷**，（04342 師𩰚殷）
(57) 用乍（作）**朕**皇且（祖）公白（伯）孟姬障（尊）**殷**，（04328～04329 不嬰殷/不嬰殷蓋）
(58) 用乍（作）**朕**皇考釐白（伯）、奠（鄭）姬寶鼎，（02815 趠鼎）

陈梦家（1988：96）认为："西周金文领格第一人称遵守数的规定：如称父考祖妣曰朕，称邦家国土曰我，可知'朕'是'我的'而'我'是'我们的'。易言之，西周金文领格第一人称由其所领的名词而决定用'朕'用'我'：'朕位''朕令'不能代朕以我，'我邦''我家'不能代我以朕。"他说的"由其所领的名词而决定用'朕'用'我'"是对的，然而，决定的不是单数还是复数，而是代词"下对上"还是"上对下"的关系。

如果名词可以决定前面代词的数，那么"朕+单名"单名前面的定语/领格代词用"朕"，而"朕+复名"复名前面的定语/领格代词还是用"朕"，这可以看出西周金文第一人称代词"朕"没有数的区别。

其实"邦家国土"也不一定是复数名词，"邦"是单数，"万邦"才是复数，可是它们同样都用"我"作定语，见下文例（86）～（91）。

3. "我+考/母/姑"

"朕"作定语用在"祖/考/母/姬"前共有 124 例，而"我+考/母/姑"只有下面 3 句 6 例，而且相对比例很小，只能说是开始出现了混用的趋势：

(59) 盠（召）白（伯）虎曰：余既訊厥**我**考**我**母令，余弗敢闟，余或至**我**考**我**母令。（04292 五年召伯虎殷）

(60) 亦**我**考幽白（伯）幽姜令，（04293 六年召伯虎殷）
(61) 作**我**姑登（鄧）孟媿䀇殷，（04011～04013 復公子殷）

（二）"朕 + 君/辟"

"朕"是臣属面对诸侯和国王时的自称，有 10 例。

(62) 休**朕**公君匽侯易（賜）圉貝，（02505 圉方鼎）
(63) 對揚**朕**皇君休，（09721～09722 幾父壺）
(64) 曰：休**朕**皇君弗䵞（忘）氒（厥）寶臣。（02765 螨鼎）
(65) 琱生對揚**朕**宗君其休，（04293 六年召伯虎殷）
(66) 内史龏**朕**天君，其萬年用為考寶障（尊）。（02696 内史龏鼎）
(67) 休**朕**寶君公伯，（04167 豦簋）
(68) 賜（錫）共縢（**朕**）辟之命。（02833～02834 禹鼎）
(69) 克其日用簫，**朕**辟魯休，（02796～02802 小克鼎）
(70) 對**朕**辟休，（04205 獻殷）
(71) **朕**辟天子，（04205 獻殷）

"朕 + 祖/考/母/姬/姑"中面对先辈用"朕"，是下对上的自称；"朕 + 君/辟"中面对侯王用"朕"，也是下对上的自称。后者只有 1 例例外用"我"：

(72) **我**天君郷（饗）飲酉（酒），（04020 天君殷）

（三）"朕 + 令/命"

"朕"与"令/命"组合共 13 例，无 1 例"我 + 令/命"。

(73) 昔余既令女（汝）出内（納）**朕**令，今余佳䎽豪乃令，（02836 大克鼎）
(74) 王曰：盂，若芍（敬）乃正，勿灋（廢）**朕**令。（02837 大盂鼎）
(75) 用夙夜事，勿灋（廢）**朕**令。（02816 伯晨鼎）
(76) 敬夙夜用事，勿灋（廢）**朕**令。（02836 大克鼎）
(77) 敬夙夜，勿灋（廢）**朕**令。（04316 師虎殷）
(78) 敬夙夜，勿灋（廢）**朕**令。（04288～04291 師𩵦殷）
(79) 敬夙夜，勿灋（廢）**朕**令。（04324～04325 師䮤殷）
(80) 敬乃夙夕，用䢔朕身，勿灋（廢）**朕**命。（00060+61+62+63 逆鐘）
(81) 敬夙夕，勿灋（廢）**朕**令。（04340 蔡殷）
(82) 敬夙夕，勿灋（廢）**朕**令。（04467～04468 師克盨）
(83) 敬夙夕，勿灋（廢）**朕**命。（04469 塑盨）
(84) 敬夙夕，勿灋（廢）**朕**令。（04343 牧殷）
(85) 夙夕勿灋（廢）**朕**令。（04199 恒殷蓋）

上文"昔/才先王既令/命……，今余䎽（豪）……"中，"令/命"作动词时，第一人称选择了"余"作主语（共6例，另仅有1例例外）；相应地，"朕＋令/命"中，"令/命"作名词时都选择了"朕"作定语。"余"和"朕"，都是册命时面对先王之灵下对上的自称。

（四）"我＋邦/家①/国/土/有周/西扁东扁"

（86）雝我邦小大猷，（02841 毛公鼎）

（87）令女（汝）叀雝我邦小大猷，（04342 师訇殷）

（88）盠曰：天子不叚（遐）不（丕）其（基），萬年保我萬邦。（09899～09900 盠方彝）

（89）命女（汝）䢅（乂）我邦我家内外，（02841 毛公鼎）

（90）𢦚（宏）我邦我家，（02841 毛公鼎）

（91）用䕼𠀉奠保我邦我家，（04242 叔向父禹殷）

（92）白（伯）龢父若曰：師𣪘，乃且（祖）考又𤔲于我家，女有隹（唯）小子，余令女死（尸）我家，（04311 師𣪘殷）

（93）取我家䆌，用喪，（04327 卯殷蓋）

（94）䕼𠀉皇帝大魯令，用鬷保我家，朕立獸身。（04317 獸殷）

（95）無唯正聞（昏），引其唯王智，迺唯是喪我或（國），（02841 毛公鼎）

（96）今敢博氒（厥）眔𢦏，反工吏，弗速我東鄙（國），（04313～04314 師寰殷蓋）

（97）南或（國）艮子敢陷處我土，（00260 𣪘鐘）

（98）皇天引厭氒（厥）德，配我有周。（02841 毛公鼎）

（99）雩（肆）皇天亡䇂（斁），臨保我有周，（02841 毛公鼎）

（100）肆皇帝亡昊，臨保我有周，（04342 師訇殷）

（101）鄦䣄（司）我西扁（偏）東扁（偏）僕駿（馭）、百工、牧、臣妾，（04311 師𣪘殷）

从例（89）"我邦我家内外"我们知道，所谓"邦/家"是一个地理空间概念。例（97）"土"是"邦/家/国"的近义词，"有周"是一个专有名词。"邦/家/国/土/有周/西扁东扁"是王公的统治区域，只与"我"搭配，共16句20例，没有1例与"朕"组合。这是"我"以统治者的身份和面对统治区域时上对下的自称。

例（101）"西扁东扁"之"扁（偏）"，指的是国土的边远地区。上溯甲骨文有"东

---

① 此处的"家"当为《左传·桓公二年》"天子建国，诸侯立家"之家。

畾（鄙）""西畾（鄙）"文例①，下探《春秋经》有"东/南/西/北鄙"文例②，均无一例外地选择"我"而不是"朕"作定语。这说明春秋时代第一人称代词的用法还保留着甲骨文和西周金文代词的痕迹。

这里需要补充说明，所谓"国家至上"是后世的概念。在上古时期"溥天之下，莫非王土"（《诗经·小雅·北山》），当统治者面对"邦/家/国/土/有周/西扁东扁"用"我"自称时，有的是君临天下之感；而且在西周时代"民"和"疆土"是可以一起分封的，处于同一个层次。西周金文有文例如下：

（102）**我**乃至于淮，小大邦亡（無）敢不□具逆王命。（04464 驹父盨）
（103）雩**我**其遹省先王受民受彊（疆）土。（02837 大盂鼎）

不过，例（102）和（103）中的"我"不是作定语，而是作主语。

（五）"我 + 員晦臣/人/诸侯百姓""我 + 宗子/弟子/孙"

（104）王若曰：师袁殳，淮尸（夷）繇**我**員晦臣，（04313～04314 师袁殷蓋）
（105）淮尸（夷）舊**我**員晦人，（10174 兮甲盤）
（106）其隹（唯）**我**者（諸）侯百生（姓），（10174 兮甲盤）
（107）余其用各（格）**我**宗子雩（與）百生（姓），（02820 善鼎）
（108）它用襄**我**多弟子、**我**孫，（04330 沈子它殷蓋）

"員晦臣""員晦人""诸侯百姓"和"百姓"都是被统治者，而"宗子""弟子"和"孙"是晚辈，"我"是君王面对被统治者、长辈面对晚辈时上对下的自称。面对臣民和晚辈时，西周金文无1例选择"朕"。

甲骨文亦如此，《甲骨文合集》有4例"我人"，无1例"朕人"。③ 这显示出甲骨文中"我"和"朕"也有着跟西周金文一样的区别。

---

① 《合集》有3条4例："沚馘告曰：土方征于我東畾，[戋]二邑。吾方亦侵我西畾田。"（06057正《合集》）"[征]于我東畾，[戋]□邑……"（06058正《合集》）"[沚]馘告曰：土方……侵我西畾[田]……"（06059《合集》）

② 《春秋经》有23条24例："冬，齐人、宋人、陈人伐我西鄙。"（《庄公十九·五》）"齐人侵我西鄙，公追齐师，至巂，弗及。"（《僖公二六·二》）"夏，齐人伐我北鄙。"（《僖公二六·三》）"狄侵我西鄙。"（《文公七·七》）"邾人伐我南鄙，叔彭生帅师伐邾。"（《文公十四·二》）"秋，齐人侵我西鄙。"（《文公十五·八》）"齐侯侵我西鄙，遂伐曹，入其郛。"（《文公十五·十二》）"齐侯伐我西鄙。六月癸未，公及齐侯盟于谷。"（《文公十七·三》）"二年春，齐侯伐我北鄙。"（《成公二·一》）"莒人伐我东鄙。"（《襄公八·六》）"秋，莒人伐我东鄙。"（《襄公十·六》）"十有二年春王二月，莒人伐我东鄙，围台。"（《襄公十二·一》）"莒人侵我东鄙。"（《襄公十四·五》）"夏，齐侯伐我北鄙，围成。公救成，至遇。"（《襄公十五·三》）"邾人伐我南鄙。"（《襄公十五·六》）"齐侯伐我北鄙。"（《襄公十六·四》）"秋，齐侯伐我北鄙，围成。"（《襄公十六·八》）"秋，齐侯伐我北鄙，围桃。高厚帅师伐我北鄙，围防。"（《襄公十七·四》）"冬，邾人伐我南鄙。"（《襄公十七·七》）"秋，齐师伐我北鄙。"（《襄公十八·三》）"二十有五年春，齐崔杼帅师伐我北鄙。"（《襄公二五·一》）"齐国夏帅师伐我西鄙。"（《定公七·七》）"夏，齐国夏帅师伐我西鄙。"（《定公八·六》）

③ 甲骨文"我人"文例为："勿乎我人㞢于……"（40465《合集》）"勿乎我人先于𢀛。"（06945《合集》）"乎我人先于𢀛。"（06945《合集》）"贞馘羞我人㠯。"（08085《合集》）

三、结 语

我们将上文的研究归纳为一个表格,数据以"例"为单位。

用　例	主宾语/主宾格		用　例	定语/领格	
	余	我		朕	我
小子/顺孙	9	0	祖/考/母/姬/姑	126	6
一人	4	3	君/辟	10	1
(册)令/命(动词)	6	1	(册)令/命(名词)	13	0
蠲豪	12	0	邦/家/国/土/有周/西扁东扁	0	20
—	—	—	眔晦臣/人/诸侯百姓	0	4
—	—	—	宗子/弟子/孙	0	3

西周金文中,是"余"而不是"我",跟"小子/顺孙"构成同位结构,这就给"余"定性:它是下对上的自称。而且在册命句法中,典型动词"蠲豪"只选择"余"作主语,动词"令/命"基本选择"余"作主语,这同样证明"余"是下对上的自称。

面对"祖/考/母/姬/姑"先辈,面对"君/辟"侯王,西周金文绝大多数都选择"朕"作定语,这也是下对上的自称;名词"令/命"只选择"朕"作定语,正好与动词"令/命"相互印证,"朕"跟"余"一样是下对上的自称。

面对"邦/家/国/土/有周/西扁东扁"统治地域,面对"眔晦臣/人/诸侯百姓"臣民,面对"宗子/弟子/孙"晚辈,毫无例外地选择了"我"作定语,这证明"我"是上对下的自称。

而与"一人"构成同位结构的既有"余"也有"我",再加上上文举出的例(33)~(35),显示出"余""我"作主宾语时的混用已经到了相当大的程度。上文例(102)和(103),"我"是作为统治者上对下的自称,可是在西周金文中,我们还发现这样的文例:

(109) **余**其宅兹中或,自之辥(乂)民,(06014 何尊)

作为统治者面对臣民,例(109)没有选择"我",却选择了"余"。

那么,既有"余一人",又有"我一人",是谁混用到谁的里面?根据"一人"的含义,根据"我"是上对下的自称,我们可以推知:以"我一人"为常,是"余"混用到"我"中。

参考文献

陈梦家. 殷墟卜辞综述［M］. 北京：中华书局，1988.
裘锡圭. 裘锡圭学术文集：第3卷（金文及其他古文字卷）［M］. 上海：复旦大学出版社，2012.
王国维. 观堂集林（一）［M］. 北京：中华书局，1959.
杨树达. 积微居金文说［M］. 北京：中华书局，1997.
张亚初. 商周古文字源流疏证［M］. 北京：中华书局，2014.
张玉金. 西周汉语代词研究［M］. 北京：中华书局，2006.

附录1

（1）用乍（作）朕文且（祖）益中障（尊）殷，（04279～04282 元年师旋殷）

（2）用乍（作）朕文且（祖）辛公障（尊）鼎，（02817 师晨鼎）

（3）用乍（作）朕文且（祖）寶殷，（04253～04254 羋叔师察殷）

（4）用乍（作）朕文且（祖）益公寶障（尊）彝。（09899～09900 盞方彝/06013 盞方尊）

（5）穆=（穆穆）朕文且（祖）师華父悤龏乐（厥）心，（02836 大克鼎）

（6）用乍（作）朕皇且（祖）白（伯）甲父寶殷，（04272 䀇殷）

（7）用乍（作）朕文且（祖）师華父寶鬲彝。（02836 大克鼎）

（8）克乍（作）朕皇且（祖）釐季寶宗彝，（02796～02802 小克鼎）

（9）乍（作）朕皇且（祖）幽大弔（叔）障（尊）殷，（04242 叔向父禹殷）

（10）用乍（作）朕剌且（祖）䣢（召）公嘗殷，（04293 六年召伯虎殷）

（11）史喜乍（作）朕文考翟祭，（02473 史喜鼎）

（12）是騾乍（作）朕文考乙公障（尊）殷，（03917 是騾殷）

（13）遹乍（作）朕文考胤伯障（尊）殷，（04074 遹殷）

（14）伯喜乍（作）朕文考烈公障（尊）殷，（03997～04000 伯喜殷）

（15）改乍（作）朕文考乙公旅盨，（04414 改盨）

（16）衛用乍（作）朕文考惠孟寶般（盤），（09456 裘衛盉）

（17）衛用乍（作）朕文考寶鼎，（02832 五祀衛鼎）

（18）衛用乍（作）朕文考寶鼎，（02831 九年衛鼎）

（19）永用乍（作）朕文考乙白（伯）障（尊）盂，（10322 永盂）

（20）臸用絲（兹）金乍（作）朕文考弃白（伯）蕭牛鼎，（02838 臸鼎）

（21）昔各乍（作）朕文考日辛寶障（尊）殷，（03996 昔各殷）

（22）用乍（作）朕文考釐弔（叔）障（尊）鼎，（02755 涵鼎）

（23）用乍（作）朕文考釐白（伯）寶障（尊）鼎。（02786 康鼎）

（24）用乍（作）朕文考濒公宮障（尊）鼎，（02816 伯晨鼎）

（25）用乍（作）朕文考釐弔（叔）寶殷，（04276 豆閉殷）

（26）用乍（作）朕文考釐公障（尊）壺，（09728 臸壺蓋）

（27）用乍（作）朕文考日丁障（尊）盤，（10170 走馬休盤）

（28）用乍（作）朕文考外季障（尊）殷，（04283～04284 师瘨殷蓋）

（29）用乍（作）朕文考乙中龢殷，（04311 师獸殷）

（30）用乍（作）朕文考易（賜）中障（尊）殷，（04268 王臣殷）

（31）用乍（作）朕文考尹白（伯）障（尊）殷，（04312 师穎殷）

（32）用作朕文考瀕白（伯）障（尊）鼎，（02804 利鼎）
（33）用乍（作）朕文考惠白（伯）障（尊）殷，（04285 諫殷）
（34）用乍（作）朕文丂（考）惠中障（尊）寶殷，（04270～04271 同殷）
（35）用乍（作）朕文考寶障（尊）殷，（04169 辛伯戚殷）
（36）用乍（作）朕文考幽弔（叔）寶殷，（04250 即殷）
（37）用乍（作）朕文考日癸旅寶。（05989 作冊睘尊）
（38）用乍（作）朕文考寶殷，（04255 譱殷）
（39）乍（作）朕文考毛弔（叔）蕭彝，（02780 師湯父鼎）
（40）乍（作）朕文考光父乙，（04205 獻殷）
（41）毛公易（賜）朕文考臣自厥（厥）工，（04162～04264 孟殷）
（42）兌乍（作）朕皇考叔氏障（尊）殷，（03955 兌殷）
（43）叔角父乍（作）朕皇考宮公障（尊）殷，（03958～03959 叔角父殷）
（44）戀乍（作）朕皇考蕭彝障（尊）鼎，（02790 微戀鼎）
（45）魯士商戚肇乍（作）朕皇考叔獸父障（尊）殷，（04110～04111 魯士商戚殷）
（46）鄉用乍（作）朕皇考龏白（伯）障（尊）殷，（04296～04297 鄉殷蓋）
（47）豐兮夷乍（作）朕皇考酉（尊）殷，（04001～04003 豐兮夷殷）
（48）用乍（作）朕皇考武仌幾王障（尊）殷，（04331 乖伯歸夆殷）
（49）用乍（作）朕皇考弔（叔）碩父障（尊）鼎，（02825 膳夫山鼎）
（50）用乍（作）朕皇考釐王寶障（尊）殷，（04302 彔伯家殷蓋）
（51）用乍（作）朕皇考剌（烈）白（伯）障（尊）殷，（04298～04299 大殷蓋）
（52）用乍（作）朕皇考釐公蕭殷，（04318～04319 三年師兌殷）
（53）用乍（作）朕皇考大中障（尊）殷。（04165 大殷）
（54）用乍（作）朕皇考癸公障（尊）鼎/殷，（02821 此鼎/04303～04310 此殷）
（55）用乍（作）朕皇考冥公障（尊）鼎，（02812 師望鼎）
（56）用乍（作）朕皇考孝孟障（尊）殷，（04267 申殷蓋）
（57）用乍（作）朕皇考惠弔（叔）大蕭（林）穌鐘，（00238～00244 虢叔旅鐘）
（58）用乍（作）朕皇考輔白（伯）障（尊）殷，（04324～04325 師聲殷）
（59）戀用言（享）孝于朕皇考，（02790 微戀鼎）
（60）王曰：師訊，女（汝）克盡（畢）乃身，臣朕皇考穆王，（02830 師訊鼎）
（61）余辥服乍（作）朕皇文考寶障（尊），（04237 臣諫殷）
（62）用乍（作）朕皇文考益白（伯）寶障（尊）殷，（04343 牧殷）
（63）用乍（作）朕剌（烈）考己白（伯）孟鼎，（02807～02808 大鼎）
（64）用乍（作）朕剌考日庚障（尊）殷，（04316 師虎殷）
（65）用乍（作）朕剌（烈）考障（尊）鼎，（02805 南宮柳鼎）
（66）其用追孝于朕啻考，（04038 章叔羋殷）
（67）它曰：拜頴首，敢覍卲告朕吾考，（04330 沈子它殷盖）
（68）先獸乍（作）朕老（考）寶障（尊）鼎，（02655 先獸鼎）
（69）對揚朕考易（賜）休，（04162～04164 孟殷）
（70）用妥乍（祚）公上父障（尊）于朕考辛（虢）季易父敎宗。（02830 師訊鼎）

（71）用乍（作）朕考日甲寶。（04206 小臣傳毁）
（72）朕文母競敏䙆行，（04322 戜毁）
（73）（74）師㝨肇乍（作）朕烈祖虢季嫛公幽叔、朕皇考德叔大㮰（林）鐘（00141 師㝨鐘）
（75）（76）叔皮父乍（作）朕文考荓公䣄朕文母季姬毁，（04090 叔皮父毁）

附录 2

（1）大師虘乍（作）烝尊豆，用卲洛（各）朕文祖考，（04692 大師虘豆）
（2）其用追孝于朕皇祖啻考，（04129 叔買毁）
（3）德克乍（作）朕文祖考䵼（尊）毁，（03986 德克毁）
（4）余小子肇（肇）帥井（型）朕皇且（祖）考懿德，（00082 單伯昊生鐘）
（5）緟（肆）武公亦弗叚（遐）望（忘）朕聖且（祖）考幽大弔（叔）、懿弔（叔），（02833～02834 禹鼎）
（6）命禹肖朕（朕）且（祖）考政于井邦。（02833～02834 禹鼎）
（7）用乍（作）朕文且（祖）考寶毁，（04256 廿七年衛毁）
（8）伊用乍（作）朕不（丕）顯文且（祖）皇考㺇弔（叔）寶䵼彝，（04287 伊毁）
（9）用乍（作）朕皇且（祖）考䵼（尊）毁，（04219～04224 追毁）
（10）比乍（作）朕皇且（祖）丁公、皇考惠公䵼（尊）毁/鼎，（04278 䍙比毁蓋/02818 䍙攸从鼎）
（11）䍙比乍（作）朕皇且丁公、文考惠公盨，（04466 䍙比盨）
（12）獸乍（作）䵼彝寶毁，用康惠朕皇文剌且（祖）考，（04317 獸毁）
（13）用乍（作）朕皇且（祖）南公、亞且（祖）公中（仲）……。（00181 南宮乎鐘）
（14）䵼史頵乍（作）朕皇考釐仲王母泉母䵼（尊）鼎，（02762 史頵盤）
（15）仲叔父乍（作）朕皇考遟伯王母遟姬䵼尊毁，（04102～04103 仲叔父毁）
（16）叔趯父乍（作）朕文母烈考䵼（尊）毁，（03921～03922 叔趯父毁）
（17）用乍（作）朕皇考龏弔（叔）、皇母龏始（姒）寶䵼（尊）鼎/毁/壺，（02827～02829 頌鼎/04332～04339 頌毁/09731～09732 頌壺）
（18）史伯碩父追考（孝）于朕皇考釐仲王母泉母，（02777 史伯碩父鼎）
（19）用乍（作）朕皇考奠（鄭）白（伯）姬䵼（尊）鼎，（02819 袤鼎）
（20）用乍（作）朕皇考奠（鄭）白（伯）奠（鄭）姬寶般（盤），（10172 袤盤）
（21）伯頵父乍（作）朕皇考犀伯吴姬寶鼎，（02649 伯頵父鼎）
（22）用乍（作）朕皇且（祖）考穌鐘，（00187～00192 㳄其鐘）
（23）用乍（作）朕皇且（祖）考白（伯）寶䵼（林）鐘，（00204～00208 克鐘/00209 克鎛）
（24）王若曰：尒白（伯），朕不（丕）顯且（祖）玟珷，雁（膺）受大命，（04331 乖伯歸夆毁）
（25）用乍（作）朕文考乙白（伯）寃姬䵼（尊）毁，（04288～04291 師酉毁）

原载于《中国语文》2017 年第 2 期，与朱学斌合作

西周金文"其"的格位研究

西周时代积 276 年,有铭铜器超过 5000 件。本文将研究西周金文"其"的格位问题,研究的出发点从"其"的句法位置开始,"其"的句法位置有三:

(一) 其 SVO[①]。

其子子孙孙永寶用之,某其子子孫孫永寶用

(二) 甲,(S=其) VO;乙,S 其 VO。

其永寶用,其乍寶尊彝;某其永寶用之

(三) SV 其 O。

某永保其身,某擇其吉金,

(四) = (一) + (二),复合式:其 S 其 VO。

其子子孫孫其永寶用

(三)式为领格代词,语言学界当无异议,而(一)(二)式一般认为是语气(副)词,或时间副词。本文将证明(一)式中的"其"也是领格代词,(二)式的"其"为主格代词,这样"其"在任何句法位置皆为代词。

一、"其 SVO"句式中,"其"为领格代词

金文多"其子子孙孙永宝"之类的嘏辞,对"其"的定性可通过下面同器异处的铭文得到证实。

(1) A (盖铭) "望拜頴首,對揚天子不(丕)顯休,用乍(作)朕皇且(祖)白(伯)㒼父寶毁,其禕(萬)年子子孫孫永寶用。"

(1) B (器铭) "望拜頴首,敢對揚天子不(丕)顯休,用乍(作)朕皇且(祖)白(伯)㒼父寶毁,望禕(萬)年子子孫孫永寶用。"

[望毁,《金文总集》2787;《殷周金文集成》(以下略称《集成》) 8.4272 中

---

① S 为主语,V 表动词,O 是宾语,下同。

（以下早、中、晚分别指西周早期、中期、晚期）仅录盖铭①]

（1）A、B例异文对勘，"其"当为代词指代作器者"望"，且处于领格位置。

春秋器栾书缶（《集成》16.10008）"䜌（栾）书之子孙万禩（世）是𠤳（宝）"中，"子孙"为作器者之子孙，他处多作"其子孙"，此处作"䜌书之子孙"，确证"其"为领格代词。"其""表示祈使语气，可译为'希望''还是'"（崔永东，1994：33）之说是值得商榷的。

（2）大拜頶首，對揚天子不（丕）顯休，用乍（作）朕剌（烈）考己白盂鼎，大其子子孫孫邁（萬）年永寶用。（大鼎，《集成》5.2806～2808 中）

作器者"大"与"子子孙孙"之间的领属/被领属语义关系很明确，"大"处于领格位置，"其"插入其后，当亦为领格，复指"大"。这使我们想起王力先生对"之"的分析，"在最初的时候，指示代词'之'放在名词后面复指，表示领有。'麟之趾'的原始意义是'麟它趾'，'公侯之事'的原始意义是'公侯他们事情'"王力（1980：335）。我们认为领格代词"其"更具有资格放在名词后面复指表示领有。再如：

（3）克其子子孫孫永寶用。（小克鼎，《集成》5.2796～2802 晚）

（4）"先王其嚴在上，嚴嚴敭敭，降余多福，福余順孫，參（叄）寿佳（唯）琍（利），（𢻻鐘，《集成》1.260 晚）

"克其子子孙孙永宝用"与"先王其严在上"主语部分的结构完全相同："克"与"先王"表领属，处定语位置，前置；"子子孙孙"和"严"被领属，处中心语地位，后置；"其"位于中间。前句的"其"当"希望"讲，尚可通，而后句则完全不通。（3）（4）两句的"其"处于完全相同的语义语法关系中，却得出如此不同的结果，语法研究不应有这样的随意性。把"其"翻译成"希望"只是一种随文释义的做法，不可取。我们认为这两句的"其"都复指句首的领格名词"克"和"先王"。下面的例句也是有力的旁证：

（5）琱生奉揚朕宗君其休，（六年召白虎簋，《集成》8.4293 晚）

比较：

（6）盉曰：余其敢對揚天子之休，（盉駒尊，《集成》11.6011 中）

"天子之休"，"天子"是领位名词，"之"复指"天子"；而"宗君其休"，"宗君"也是领位名词，"其"复指"宗君"。

不仅"其"可以这样用，"氒"也可以复指领位名词。

（7）對揚天子氒（厥）休，（同簋，《集成》8.4270～71 中）

---

① 《殷周金文集成释文》（中国社会科学院考古所编，香港中文大学中国文化研究所2001年版）已补该器器铭，见该书第三卷第385页。

二、甲，(S = 其) VO；乙，S 其 VO

1. 甲式"(S = 其) VO"中，"其"的定性研究

(8) 其乍（作）氒（厥）文考寶貞（鼎），(師艅鼎，《集成》5.2723 早)

(9) 姑眢母乍（作）氒（厥）宝（寶）障（尊）鼎。(姑眢母方鼎，《集成》4.2330 早)

(10) 弔（叔）具乍（作）氒（厥）考寶障（尊）彝。(叔具鼎，《集成》4.2341 早)

(11) 旂乍（作）氒（厥）文考寶障（尊）彝。(旂鼎，《集成》4.2347 早或中)

以上例句中 V 都是"乍（作）"，O 也类同。V "乍（作）"之前，例 (8) 为"其"，例 (9) ~ (11) 为作器者名，作器者名为 S，例 (8) "其"亦当为 S。通过排列比勘，甲式"(S = 其) VO" "其乍（作）氒（厥）文考宝鼎"中，"其"处主位。

(12) "癲曰：覲皇且（祖）考嗣威義（儀），用辟先王，不敢弗帥用夙夕，王對癲林（懋），易（賜）佩，乍（作）且（祖）考毁，其用祀大神，大神妥（綏）多福，癲万年寶。"(癲毁，《集成》8.4170 ~ 77 中)

金文嘏辞通常为"其永宝""其永宝用""其万年永宝""其万年永宝用"等。此例"癲万年宝"（一例八见），也可以证明"其永宝"诸例中"其"作主语，指作器者名。

(13) 唯三月丁卯，師旂衆僕不從王征于方雷，使氒（厥）友引以告于白（伯）懋父，在莽，白（伯）懋父乃罰得曓古二百寽（鋝），今弗克氒（厥）罰，懋父令曰：義（宜）敚（播），胾氒（厥）不從氒（厥）右征，今母（毋）敚（播），期（其）又（有）内（納）于師旂，引以告中史書，旂對氒（厥）賫于障（尊）彝。(師旂鼎，《集成》5.2809 中)

比照"師旂衆僕不從王征于方雷"，"胾氒（厥）不從氒（厥）右征"中"氒（厥）"当指"師旂衆仆"，处主位（"氒右"当指"王"）。根据管燮初（1981：174）的统计，"氒（厥）"作主语有 9 例。"期（其）又内于師旂"与"胾氒不從氒右征"互文，"期（其）"当同"氒（厥）"，亦指"師旂衆仆"。此例通过"其""氒"互见，以证明"其"也作主语。

金文中"其""氒（厥）"于同一句中，"其"多处句首，"氒（厥）"多处句中领位，如：

(14) 其用享于氒（厥）帝考。(𥨸毁，《集成》7.4097 早)

(15) 其用夙夜享孝于氒（厥）文且（祖）乙公。(臧方鼎，《集成》5.2789 中)

(16) 其乍氒（厥）文考寶鼎。(師艅鼎，《集成》5.2723 早)

以上三句与"胾氒不從氒右征"比勘，也能得出句首"其"等于"氒（厥）"作句子主语。

　　（17）猷（胡）乍（作）𩰬彝寶𣪘，用康惠朕皇文剌（烈）且（祖）考，其各前文人，其瀕在帝廷陟降。（猷𣪘，《集成》8.4317 晚）

例（17）中，"其"均为主格代词，用以指称最近距离的先行词"朕皇文剌（烈）且（祖）考"，描绘周厉王的且（祖）考在天上的情形。

2. 乙式"S 其 VO"中"其"的定性研究

S 与 V 之间是汉语（从古到今）副词典型的位置，一般学者认为"其"为语气副词或"时间副词，犹'将'也"（崔永东，1994：31-32）。

而 S 与 V 之间不仅可以插入副词、助动词，还可以插入代词复指 S。在句型"S 自 VO"中，复指代词"自"与 S 同处主位。如：

　　（18）曾中（仲）自乍（作）旅盘，（曾仲盘，《集成》16.10097 晚）
　　（19）楚公逆自乍（作）大雷鎛，（楚公逆鎛，《集成》1.106 晚）

例（18）（19）中，"自"复指主语"曾中（仲）""楚公逆"。

我们如果承认甲式中"其"处主位，承认 S 与 V 之间允许有位置容纳代词复指 S 并与 S 同处主位，那么我们就能推导出乙式"S 其 VO"中"其"亦复指 S，与 S 同处主位，这样，就没有必要把西周金文的"其"与"将"挂钩。

再说，我们知道西周金文中并没有"将"字，"将"要到战国时才出现。参见《金文编》（四版）0501"将"字头仅列中山器的"酒（将）"字，当然战国竹帛文也有。既然西周金文并没有表示将来的"将"，认为"其"等于"将"是很牵强的。

　　（20）A "其朝夕用享于文考，"（事族𣪘，《集成》7.4089 晚）
　　（21）B "克其用朝夕享于皇且（祖）考，"（善夫克盨，《集成》9.4465 晚）
　　（22）A "其永寶用享。"（伯多父作成姬盨，《集成》9.4419 晚）
　　（23）B "虡其永寶用享。"（大師虡豆，《集成》9.4692 晚）

以上 B 句中，"其"复指作器者"克""虡"。乙式"S 其 VO"中的"其"当为主格复指代词。

三、（四）=（一）+（二），复合式：其 S 其 VO

1. （三）式"SV 其 O"，"其"为领格代词，当无异议

例如：

　　（24）淮尸（夷）舊我帛畮人，母（毋）敢不出其帛、其積、其進人（兮甲盤，《集成》16.10174 晚）

从文字上讲，西周金文"其"虽有繁简之形，它们是同一个字当无可置疑；从语法上

看，（一）式"其SVO"和（二）式"S其VO"中的"其"与（三）式的"其"处于互补分布状态，既然（三）式的"其"为代词，那么理所当然的，（一）式、（二）式的"其"也为代词，它们是同一个代词，只是句法位置不同罢了。形式相同而互补分布的语言单位，其语法同一性应该得到确认。

2. （四）＝（一）＋（二），复合式：其 S 其 VO

（25）其萬年子子孫其永寳用。（師毛父毁，《集成》8.4196 中）

（26）瘋其萬年子子孫孫其永寳。（瘋盨，《金成》9.4462～63 中）

（四）为复合式，即句首的"其"处领位或领位复指，句中的"其"处主位复指。

五、结　语

语法史学界通常的看法是上古汉语"其"不是主格代词，仅处领位，要到南北朝以后才能作主语（王力，1980：264－269）。当然也有不同的声音："'其'从晚周至西汉已经能用于主格了"（潘允中，1982：83），吴辛丑博士（1985）也发现了《诗经》中"其"作主语的特例。如果我们对西周金文"其"的格位研究可以成立的话，那么，汉语"其"作主格代词的历史将可以提前到西周早期。

把西周金文"其"的同一性归结于代词，也会遇到问题。见下例：

（27）余其用各我宗子零百生（姓），余用匃屯（純）魯雩邁（萬）年，其永寳之。（善鼎，《集成》5.2820 中）

此例第一、三句中的"其"复指"余"，它们都指代作器者"善"。

（28）衛用乍（作）朕文考寳鼎，衛其萬年永寳用，（五祀衛鼎《集成》5.2832 中）

（29）女（汝）其以成周師氏戍于自，（彔戜卣，《集成》10.5419～20 中）

例（27）（28）的"其"所指是第一人称，（29）的所指是第二人称，这是与"其"的格位相关的人称问题。其实杨伯峻先生（1982）已经注意到这个问题，"其"可以活用为第一、第二人称代词，不过代词"其"指称第一、第二人称在西周金文中并不罕见。

参考文献

崔永东．两周金文虚词集释［M］．北京：中华书局，1994．

管燮初．西周金文语法研究［M］．北京：商务印书馆，1981．

马承源．商周青铜器铭文选［M］．北京：文物出版社，1988．

潘允中．汉语语法史概要［M］．郑州：中州书画社，1982．

容庚．金文编［M］．4版．张振林，马国权，摹补．北京：中华书局，1985．

唐钰明．异文在释读铜器铭文中的作用［J］．中山大学学报，1996（4）．

王力. 汉语史稿（中册）[M]. 北京：中华书局，1980.
吴辛丑. 人称代词"其"的两种罕见用法[J]. 中国语文，1985（4）.
杨伯峻. 古汉语中之罕见的语法现象[J]. 中国语文，1982（6）.
严一萍. 金文总集[M]. 台北：艺文印书馆，1983.
张亚初. 殷周金文集成引得[M]. 北京：中华书局，2001.
中国社会科学院考古研究所. 殷周金文集成[M]. 北京：中华书局，2007

原载于中国古文字研究会、中山大学古文字研究所编：《古文字研究》第24辑，中华书局2002年版

"彤矢其央"之"其"为代词复指主语作系词①

虢季子白盘为西周晚期青铜器，现藏北京国家博物馆，为镇馆之重器，其铭有如下文句：

(1) 王賜乘馬，是用左（佐）王，赐用弓、彤矢其央；（10173 虢季子白盤）

例（1）"彤矢其央"一句中的"央"字，刘心源先生引《诗·小雅·出车》"旟旐央央"、毛亨《传》"央央，鲜明也"以为训。② 于省吾先生从之。③ 管燮初先生此句的译文为："[王]赏赐大弓和朱红色的箭，多么鲜明。"④ 马承源先生亦从之："彤矢其央是说彤矢的色彩很鲜明。"⑤ "央"为形容词当无问题。

如果说周金长铭足抵《尚书》一篇，那么此篇虢季子白盘铭为四言韵文，足以与《诗经》媲美。西周金文此等"名词性主语+其+谓语形容词"句型仅此一例，《诗经》中则多有类似的文句，王力等研究者就引用了以下例句：

(2) 北风其凉，雨雪其雱。……
北风其喈，雨雪其霏。（《邶风·北风》）
(3) 静女其姝，俟我于城隅。……
静女其娈，贻我彤管。（《邶风·静女》）
(4) 蟋蟀在堂，岁聿其莫。（《唐风·蟋蟀》）
(5) 我来自东，零雨其濛。（《豳风·东山》）
(6) 击鼓其镗，踊跃用兵。（《邶风·击鼓》）

例（2）在名词性主语"北风""雨雪"与形容词谓语"凉""雱"之间，与"喈""霏"之间，都有一"其"字，例（3）～（6）诸句类同。王力先生有"其"为形容词词头之说，他自己也是有疑问的，甚至比动词词头说更有疑问。⑥ 不过，王力先生在其他论著中对"其"为词头说则作出了肯定。⑦ 向熹从之，并认为单音形容词加上词头，意义和语法功能大都跟重言词相当。⑧ 管燮初先生认为虢季子白盘铭中"彤矢其央"之"其央"为形

---

① 本文为国家社会科学基金项目"西周金文考证歧见汇释与相关语法研究"（14BYY108）成果。
② 刘心源：《奇觚室吉金文述（十八）》，第26页。
③ 于省吾：《双剑誃吉金文选》，中华书局1998年版，第219～220页。
④ 管燮初：《西周金文语法研究》，商务印书馆1981年版，第15页。
⑤ 马承源：《商周青铜器铭文选（三）》，文物出版社1988年版，第309页注［一三］
⑥ 王力：《汉语史稿》，中华书局1980年版，第314页；《汉语语法史》，商务印书馆1989年版，第122页。
⑦ 王力：《古代汉语（二）》，中华书局1962年版，第465页。
⑧ 向熹：《〈诗经〉语文论集》，四川民族出版社2002年版，第54～58页。

容词，"其"为前缀。① 杨伯峻先生、何乐士先生从之，认为《诗经》中形容词前的"其"是前缀。② 杨树达先生则认为形容词前的"其"是"句中助词，无义"。③ 潘允中先生从之，认为"其"是"语助"，而不是"词头"。④

熊焰先生对词头/前缀－助词说提出了质疑："所举之例竟然全部只出自于《诗经》，再举不出其他文献语言的例证来，这就很值得怀疑。相反，像带有'然、如、若、焉、尔'等附加成分（词尾）的词汇现象，则在共时的和历时的文献语言中都普遍地有所存在。"而且故训材料对此说也不予支持："以'其'为所谓附加成分，每与其前或其后的形况之词连读成一语，始于清代小学家如王引之、马瑞辰、陈奂等人，而其见解不过是一种'缘词生训'的结果，并不是从普遍的文献材料中所考察出来的一种语言实情"，所以他认为"其"字"不是什么助词，只是指代词的一种'虚用'"。⑤ 熊焰先生以"其"字词头/前缀－助词说无普遍性为由，提出了代词虚用说。我们认为"其"作代词是对的，而且"缘词生训"的批评是中肯的；但是"虚用"说仍然很虚，不能清楚说明"其"在句中的语法作用。

高名凯先生在《汉语语法论》一书中讨论汉语的系词时指出："印欧语的系词大都是用 verb to be，……其他的语言，则有拿代词、指示词等当作系词用的。如非洲班图语族的斯瓦希利语（Swahili）就是用代词当作系词用的。如果要说'这树是大的'，这地方的人就说 mti u mkulu，这里的 u 是'它'的意思，就字说字，这个句子可以译成'这树它大'。"⑥ 高名凯先生在同书中认为古代汉语"是、乃、其"等都是像斯瓦希利语一样是代词用作系词。"是"由代词转变为判断动词当是汉语语法史不争的事实，而高名凯先生认为判断句中的"乃"是一个泛指代词作系词⑦。"是"和"乃"，高名凯先生在书中都举出了相当多的例句，很可惜，他没有举出"其"为代词复指主语作系词的例句。

我们认为：西周青铜器虢季子白盘铭中"彤矢其央"之"其"以代词身份作系词，且复指主语"彤矢"⑧，此句可逐字直译为"红箭它鲜明"。《诗经》中同类诸句"北风其凉""雨雪其雱""北风其喈""雨雪其霏""静女其姝""静女其娈""岁聿其莫""零雨其濛""击鼓其镗"等，以此类推，这是上古韵文为凑足四言诗句而形成的特殊句式："名词性主语＋其＋谓语形容词"。在上古汉语中，"是"和"其"都以代词身份作系词，"是"则因为运用广泛而发展为判断动词，"其"因为局限于韵文而在竞争中失败，以致我们现在似乎忘却了它以代词身份作系词的历史。

原载于陈伟武主编：《古文字论坛》第二辑（中山大学古文字学研究室成立六十周年纪念专号），中西书局 2016 年版，与朱学斌合作

---

① 管燮初：《西周金文语法研究》，商务印书馆 1981 年版，第 202 页。
② 杨伯峻、何乐士：《古汉语语法及其发展（修订本）》上，语文出版社 2001 年版，第 184 页。
③ 杨树达：《词诠》，中华书局 1954 年版，第 162～163 页。
④ 潘允中：《汉语语法史概要》，中州书画社 1982 年版，第 53 页。
⑤ 熊焰：《先秦韵文"其"字代词虚用说》，《古汉语研究》1997 年第 2 期，第 46～47 页。
⑥ 高名凯：《汉语语法论》，商务印书馆 1986 年版，第 384 页。
⑦ 高名凯：《汉语语法论》，商务印书馆 1986 年版，第 390～392 页。
⑧ 朱其智：《西周铭文篇章指同及其相关语法研究》，河北大学出版社 2007 年版，第 154～156 页。

西周金文研究札记两则

一、"其丌"为"其"之分书，且"丌"为"其"之异体

甲骨文中有"丌"字，于省吾先生主编的《甲骨文字诂林》认为："卜辞丌字多为人名，或用作动词，其义不明。"[1]

西周金文"丌"字数见，成句者仅三例：

（1）乍（作）𢆶殷，用𩰬卿己公，用俗多公，其丌哀乃沈子它唯福，用水霝令，用妥公唯壽。（04330 沈子它殷盖）

"其丌哀乃沈子它唯福"之"丌哀"，郭沫若先生认为："当读为剧爱。丌剧音相近，哀爱古可通用。"[2]49 赵诚评论道："按照郭氏的注释，特别是注哀为爱，使铭文能顺利通读，所以为学者们所接受。至于丌是否一定需读为剧，当然还可以再研究，但不会影响哀读为爱。"[3]

我们注意到此铭中多字分书，如第一、第三行的"敢"字，第六行的"叔"字，第九行的"肇""贮"字，末行的"毁"字。那么第十行的末字"其"与第十一行的首字"丌"，我们怀疑是"其"字繁文"其"的分书。上下离析的分书现象已不多见，隔行离析的分书，金文中似只有一例，孙稚雏先生在《金文释读中一些问题的探讨（续）》一文的第七章"子谋盂新释"中指出："本铭更加奇特的是'铸'字分书时，将下面的偏旁'皿'提到第二行，这种情况在金文中极罕见。"[4]

沈子它殷属于西周早期，繁文"其"殷代金文就出现（08852 亚其父乙爵），不过是用作族徽。"其"用作代词最早见于西周早期，为 05428~29 叔遘父卣，以后中期、晚期均有数例出现。子谋盂铭中"铸"字隔行分书，是由于原字是上下结构，像"其"这样左右结构的字怎么可能跨行分书呢？我们看叔遘父卣中"其"就找到答案了，原文为 ，这是早期比较象形化的"其"，基本上是上下结构了，这就有可能隔行分书。如果我们的见解能够成立，"丌是否一定需读为剧"就不成为问题了。

沈子它殷盖铭中该句释文当为"其（其）哀乃沈子它唯福"，"其（其）"作主语，指上两句中的宾语"己公"和"多公"。

（2）不（丕）杯丌皇公受京宗懿釐。（04341 班殷）

此例"丌"字，郭沫若先生认为："丌当与朕同意，丌朕均一音之转"[2]22。陈梦家认为：

"'丮'义与'厥''其'相似，乃第三人称代名词，《徐王子钟》'以乐嘉宾，及丮生友'与此同。"[5]（笔者按：陈梦家文中"生友"当为"友生"。）白川静从郭沫若之说："金文では友生・倗友に対しては我を附しているという例が多く、丮も壹人稱領格の語である。秦公殷に'不顯朕皇且'とあり、語例同し。文录に揚と釋するのは用例に合わない。"[6]曹兆兰的译文为："但金文中在友生、倗友前加我的用例较多，丮也是第一人称领格词。秦公殷中有'不显朕皇且'，语例相同。《文录》释丮为扬，不合于用例。"[7]黄盛璋亦从郭沫若之说，并找到了在"倗友"等前用"我"的多个句例。[8-9]

吴闓生认为"不怀丮者，丕显扬也"[10]。马承源则进一步解释道："扬，铭作丮，即扬字之省。小子省壶及扬簋之扬都从丮从玉，像人捧玉敬扬之状。此字漏铸玉字，仍应读扬。"[11]（笔者按：小子省壶《殷周金文集成》名之为05394小子省卣，"扬"字作𤣩。然04294～95扬簋"扬"字均作𤰈，与马先生所说有异，而02612～13𤰈方鼎（扬方鼎/扬鼎）铭"扬"字作𤰈，与马先生所说"像人捧玉敬扬之状"同。）

杨树达则认为"不怀丮皇公者，丮字意虽不明，然不怀丮为赞美之辞，固甚显白也"[12]。李学勤从之，并读"丮"为"极"[13]。然"不怀极"和"不怀扬"一样，语法上有欠妥之处，"不怀"为形容词，语义与语法功能均同于"不显"，金文中"不显"无用在动词之前或副词之前的例证。

不过李学勤认为陈梦家所引徐王子旃钟（笔者按："旃"原文当为"旃"）并非"丮"字是对的，现在铭中该句通常释为："以乐嘉宾、倗友、诸贤"（00182徐王子旃钟[14-15]）。陈梦家将"倗友诸"三字错释为"及丮友生"。既然徐王子旃钟中无"及丮友生"一句，白川静、黄先生从郭沫若"丮同朕"以反对陈梦家之说的论据——金文中在"友生、倗友"前"我"的用例较多，就失去了目标。

陈梦家认为"丮"义与"厥""其"相似，我们认为"丮"就是"其"的繁构"期"的一种简化形式，简言之就是"期（其）"的异体字。前有04330沈子它簋盖铭中"期"字"其丮"分书，现有04341班簋铭中"丮"代"期"以偏代全，以偏代全是文字演变过程中的通则之一。上文我们讨论到马承源先生以"丮"为"扬"之例证，马承源说虽有异，然与以偏代全之理一也。战国文字中，多以"丌/亓"代"其"，本身也是以偏代全一个很好的例证。不过"其"之简体"丌/亓"大行其道之后，"期"字简体"丮"字就被废止，被遗忘了。

（3）乍（作）丮隣（尊）彝。（09042作丮尊彝角）

此例为一句之铭，"丮"即"其"字，处领位，当指作器者的某个祖先。

二、"淮夷繇我贔晦臣"之"繇"通"犹"

（4）淮尸（夷）繇我贔晦臣，今敢博乎（厥）众叚，反乎（厥）工吏（04313～14師袁簋盖）

一般学者认为句首的"繇"字发语词[16]858或叹词[17]，然"繇"字有位于句中者，即此例师衮殷盖铭:"淮尸(夷)繇我𪓑晦臣,今敢博厥众叚,反厥工吏"之"繇"。张政烺先生则认为此"繇"假为"旧",与下文"今"字对言,且以10174兮甲盘铭"淮夷旧我𪓑晦人"为证,[18]学者多从之。虽语义可通,然语法上仍有未安之处。"旧"为形容词,当为名词之修饰语,如西周铭文中之"旧官""旧宗""旧疆",无位于代词前之他例可证;再说西周铭文中,"兹、载、乡、昔"等字和"今"字相对,义为"从前"[19],无"繇/旧"与"今"对言之他例可作旁证,且"今"和"昔"等诸字相对,皆位于主语前,不像此"繇"位于句中。

故笔者认为句中的"繇"通"旧"不可取。"淮夷繇我𪓑晦臣"之"繇"当通"犹",西周金文本无"犹"字,当假"繇"为之。

容庚认为:"繇,发语词。《大诰》'王若曰:猷'。《马》本作'䌛'。'䌛'《说文》所无。《说文通训定声》据偏旁及《韵会》补为繇之重文。"[16]856 曾宪通认为"䌛为正篆,以从言从䌛省声之繇为重文"[20]。不管以何字为正字,"繇"与"䌛"为一字当无可疑。"繇"字上古"霄部余纽","犹"字上古"幽部余纽"。[21]二字声纽相同,韵部相近,音近可通。据陈世辉研究,晚周器09935~36伯公父勺铭就出现了幽宵合韵现象。[22]查高亨《古字通假会典》,更有"䌛"通"犹"之例:

《吕氏春秋·权勋》:"中山之国,有瓜䌛者。"《史记·樗里子甘茂列传》瓜䌛作仇犹。○《尔雅·释诂下》:"䌛,喜也。"郭注:"《礼记》:'咏斯犹。'犹即䌛也,古今字耳。"[23]714

而"䌛"通"由"、"由"通"犹"者,更是有众多例证[23]714-716,718。"淮夷繇我𪓑晦臣"之"繇",用于判断句前项与后项之间,以"繇"通"犹",语义、语法上都较为确当。吕叔湘在论述"准判断句"时,将"犹"称为"准系词"。[24]那么,10174兮甲盘铭中的"淮夷旧我𪓑晦人"之"旧",与"淮夷繇我𪓑晦臣"之"繇(犹)"通假,是"旧"通"繇(犹)",而非相反,这两句都是以"犹"为准系词的判断句。而西周金文他例中句首的"繇"仍可视为发语词/叹词。例如:

王令虞侯夨曰:"繇!侯于宜。……"(04320 宜侯夨殷)

补记:西周金文有"猷"字,容庚等先生曰"说文作犹"[16]685,然此"猷"在西周金文中均作名词,训为"谋",与准系词"犹"无关。

参考文献

[1] 于省吾. 甲骨文字诂林[M]. 北京:中华书局,1996:421.
[2] 郭沫若. 两周金文辞大系图录考释:下册[M]. 上海:上海书店出版社,1999:49.
[3] 赵诚. 二十世纪金文研究述要[M]. 太原:书海出版社,2003:105.
[4] 孙稚雏. 金文释读中一些问题的探讨(续)[M]//山西省文物局,中华古文字研究会,中华书局编辑部. 古文字研究:第9辑. 北京:中华书局,1984:410.
[5] 陈梦家. 西周铜器断代(二)[J]. 考古学报,1955(2):73.
[6] 白川静. 金文通释:第15辑[M]. 神户:日本白鹤美术馆,1966(昭和四十一年):54.
[7] 曹兆兰. 金文通释选译[M]. 武汉:武汉大学出版社,2000:110.
[8] 黄盛璋. 古汉语的人身代词研究[J]. 中国语文,1963(6):456-457;

［9］黄盛璋．班簋的年代、地理与历史问题［J］．考古与文物，1981（1）：77．
［10］吴闿生．吉金文录：二［M］．北京：中华书局，1963：13．
［11］马承源．商周青铜器铭文选：三［M］．北京：文物出版社，1988：109-110．
［12］杨树达．积微居金文说［M］．北京：中华书局，1997：232．
［13］李学勤．班簋续考［M］//陕西省考古研究所，中华古文字研究会，中华书局编辑部．古文字研究：第13辑．北京：中华书局，1986：184-185．
［14］张亚初．殷周金文集成引得［M］．北京：中华书局，2001．
［15］中国社会科学院考古研究所．殷周金文集成释文［M］．香港：香港中文大学中国文化研究所，2001．
［16］容庚．金文编［M］．4版．张振林，马国权，摹补．北京：中华书局，1985．
［17］陈永正．西周春秋铜器铭文中的语气词［M］//中华古文字研究会，中华书局编辑部．古文字研究：第19辑．北京：中华书局，1992年．
［18］张政烺．周厉王胡簋释文［M］//中华书局编辑部．古文字研究：第3辑．北京：中华书局，1980：105-106．
［19］陈梦家．西周铜器断代（六）［J］．考古学报，1956（4）：92．
［20］曾宪通．说䚈［M］//山西省文物局，中华古文字研究会，中华书局编辑部．古文字研究：第10辑．北京：中华书局，1983：24．
［21］李珍华、周长辑．汉字古今音表［M］．北京：中华书局，1993：409-410．
［22］陈世辉．金文韵读续辑（一）［M］//中山大学古文字研究室．古文字研究：第5辑，中华书局，1981．
［23］高亨．古字通假会典［M］．济南：齐鲁书社，1989．
［24］吕叔湘．中国文法要略［M］．北京：商务印书馆，1956：64．

原载于《语言研究》2006年第4期

五年琱生二器铭文对勘

在琱生三器中，"04292 五年琱生簋"（器名前 5 位数字为《殷周金文集成》的编号，下同）和新出的"五年琱生尊"铭文关系更密切，所记实为一事，历时则先后有所不同。五年琱生簋记事在前，为五年正月；五年琱生尊记事在后，为该年九月。所以两铭内容或可以互相印证，或可以互相补充。本文在吸取前贤时哲研究成果的基础上，对二器铭文进行对勘研究。

  1. 隹（唯）五年正月己丑，
    隹（唯）五年九月初吉，（上为正月器铭文，下为九月器铭文，下文同）

两铭所记为一事，同一年中历先后两时，两铭篇首各记具体日期。

  2. 琱生又（有）事（使）䤈（召），来合事。（正月器铭文独有句）

正月器铭文有"琱生又（有）事（使）䤈（召），来合事"的记录，这是事件的背景。此句学界多以"琱生又（有）事，䤈（召）来合事"为句读，而孙诒让[①]则断句为"琱生又（有）事䤈（召），来合事"，并有说："'有事召'谓有事于召都也；'来合事'，合当读为会"，丁山[②]从之。我们[③]曾说明了为什么应该采取孙诒让和丁山的句读，而且，上"事"字当从容庚[④]释作"使"，训为"出使"更可取。此句句读释文当为"琱生有使召，来合事"。

  3. 余獻（献）䆞（妇）氏㠯（以）壶，告曰：㠯（以）君氏令（命）曰：䤈（召）姜㠯（以）琱生𬭚五㝬壶两、㠯（以）君氏令（命）曰：

（1）"余獻（献）䆞（妇）氏㠯（以）壶"是事件的开端，"余"即作器者琱生自称。并开始进入主题："告曰：㠯（以）君氏令曰：……"而且此两句都省略主语"妇氏"。

两器对勘，"召姜"即"妇氏"当无问题。正因为有正月器铭文的"余獻（献）䆞（妇）氏㠯（以）壶，……"，才有九月器的"䤈（召）姜㠯（以）琱生𬭚五㝬壶两、㠯（以）君氏命曰：……"。琱生献壶在先，召姜据之而曰在后。九月器铭文的句法当为"召姜以……、以……曰："，两"以"均为介词，可释为由于、根据，构成两个介词结构，作动词"曰"的状语。

如果我们的判断和理解能够成立，就没有必要将九月器"召姜以琱生𬭚五㝬壶两"之

---

  ① 孙诒让：《古籀余论》三·二一，燕京大学 1929 年版。
  ② 丁山：《召穆公传》，《史语所集刊》第二本第一分。
  ③ 朱其智：《西周铭文篇章指同及其相关语法研究》，河北大学出版社 2007 年版，第 30～31 页。
  ④ 容庚：《商周彝器通考》，哈佛燕京学社 1941 年版，第 347 页。

"以"理解为动词:陈英杰①训"以"为"致",招致也;林沄②认为"以"即"贻""诒",训为"遗",赠送也。而且"以"作动词训"致"训"遗",西周金文没有其他文例可以支持。虚词可通,不烦实训。

至于正月器铭文,王辉③在五年琱生尊(九月器)新出土后仍断句如此:"余献妇氏以壶,告曰",我们表示同意。对于这一句语法,杨五铭④是这样分析的:"以"是介词,其用法相当于口语中的"把""用"等。琱生把壶献给妇氏意明也。我们⑤曾举出了西周金文的同类句型:

乃即散用田。(10176 散氏盘)

杨树达⑥认为"即者,今言付与";"用"当训"以"。我们认为"余献妇氏以壶"与"乃即散用田"两句句型为"$S+V+O_1+以+O_2$",此等句型,乃后世"授人以柄"句法之滥觞。何乐士⑦对《左传》中的此等句型有比较精到的研究,她认为,"$以+O_2$"表示给予之物,"以"有"把"意,用在动词 V 后,V 为可带双宾语的动词。

(2)九月器"琱生㠯五琙壶两"中,"㠯"和"琙"没有确切的隶定和解释。正月器"余献妇氏以壶"一句中,"余(琱生)"和"壶"之间的动词是"献",那么比对下来,"琱生㠯五琙壶两"一句中"琱生"和"壶"之间也应该有一个动词跟"献"近义,那似乎只能是"㠯"字。

"㠯"字,陈英杰⑧释为"蔑"字,有馈赠、进献之义;王进锋⑨隶定为戜字,即"眔"字,有"及、致"义:这都跟"献"义近。对于九月器这一句"召姜以琱生㠯五琙壶两",王辉⑩的译文为"召姜因为琱生(曾奉献过)五条红丝巾、一对壶",括号中出现"奉献"一词,有增字解经的意味。看来我们应该把"奉献"落实到句中的"㠯"字上,而不是将它理解为"红丝巾"等。

西周金文有"旂五日"(04286 辅师嫠簋)、"䜌旂五日"(04268 王臣簋)、"䜌旂五日"(04257 弭伯师耤簋)、"䜌旂五日"(虎簋)(《考古与文物》1997 年第 3 期)。"五

---

① 陈英杰:《新出琱生尊补释》,《考古与文物》2007 年第 5 期,第 109～111 页。
② 林沄:《琱生尊与琱生簋的联读》,《古文字研究》第 27 辑,中华书局 2008 年版,第 206～211 页。
③ 王辉:《琱生三器考释》,《考古学报》2008 年第 1 期,第 39～64 页。
④ 杨五铭:《西周金文联结词"以"、"用"、"于"释例》,《古文字研究》第 10 辑,中华书局 1983 年版,第 369 页。
⑤ 朱其智:《西周铭文篇章指同及其相关语法研究》,河北大学出版社 2007 年版,第 196 页。
⑥ 杨树达:《积微居金文说》,中华书局 1997 年版,第 17 页。
⑦ 何乐士:《〈左传〉虚词研究》(修订本),商务印书馆 2004 年版,第 147 页:
(1)及宋,宋襄公赠之以马二十乘。(僖 23)
(2)既,卫人赏之以邑。(成 2)
(3)吾邑不足欲也,益之以邧殿,乃足欲。(襄 28)
(4)晋侯嘉焉,授之以策。(昭 3)
(5)宣子逆诸阶,执其手,赂之以曲沃。(襄 23)
⑧ 陈英杰:《新出琱生尊补释》,《考古与文物》2007 年第 5 期,第 109～111 页。
⑨ 王进锋:《新出〈五年琱生尊〉与琱生诸器新释》,《历史教学》2008 年第 6 期,第 87～92 页。
⑩ 王辉:《琱生三器考释》,《考古学报》2008 年第 1 期,第 39～64 页。

日"即五个太阳,为旂之纹饰。

西周金文还有"毌五钖"(00060～63 逆钟),曹发展、陈国英①认为钖"为盾背之饰",五钖就是五个铜泡。"毌五昜(钖)"(04216～17 五年师旋毁)、"毌五钖"(04311 师獸毁)例同。

据西周金文文例,"五◇壶两"之"五◇"疑为壶之装饰。

"召姜以琱生🍀五◇壶两、……"一句可解为"召姜据琱生所献饰以五◇之壶两、……"。

(3)我们②曾总结了西周金文的传命句法是"以×令曰",该句法规定了×为命辞中第一人称的先行词。并举了《中甗》的例子:

　　　　史兒至,吕(以)王令曰:余令女(汝)史(使)小大邦。(00949 中甗)

"吕(以)王令曰"之"王"是命辞中"余"的先行词,即"余"指代"王"。

同时,笔者对五年琱生簋(正月器)相关铭文曾做出这样的判断:"'以君氏令曰'规定了'君氏'就是命辞中'余'的先行词,故郭沫若③认为'余者君氏自谓',说可从;林沄④则认为'余'是'琱生自称',当不可从。"

当五年琱生尊(九月器)出土后,林沄⑤改正了旧说:"既然是代拟君氏之命,却用琱生的口气,毕竟是很牵强的。现在由琱生尊铭证明,君氏之命是对琱生说的,其中'余'显然是君氏自称。"

　　4. 余老止,公仆壹(庸)土田多諫,
　　　余老之,我仆壹(庸)社(土)田多諫,

朱凤瀚⑥在对五年琱生簋(正月器)的考释中,提出"余老止"之"止"应作为句末语气词,新出土的五年琱生尊(九月器)证明朱凤瀚的论断很有见地。两器铭文对勘下来,知前人所谓"止公"作为人名并不成立,"之/止"均为句末语气词,这是五年琱生尊(九月器)出土的最大意义之所在。

对读两铭,知正月器之"公"即九月器之"我",和上文之"余",均即为"君氏"自称。

　　5. 弋(式)白(伯)氏從許。
　　　弋(式)許,勿使楸(散)亡。

对勘两铭,九月器之"弋(式)许",乃正月器"弋白(伯)氏从许"之省,句法有详略。另九月器还补充说明了君氏之命的目的是"勿使(仆庸土田)散亡"——九月器独有句。

---

① 曹发展、陈国英:《咸阳地区出土西周青铜器》,《考古与文物》1981 年第 1 期,第 11 页。
② 朱其智:《西周铭文篇章指同及其相关语法研究》,河北大学出版社 2007 年版,第 82 页。
③ 郭沫若:《两周金文辞大系图录考释》下一四三。
④ 林沄:《琱生簋新探》,《古文字研究》第 3 辑,中华书局 1980 年版,第 126 页。
⑤ 林沄:《琱生尊与琱生簋的联读》,《古文字研究》第 27 辑,中华书局 2008 年版,第 206～211 页。
⑥ 朱凤瀚:《琱生簋铭新探》,《中华文史论丛》1989 年第 1 期,第 85 页。

6. 公宕（宕）其参，女（汝）则宕（宕）其贰，公宕（宕）其贰，女（汝）则宕（宕）其一。

余宕（宕）其叁，女（汝）宕（宕）其贰。

两铭传命内容主要不同是正月器和九月器对于仆庸土田的安排有异。我们同意冯时①的观点："五年正月所定的分配方案'公宕其参，汝则宕其贰，公宕其贰，汝则宕其一'，尚在选择之中。而五年九月所确定的最终方案则为'余宕其参，女（汝）宕其贰'。可知前后两次之议事明显不同，故不宜将两器铭文的内容视为一时之事而以省文解之。"

7. 其𠂤（兄）公，其弟乃（廼）。"（九月器独有句）

我们同意王辉②对于"其兄"和"其弟"的理解："兄，召伯虎，他是大宗嫡长子，琱生之兄；他是君氏法定继承人，在君氏之后，自然也是公家的代表。弟指琱生。琱生是小宗嫡长子，是弟，在宗族土田仆庸分配中所得份额虽小，但也是应得的。"

我们同意徐义华③和冯时④的观点，"其兄公"是指"召伯虎"继承公爵。至于"其弟乃（廼）"，我们认为是"乃（廼）"字下省/脱一"伯"字，"其弟乃（廼）伯"即琱生继承伯爵。我们知道九月器有"弋（式）许"，乃承正月器"弋白（伯）氏从许"之省"伯氏"，而且这里的"伯氏"指琱生⑤。那么我们可以认为"乃（廼）"字下当转承上省一"伯"字；或者根据六年琱生簋文句"为白（伯）又祇又成"和"白（伯）氏则报璧"推敲，"乃（廼）"字下脱一"伯"字。

而学界有以"公"训"公平"⑥者，"乃"通"仍"⑦者，西周金文均无文例支撑，属于孤证；"乃"通"廼"则为西周金文所常见⑧。

有断句为"其弟乃余"⑨"其弟乃余惠大璋"⑩者，均不辞。且对勘正月器，此"余"字当属下句，而不是属上句或上下相连。

8. 余𠃬（惠）于君氏大章（璋），报妇（婦）氏帛束、璜。

余𠃬（惠）大章（璋），报妇（婦）氏帛束、璜一。有𤔲（司）眔盥两屖。

---

① 冯时：《琱生三器铭文研究》，《考古》2010年第1期，第69～77页。
② 王辉：《琱生三器考释》，《考古学报》2008年第1期，第39～64页。
③ 徐义华：《新出土〈五年琱生尊〉与琱生器铭试析》，《中国史研究》2007第2期，第17～28页。
④ 冯时：《琱生三器铭文研究》，《考古》2010年第1期，第69～77页。
⑤ 王辉认为，此"伯氏"同六年琱生簋中的"伯氏"一样，均指琱生。（《琱生三器考释》，《考古学报》2008年第1期，第39～64页）
⑥ 陈昭容等：《新出土青铜器〈琱生尊〉及传世〈琱生簋〉对读》，《古今论衡》2007年第6期，第31～52页；李学勤：《琱生诸器铭文联读研究》，《文物》2007年第8期，第71～75页；王占奎：《琱生三器铭文考释》，《考古与文物》2007年第5期，第105～108页；王进锋：《新出〈五年琱生尊〉与琱生诸器新释》，《历史教学》2008年第6期，第87～92页；吴镇烽：《琱生尊铭文的几点考释》，《考古与文物》2007年第5期，第103～104、111页。
⑦ 徐义华：《新出土〈五年琱生尊〉与琱生器铭试析》，《中国史研究》2007年第2期，第17～28页；陈昭容等：《新出土青铜器〈琱生尊〉及传世〈琱生簋〉对读》，《古今论衡》2007年第6期，第31～52页；王进锋：《新出〈五年琱生尊〉与琱生诸器新释》，《历史教学》2008年第6期，第87～92页；吴镇烽：《琱生尊铭文的几点考释》，《考古与文物》2007年第5期，第103～104、111页。
⑧ 朱其智：《西周铭文篇章指同及其相关语法研究》，河北大学出版社2007年版，第100～104页。
⑨ 王辉：《琱生三器考释》，《考古学报》2008年第1期，第39～64页。
⑩ 程一凡：《琱生钺与厉王事件》，《湖南大学学报（社会科学版）》2013年第4期，第13～20页。

从这里开始是两铭的结束部分。正月器曰："余惠于君氏大章,报妇氏帛束、璜,……琱生则堇圭",即琱生又分别给君氏、妇氏和召伯虎礼物。

正月器和九月器对勘下来。知九月器省"于君氏",而具体给出"报妇氏"的"璜"数为"一"。

九月器未提"堇圭"之事,却提到在场的官员的行为:"有嗣(司)眔盟两屖"——九年器铭文独有句。

9. 盥(召)白(伯)虎曰:"余既訊厦我考我母令(命),余弗敢閣(亂),余或至我考我母令(命)。"琱生则堇圭。(正月器独有句)

10. 琱生對揚朕宗君休,用乍(作)召公障(尊)簋。用蘄(祈)通彔(祿)得屯(純)霝(靈)冬(終),子孫永寶用之亯(享)。其又(有)敢䚄(亂)兹命,曰:"女(汝)事(使)召,氒(厥)公則明殛(殛)。"(九月器独有句)

正月器记录了召伯虎的表态:盥(召)白(伯)虎曰:"余既訊厦我考我母令,余弗敢閣(乱),余或至我考我母令";九月器铭文则为:"其又(有)敢䚄(乱)兹命,曰:女(汝)事(使)召,氒(厥)公則明殛(殛)"。对勘下来,知九月器"曰"字前省略的主语当为"召伯虎"。正月器从正面说"余弗敢乱,余或至我考我母命";而九月器从反面说"其有敢乱兹命","女使召","汝"指琱生,你再出使召地,"厥公则明殛","厥公"为召伯虎自称,"明殛",大加惩罚。两铭互补,文气相贯。

九月器铭文中这句"汝使召",与正月器篇首"琱生有使召"一句遥相呼应,互为印证。正月器琱生出使召地,是来合仆庸土田之事。如今君氏之命已传,仆庸土田分配方案已定,爵位已授,若有人敢于乱命,那么召伯虎就让琱生再出使召地,自己行使威权大加惩罚乱命之人。

九月器篇末之文句"女(汝)事(使)召,氒(厥)公則明殛(殛)",我们的句读与陈英杰①的一致,但是"明""殛(殛)"连用,语义现成,《侯马盟书》②有"吾君明殛视之,麻夷非是"之例,《左传·僖公二十八年》也有"有渝此盟,明神殛之"之语:"殛(殛)"均为"惩罚"之义,不宜他释。

至于"公"之前一字隶定为"氒"而非"人",陈英杰文中并未说明。其实西周金文"氒"字形与"人"易混。刘心源③记录自己曾将静簋"眔小臣眔氒仆"之"氒"误释作"人"。细观九月器拓本④,字形在"氒""人"之间,其中五年琱生尊A铭更接近"氒"字。我们释作"氒"字,语法上也通得过:"氒公"之语法与该铭中"其兄""其弟"类同。

学界多将此字释为"人",且属上句:"女(汝)事(使)召人,公则明殛(殛)"。"汝事(使)召人"之"事(使)",有训为"役使"⑤者,有训为"侍奉"⑥者,其说均

---

① 陈英杰:《新出琱生尊补释》,《考古与文物》2007 年第 5 期,第 109~111 页。
② 山西省文物工作委员会:《侯马盟书》,文物出版社 1976 年版。
③ 刘心源:《奇觚室吉金文述》卷一,上海古籍出版社 1995 年版,第 23~24 页。
④ 见《考古与文物》2007 年第 4 期,第 9 页。
⑤ 徐义华:《新出土〈五年琱生尊〉与琱生器铭试析》,《中国史研究》2007 第 2 期,第 17~28 页;王进锋:《新出〈五年琱生尊〉与琱生诸器新释》,《历史教学》2008 年第 6 期,第 87~92 页。
⑥ 辛怡华、刘栋:《五年琱生尊铭文考释》,《文物》2007 年第 8 期,第 76~80 页。

难周全。

正月器没有嘏辞，因为事件尚未有结局；而九月器给出了嘏辞"用䝮（祈）通彔（禄）得屯（纯）霝（灵）冬（终），子孫永寶用之䙷（享）"，当为此事件已了结。

根据五年琱生正月、九月二器铭文中的传命句法，有传命内容，知它们跟中甗一样，均为传命类铭文。至于"04293 六年琱生簋"的内容，不像"五年琱生簋"（正月器）和"五年琱生尊"（九月器）那样密切。"六年琱生簋"铭文有"余㠯（以）邑讯有嗣（司）"一句，知其为诉讼句法，属于诉讼类铭文[①]。当为有人"乱命"之后，被提起诉讼，召伯虎和琱生打赢官司的记录。

原载于李学勤主编：《出土文献》第八辑，中西书局 2016 年版，第 74～80 页

---

① 西周金文诉讼句法为"以 + 宾语 + 告/讼（于）……"（朱其智：《西周铭文篇章指同及其相关语法研究》，河北大学出版社 2007 年版，第 195～196 页）。

散氏盘还是矢人盘？

——兼与张振林先生商榷

现藏于台北故宫博物院、为《殷周金文集成》所著录的 10176 号器通称为"散氏盘"，此器为西周晚期重器，盘上铸有铭文 349 字。现将盘铭后半段录于下，以便于讨论研究：

> 唯王九月辰在乙卯，矢卑鲜、且、畀、旅誓曰：我既付散氏田器，有爽，實余有散氏心贼，则爱千罚千，传弃之。鲜、且、畀、旅则誓，廼卑西宫襄、武父誓曰：我既付散氏濕田、啬田，余有爽縊，爰千罚千。西宫襄、武父则誓。毕（厥）䍻（授）圖矢王于豆新宫東廷，毕（厥）左執要，史正中農。（10176 散氏盤）

对于末句"厥䍻图矢王于豆新宫东廷"之䍻字，虽然四版《金文编》①将其归于"为"字下，然学界多释为"受"。如郭沫若释此字为"受"，且有说："受者授省，言经界既定，誓要既立，乃授其疆里之图于矢王。授图之地乃在'豆新宫东廷'。豆者矢之属邑，上举矢之有司中有豆人，可证。就此语观之，本盘实是矢人所作，旧称'散氏盘'者实误也。今从刘心源正名为《矢人盘》。末行'毕左执要，史正中农'乃下款，谓其左执券乃史正之官名仲农者所书也。"②不过，郭沫若仅根据授图之地"豆"为矢邑来定此盘为"矢人盘"，理由显得不够充分。

杨树达认为："散氏受田，以事理衡之，制盘者当为散氏而非矢人，旧题此器为《散盘》或《散氏盘》者，是也。刘心源改题为《矢人盘》，失其理矣。今仍旧题《散氏盘》云。"③杨树达之说现为学术界所从。

白川静直接将䍻隶定为"受"，且认为："厥は領格に用いる代名詞であるが、稀に主語に用いる。……ここでは厥は散をいう。"④大意为：厥用作领格代词，很少用作主语。……这里"厥"指"散"。

白川静将"厥䍻（授）图矢王于豆新宫东廷"之"厥"分析为代词是对的，但是"厥"之所指为"散"还是"矢"，这要看上下文。自"唯王九月辰在乙卯"至篇末为本铭的下半段，然而此段中，在"厥"之上文中，主要动词为两个"卑"，其主语均为"矢"；还有兼语"鲜、且、畀、旅"和"西宫襄、武父"，均为矢人。誓词中有代词"我""余"作主语，均指兼语，亦为矢人。在"厥"的下文中，亦有矢王。在这样的上

---

① 容庚：《金文编》，张振林、马国权摹补，中华书局 1985 年版，第 175 页。
② 郭沫若：《两周金文辞大系图录考释》下，科学出版社 1957 年版，第 131 页。
③ 杨树达：《积微居金文说》，中华书局 1997 年版，第 18 页。
④ 白川静：《金文通释》第 24 辑，日本白鹤美术馆 1968 年版，第 203 页。

下文语境中，"氒"不管是承上指还是探下指都当为"矢"。第二个"氒"，"氒左执要，史正中农"之"氒"亦如此，即"史正中农"为矢人。从"氒"之所指来看，此盘应当题为"矢人盘"。

杨树达之说依据"散氏受田"之事理，将此盘题为"散氏盘"，我们则根据"氒之所指"之文理，将其命名为"矢人盘"。事有事理，文有文理，究竟如何选择？此铭为"左执要"者作器，看来问题的关键在于对"左执要"的理解。

"要"字原文为▨，张振林认为"孙诒让释此字为要约之要，繁文为䌛，是令人信服的"，"释䌛读为要约之要，铭中之义顺达，字形可作从糸要声解释，要旁为▨之异体，⊗讹变为∧"。① 孙诒让、张振林之说可从。

"左要"究竟是付方（债务人），还是受方（债权人），似有进一步研究的必要。张振林认为："古之要约，或又称券、称契，原本分为左右，右要由付方所执，左要归收受方所执，各以为凭证"，"矢人是讼事负方，付田器和湿田啬田给散氏，是毕执右䌛；而散氏是讼事胜方，属受方，是毕执左䌛方"。②

高明亦有说："古以右契为尊。《礼记·曲礼》'献粟者执右契'，郑玄《注》：'契，券要也，右为尊。'《商君书·定分篇》：'以左券予吏之问法令者，主法令之吏谨藏其右券木柙，以室藏之。'《战国策·韩策》：'安成君东重于魏，西贵于秦，操右契而为责德于秦魏之主。'《史记·平原君传》：'且虞卿操其两权，事成，操右券以责。'《索隐》曰：'平原君取封事成，则操其右券以责其报德也。'综上所举，皆言右契为上，归债权人所执；左契为下，由负债人收执。"③ 高明之说与张振林之说正相反。

为了证明左要为受方（债权方），张振林引用了世传本《老子》和《马王堆老子乙本》："《老子》：'是以圣人执左契而不责于人。'是说圣人持有向人索取的契约而不用。《马王堆老子乙本》作'是以圣人执左芥而不以责于人。'"④ 然而张振林忽略的《马王堆老子甲本》却作"是以圣右介（契）而不以责于人"⑤。对勘下来，《甲》本"圣"字下脱"人执"二字，乃抄写之误，又假"介"为"契"（《乙》本假"芥"为"契"），《甲》本言"执右契"，当无可疑，明显与世传本和《乙》本不同。

判断甲本、乙本的正误是非，高明认为可从三个方面分析："一、《甲》本时代比《乙》本早，用篆书抄写，不避讳，乃秦代抄写之文本。《乙》本用隶书抄写，避刘邦讳，乃汉初抄写之本。《甲》本来源更为古老，可能保存了更为原始的古句。二、《甲》本'执右契'虽为孤例，但执右责左而同古契制以右为尊相合。《乙》本'执左契'虽与世传本相同，但执左责右而与古契制抵牾。三、从经义考察，《甲》本'是以圣人执右契，

---

① 张振林：《先秦"要"、"娄"二字及相关字辨析——兼议散氏盘之主人与定名》，《第三届国际中国古文字学研讨会论文集》，香港中文大学1997年版，第736～737页。
② 张振林：《先秦"要"、"娄"二字及相关字辨析——兼议散氏盘之主人与定名》，《第三届国际中国古文字学研讨会论文集》，香港中文大学1997年版，第739～740页。
③ 高明：《帛书老子校注》，中华书局1996年版，第215页。
④ 张振林：《先秦"要"、"娄"二字及相关字辨析——兼议散氏盘之主人与定名》，《第三届国际中国古文字学研讨会论文集》，第739～740页，香港中文大学1997年；参见《老子乙本及卷前古佚书》，马王堆汉墓帛书整理小组编，文物出版社1974年。
⑤ 马王堆汉墓帛书整理小组：《老子甲本及卷后古佚书》，"老子甲本及卷后佚书图版"三·九一、"老子甲本释文"八，文物出版社1974年版。

而不以责于人'，乃谓圣人执右契应责而不责，施而不求报。正与《老子》所讲'生而弗有，长而弗宰'之玄德思想一致。《乙》本'执左契'义不可识，虽经历代学者旁征博引，多方诠释，仍不合《老子》之旨。据此足证帛书《甲》本当为《老子》原本旧文，《乙》本与世传今本皆有讹误。今据上述古今各本勘校，《老子》此文当订正为：'是以圣人执右契，而不以责于人'。"① 根据考据学"选择证据以古为尚"②的原则，加上义理古制之印证，高明之说可从。

张振林用来证明"执左要"为受方（债权方）的例证还有《新郪虎符》："'甲兵之符，右在王，左在新郪。'新郪欲兴士被甲用兵五十人以上，得以其所执左符，去会王执之右符，秦王准许，则出右符以验证，无误才得发兵。其意义是左符方提出索兵要求，右符方批准付给。"③

此例虽非关债务，然付方（义务方）、受方（权利方）还是清楚。我们认为，历史事实不是屯兵之地要派人去首都会王之右符，而是王派使者持右符去屯兵之地会左符。信陵君魏无忌正是从魏安釐王那里盗得兵符后，才获得用兵之权，得以救赵。信陵君至邺地合符后，魏将晋鄙疑之，不肯授兵，而遭击杀。④ 此事明证：在内王之甲兵右符为权利方，即为受甲兵一方；在外之左符为授兵之方、义务方。

王国维对从新郪虎符到后代的虎符均有所研究，在《隋铜虎符跋》一篇中曰："兵符之制，古者皆右在内而左在外。……秦虎符右在皇帝左在阳陵盖用古制，汉则文帝二年初与郡国守相为铜虎符竹使符。师古曰：与郡守为符，右留京师，左以予之。则右内左外，与秦制同。颜注又引应劭曰：铜虎符第一至第五，国家当发兵，遣使者至郡合符，乃听受之。"⑤ 王国维言汉袭秦制，兵符右在内，左在外。则用兵之权在内而不在外明矣，使者持右符至屯兵之地，乃听凭其受兵，实施用兵之权。

《新郪虎符》持王之右符者有用兵之权利，持新郪之左符者有发兵之义务。用兵之权在右，也符合以右为尊的古制。此例恰恰相反，不是"执左要"而是"执右要"为受方/权利方之佐证。故符文接着说："凡兴士被甲，用兵五十人以上，会王符乃敢行之。"（12108 新郪虎符）⑥ 一个"敢"字，在外屯兵之地左符的义务显得格外分明，他们只有听命的份。

综上所述，"持右要"（或曰"右契/右券"）者为受方，为权利/债权方；"左执要"（或曰"左契/左券"）者当为付方/债务人一方。盘铭明言矢人"付散氏田"，"左执要"者当为矢方。李朝远亦认为，矢国割地给散而执左要，散执右要："矢王在豆新宫东廷接受了所赔田地的地图后，执了左券，可见散执了右券。"⑦

这样，我们从上下文语境中得出"厥罕（授）图矢王于豆新宫东廷，厥左执要，史

---

① 高明：《帛书老子校注》，中华书局1996年版，第216～217页。
② 梁启超：《清代学术概论》，上海古籍出版社1998年版，第44页。
③ 张振林：《先秦"要"、"娄"二字及相关字辨析——兼议散氏盘之主人与定名》，《第三届国际中国古文字学研讨会论文集》，香港中文大学1997年版，第739页。
④ 《史记·魏公子列传》，中华书局1959年版，第2377～2385页。
⑤ 王国维：《观堂集林》三，中华书局1959年版，第910页。
⑥ 新郪虎符铭全文见中国社会科学院考古研究所：《殷周金文集成释文》，香港中文大学中国文化研究所2001年版。
⑦ 李朝远：《西周土地关系论》，上海人民出版社1997年版，第296页。

正中农"中两"厥"字之所指为矢方,"左执要"者为付方/债务人的矢方,而且授图之地豆新宫为矢邑。种种证据都指向矢人,作此盘者当为矢人,根据上古青铜器命名通例,此盘当从刘心源和郭沫若,定为"矢人盘",全名可为"矢人史正中农盘"。《周礼·秋官·司约》:"凡大约剂,书于宗彝;小约剂,书于丹图。"[①]矢人作此器正是把邦国之间的田地授受这个重大契约(大约剂)"书于宗彝"的结果。

原载于《中山大学学报(社会科学版)》2013年第1期

---

① 《十三经注疏》(上册),中华书局1979年版,第881页。

"蔑曆"新说

"蔑曆"为殷末到西周中期铭文的用语,现根据《金文引得》和《殷周金文集成引得》,并核对《殷周金文集成释文》原拓原刻影印本,共发现42例(其中包括三例"蔑"字单用;异器同铭者不重复计算)。如:

(1) 王蔑庚嬴曆,赐贝十朋,又丹一枡(05426 庚嬴卣。数字为《殷周金文集成》编号,下同)

(2) 臤蔑曆,仲競父赐赤金。(06008 臤尊)

(3) 史牆夙夜不墜,其日蔑曆。(10175 史牆盤)

清代阮元首释之为联绵词"黽没/密勿/黾勉"①,义为"勉力"。因"蔑曆"不符合联绵词的语法特征而遭到吴大澂的反对:"古器文'蔑历'二字有不连属者,毕仲孙子敦'王蔑段历',伯雝父敦'蔑录历',若训为黾勉,义不可通矣。"② 孙诒让则进一步说明了不可通的原因:"凡古书双声叠韵连语之字,并以两字连属为文,不以他字参厕其间。如云'黾勉',不云'黾某勉';云'蠠没',不云'蠠某没';云'密勿',不云'密某勿'。"③ 孙诒让因之释"蔑,劳也,曆即历之借字。历,行也,凡云某蔑曆者,犹言某劳于行也,云王蔑某曆者,犹言劳某之行也"④。徐同柏谓:"王蔑敬历即东晋古文尚书予懋乃德之意。"⑤ 其后,刘师培释"蔑曆"为"嘉劳其所历试,……王蔑敬历事即嘉勉敬绩也"⑥。黄公渚释为"伐阅":"余谓蔑乃伐之叚。历,阅也,所积之功也。伐犹夸也,伐录历者,夸张录所积之功也。与《论语》'愿无伐善者'、《左传》'小人伐其技'句法同。"⑦ 陈小松释为"叙功叙绩":"蔑历……其间字用者,则为叙某之功绩,若美某之功历也。"⑧ 赵光贤认为:"'某蔑某历',即某人赞美,或嘉奖某人的劳绩之意。"⑨ 蒋大沂释为"明功善":"'蔑……历'义为明他人历来的功善。"⑩ 徐中舒认为"蔑历即简阅其所经历之功伐也"⑪。

---

① 阮元:《积古斋钟鼎彝器款识》,嘉庆九年(1804年)自刻本。
② 吴大澂:《说文古籀补》,光绪二十四年(1898年)增辑本。
③ 孙诒让:《古籀拾遗》,光绪十六年(1890年)自刻本。
④ 孙诒让:《古籀拾遗》,光绪十六年(1890年)自刻本。
⑤ 徐同柏:《从古堂款识学》光绪三十二年(1906年)蒙学报馆影石校本。
⑥ 刘师培:《左盦集》之《古器铭蔑历释》,北京修绠堂1928年刻本。
⑦ 黄公渚:《周秦金石文选评注》,商务印书馆1935年版。
⑧ 陈小松:《释古铭辞蔑历为叙动专用辞》,《中和》月刊1942年第3卷第12期。
⑨ 赵光贤:《释"蔑历"》,《历史研究》1956年第11期。
⑩ 蒋大沂:《保卣铭文考释》,《中华文史论丛》第5辑,中华书局1964年版。
⑪ 徐中舒:《西周墙盘铭文笺释》,《考古学报》1978年第2期。

以上诸家，是"蔑厤"研究的主流观点。表面上各不相同，但都有一个共同的大前提，即认为"蔑某厤"的句法都是"动词+定语+宾语"："蔑"是动词，"厤"是宾语，而"厤"前某作器者名是"厤"的定语。如黄公渚所说，与"小人伐其技"句法同（"伐"动词，"其"定语，"技"宾语）①。那么，我们就有必要对"蔑某厤"的句法进行研究，搞清楚"蔑某厤"的句法结构。请看下例：

（4）子曰："貝，唯丁蔑女（汝）厤。"（05417 小子𠷎卣）

此例为殷末铭文，其中"蔑汝厤"之"汝"，殷商西周时代为主格/宾格代词，与领格代词"乃"相对，容庚早在上世纪二十年代就明确指出：女（汝）"用于主格、宾格而不用于领格"②。"汝"在此例中只能作宾语，从此例可以推知"蔑某厤"之"某"为宾语，"厤"当为另一宾语，而"蔑"是一个带双宾语的动词。"蔑某厤"的句法为："蔑（动词）+ 某（宾语₁）+ 厤（宾语₂）"。

我们再看一篇西周铭文：

（5）唯三月初吉丁亥，穆王在下減应。穆王飨醴，即邢伯、大祝射。穆王蔑長由，以逯即邢伯。邢伯氏龏不姦。長由蔑厤，敢對揚天子不丕休，用肇作尊彝。（09455 長由盉）

在长由盉铭文中，蔑历一事，分开两处叙述：上文有"穆王蔑长由"，下文有"长由蔑厤"。这两句虽然主语不同，而"穆王蔑长由"是主动句，"长由蔑厤"是被动句，"长由"受到"穆王"蔑历，事一也。

"蔑长由"，"蔑"字单用，省"厤"；"蔑"与"长由"搭配，当是动宾关系（即"动词+宾语₁"）。如果认为"长由"是定语，那么"厤"不可省，因为古今汉语均无"动词+定语"的句法。这样，我们就进一步证明"蔑某厤"之"某"为宾语，不可能是定语。

西周金文多有"蔑某厤"与"赐某金"前后对举的句法，如：

（6）侯蔑遇厤，赐遇金，用作旅甗。（00948 遇甗）

我们知道"赐某金"是"动词+宾语₁+ 宾语₂"的双宾语句法，当可类推而知"蔑某厤"也是此句法。下例"天君蔑公姞厤"与"赐公姞鱼"对举。

（7）天君蔑公姞厤，使赐公姞鱼三百。（00753 公姞鬲）

如果我们对于"蔑某厤"句法的研究是正确的话，那么上文中综述的孙诒让、徐同柏、刘师培、黄公渚、陈小松、赵光贤、蒋大沂和徐中舒等诸家所释，在句法上就通不过了，即不能将"蔑某厤"理解为"蔑某之厤"，不能理解为"劳某之行""懋某之德""嘉某之历""伐某之阅""叙某之绩""美某之劳""明某之善""阅某之功"③。

似乎只有李平心的解释是符合"蔑某厤"的句法。他认为"蔑"有赐义："《辛伯鼎

---

① 黄公渚：《周秦金石文选评注》，商务印书馆 1935 年版。
② 容庚：《周金文中所见代名词释例》，《燕京学报》1929 年第 6 期。
③ 以上诸家的观点还参考了孙稚雏：《保卣铭文汇释》，《古文字研究》第 5 辑，1981 年；邱德修：《商周金文蔑历初探》，台北五南出版社 1987 年版。

铭》'克蔑乙子丝五十寽',即赐丝五十寽。"① 然李平心立论论据有误,查《辛伯鼎铭》即现在通称的"乃子克鼎"铭,全铭如下:

  (8) 奴辛伯蔑乃子克䅇,宝丝五十寽,用作父辛宝尊彝,辛伯其迈受厥永福。(02712 乃子克鼎)

原铭只有"宝丝"之文,无"蔑丝"之例。乃子克鼎铭文得以传世,全赖刘体智的《小校经阁金文拓本》和于省吾的《商周金文录遗》拓本。李平心之所以有如此释文,当是仅参考《小校》拓本,而《小校》拓本上部模糊不清。金文既无"蔑丝",也无"蔑金""蔑贝"等之文例,故李平心之说难以成立。

张光裕在港发现新器佥簋,其铭中有"叔𩰣(父?)加佥䅇"一句,张先生认为"今佥簋'加佥䅇',对'蔑䅇'一辞的释义有极大的启发作用。'加'、'蔑'二字形构虽异,但是从句式及内容比对,两者用意应无大别。《说文》云:'加,语相增加也。'因此,'加佥䅇'可以理解为时王褒奖和增加'佥'的功绩。"② 但是,张光裕的观点又回到了"动词+定语+宾语"的句法。

尽管如此,我们同样认为用"加"作为"蔑"的注脚是可信的。西周金文"加"作动词,还有一例:

  (9) 趩趩子白,献馘(聝)于王,王孔加子白义。(10173 虢季子白盘)

"义"通"仪"当无可疑,唐兰释为"威仪"③;马承源释为"善"④。我们认为"仪"应释为"礼",《广雅·释言》"仪,礼也","加仪"即传世文献之"加礼"⑤:

  (10) 吾子舍其大而加礼于其细,敢问何礼也?(《国语·鲁语下》)
  (11) 自鄢以来,晋不失备,而加之以礼,重之以睦,是以楚弗能报,而求亲焉。(《左传·昭公五年》)

那么,"加子白义",即"加子白(以)礼"之意。

"蔑䅇"之发生,多在立军功受赏赐之际,虢季子白盘铭的"加仪(即加礼)"亦如此。况且"加某(以)礼"也是"动词+宾语₁+宾语₂"句式。⑥ 因此,"蔑䅇"/"加䅇"即加仪,即"加礼"。"䅇"为何礼,白川静的研究为我们提供了注脚:"历为于军门祝祷之字,是在军门表彰军功之礼。"⑦

原载于《中山大学学报(社会科学版)》2010 年第 6 期

---

① 李平心:《〈保卣铭〉新释》,《李平心史论集》,人民出版社 1983 年版。
② 张光裕:《新见佥簋铭文对金文研究的意义》,《文物》2000 年第 6 期。
③ 唐兰:《虢季子白盘的制作时代和历史价值》,《光明日报》1950 年 6 月 7 日。
④ 马承源:《商周青铜器铭文选》,文物出版社 1988 年版。
⑤ 《周礼》有"以嘉礼亲万民"一句。《十三经注疏》(七六〇中)注曰"嘉,善也",知此处"嘉礼"之"嘉"为形容词,与本文研究的作动词的"加礼"之"加"无关。
⑥ 除了"加礼"外,上古汉语动词"加"带双宾语的其他例证有:"加我数年,五十以学《易》,可以无大过矣。"(《论语》)"欲加之罪,其无辞乎?臣闻命矣。"(《左传》)"锡者何?赐也。命者何?加我服也。"(《公羊传》)
⑦ 白川静:《字统》,东京平凡社 1997 年版,第 902 页。转引自白冰:《青铜器铭文研究》。学林出版社 2007 年版,第 167 页。

也说"繇"

一、"繇₁"通"犹"

（1）王若曰：師袁叟/嬰（父），淮夷繇我帛晦臣，今敢博厥眾叚，反厥工吏，弗蹟我東國。（《集成》04313～04314 師袁簋，西周晚期）

"师袁"之下的"叟/嬰"字，金文仅见，是难识之字。郭沫若曰："叟"即父字之异，父字本斧之初文，古作ㄣ象以手持石斧之形。此从戉从又，为父字之异无疑。①

白川静也赞同，并为其辩解："新版では字形を'象有孔斧'と説いている。戉字中に一圓孔を加えた形に作る。父は斧頭をもつ象、'叟'はその全形を描いたもので父の繁文。ただ父をこの字形にしるす例は殆んどない。"②

郭沫若释为"叟"，当是根据集成 04313.2 師袁簋器铭字[戉]，而白川静所谓"新版字形"当为《集成》04313.1 師袁簋盖铭字[戉]。我们同意郭沫若、白川静之说，那么，师袁簋铭"王若曰"之后，当以"师袁父"三字一句，"淮夷繇我員晦臣"七字一句。

对于此例师袁簋盖铭中"淮夷繇我員晦臣"之"繇"，张政烺（《周厉王胡簋释文》）认为此"繇"通"旧"，与同铭下文"今"字对言，且以集成 10174 兮甲盘铭"淮夷旧我員晦人"为证③。虽语义可通，然语法上仍有未安之处。"旧"为形容词，当为名词之修饰语，如西周铭文中之"旧官""旧宗""旧疆"，无位于代词前之他例可证；且西周铭文中，"兹、载、乡、昔"等字和"今"字相对，义为"从前"④，无"繇/旧"与"今"对言之他例可作旁证，而且"今"和"昔"等诸字相对，皆位于主语前，不类此"繇"位于主语后。如：

王曰：善，昔先王既令汝佐胥榮侯，今余唯肇申先王令。（《集成》02820 善鼎，西周中期）

王若曰：蔡，昔先王既令汝作宰，司王家，今余唯申就乃令。（《集成》04340 蔡簋，西周中期）

---

① 郭沫若：《两周金文辞大系图录考释》，上海书店出版社 1997 年版，第 146 页。
② 白川静：《金文通释》第 29 辑，日本神户白鹤美术馆 1970 年版，第 603 页。
③ 张政烺：《周厉王胡簋释文》，《古文字研究》第 3 辑，中华书局 1980 年版，第 105～106 页。
④ 陈梦家：《西周铜器断代（六）》，《考古学报》1956 年第 4 期，第 92 页。

王若曰：牧，昔先王既命汝作司土，今余唯或𢆶改。(《集成》04343，牧𣪘，西周中期)

王若曰：师𩒨，䌛先王既命汝作司土，官司㑥𨟃，今余唯肇申乃令。(《集成》04312 师𩒨𣪘，西周晚期)

王曰：师𤯌，䌛先王小教汝，汝敏可使，既命汝更乃祖考司，今余唯申就乃令。(《集成》04324～04325 师𤯌𣪘，西周晚期)

故笔者认为句中的"䌛"通"舊"不可取。"淮夷䌛我帛晦臣"之"䌛"当通"犹"，西周金文本无"犹"字，当假"䌛"为之。

容庚等(《金文编》)曰："䌛，发语词。《大诰》'王若曰：猷'。《马》本作'繇'。'䌛'《说文》所无。《说文通训定声》据偏旁及《韵会》补为繇之重文[①]；曾宪通(《说繇》)认为"繇为正篆，以从言从䌛省声之䌛为重文"[②]。不管以何字为正字，"繇"与"䌛"为一字当无可疑。"䌛"字上古"宵部余纽"，"犹"字上古"幽部余纽"[③]。二字声纽相同，韵部相近，音近可通。据陈世辉研究，晚周器集成09935～36 伯公父勺铭就出现了幽宵合韵现象[④]。查高亨《古字通假会典》，更有"䌛"通"犹"之例[⑤]：

《吕氏春秋·权勋》："中山之国，有瓜䌛者。"《史记·樗里子甘茂列传》瓜䌛作仇犹。○《尔雅·释诂下》："䌛，喜也。"郭注："《礼记》：'咏斯犹。'犹即䌛也，古今字耳。"

而"䌛"通"由"、"由"通"犹"者，更是有众多例证，例如[⑥]：

《战国策·赵策》："许由。"《汉书·古今人表》作"许䌛"。
《汉书·刑法志》："其所䌛来者上矣。"颜注："䌛读与由同"。
《汉书·杨王孙传》："䌛是言之。"颜注："䌛读与由同"。
《礼记·杂礼下》："则犹是与祭也。"郑注："亦当为由"。
《老子》七十七章："天之道其犹张弓与。"《景龙碑》犹作由。

我们认为"淮夷䌛我帛晦臣"之"䌛"，在句中为表判断的副词，用于判断句前项与后项之间，即古代汉语判断句型"名词$_1$ + 犹 + 名词$_2$"。以"䌛"通"犹"，意义上和语义、语法上都较为妥帖。[⑦] 马建忠将"犹"归纳为"断辞"(即表判断的系词)[⑧]，吕叔湘在论述"准判断句"时，将"犹"称为"准系词"[⑨]。那么，10174 兮甲盘铭中的"淮夷旧我帛晦人"之"旧"，与"淮夷䌛我帛晦臣"之"䌛(犹)"通假，是"旧"通"䌛(犹)"，而非相反，这两句都是以"犹"为断辞/准系词的判断句。

---

① 容庚：《金文编》，张振林、马国权摹补，中华书局1985年版，第856页。
② 曾宪通：《说繇》，《古文字研究》第10辑，中华书局1983年版，第24页。
③ 李珍华，周长：《汉字古今音表》，中华书局1993年版，第409～410页。
④ 陈世辉：《金文韵读续辑(一)》，《古文字研究》第5辑，中华书局1981年版。
⑤ 高亨：《古字通假会典》，齐鲁书社1989年版，第714页。
⑥ 高亨：《古字通假会典》，齐鲁书社1989年版，第714～716、718页。
⑦ 朱其智：《西周金文研究札记》，《语言研究》2006年第4期。
⑧ 马建忠：《马氏文通》，商务印书馆1983年版，第129～135页。
⑨ 吕叔湘：《中国文法要略》，商务印书馆1956年版，第64页。

《汉·董仲舒传》:"夫上之化下,下之从上,犹泥之在钧,唯甄者之所为,犹金之在镕,唯冶者之所铸。"

又《(史·)屈原列传》:"《离骚》者,犹离忧也。"①

"曰"犹"为"也……家大人曰:"谓"犹"为"也。②

兵犹火也;弗戢,将自焚也。③

以上四例,有两例为比喻,两例用于训诂中。其实以"犹"为断辞/准系词的判断句,更多地用于训诂中。

段玉裁在《说文解字注》"䑕"字下专门讨论了"犹"字的训诂学含义:"凡汉人作注云'犹'者,皆义隔而通之。如《公》《穀》皆云:'孙犹孙也',谓此子孙字同孙通之孙。《郑风》传:'漂犹吹也',谓漂本训浮,因吹而浮,故同首章之吹。凡郑君、高诱等每言'犹'者皆同此。"④

后世"犹"的种种用法,其源头为西周金文师袁簋盖铭:"淮夷繇我员晦臣"之"繇"。

二、"繇₂"通"由"

(2)唯王正月,辰在庚寅,王若曰:彔伯䎅,繇自乃祖考有勋于周邦,佑闢四方,惠天命,汝肇不惰,余易汝秬鬯一卣、金车、贲䡅较、贲朱鞃靳、虎冟朱裹、金甬、画輹、金䡊、画轉、马四匹、鋚勒。(《集成》04302 彔伯䎅簋盖,西周中期前段)

对于"繇自乃且考有勋于周邦"之"繇",学者一般认为是发语词/叹词。刘心源曰:"繇即谣、即䚻、即訛亦即猷,……猷者发语辞。《大诰》'王若曰:猷。'马本作繇。"⑤容庚等(《金文编》)同⑥。叹词说见杨树达《积微居金文说》:"《愙斋集古录》第拾三册式页载《彔伯䎅段》,铭文首云:'隹王正月,辰在庚寅,王若曰:繇!自厥且考有捁于周邦。'按繇为叹词。"⑦陈永正同⑧。

"繇"为叹词,只有在《彔伯䎅簋盖》可以说得通,在下文例(4)~(9)中都说不通。例(4)《师克盨》"则繇唯乃先祖考有勋于周邦";例(5)~(7)"则繇唯乃先圣祖考,夹诏先王";例(8)《柞伯鼎》"才乃圣祖周公繇有共于周邦";例(9)《眈簋》"载乃祖考繇有⿱艹(共)于先王"——如果"繇"为叹词,都会读破句,所以"繇"为叹

---

① 以上两例摘自马建忠《马氏文通》,第132、133页。
② 此例由吕叔湘《中国文法要略》第64页引自王引之《经传释词》。
③ 此例由吕叔湘《中国文法要略》第64页引自《左传》。
④ 段玉裁:《说文解字注》,上海古籍出版社1981年版,第90页。
⑤ 刘心源:《奇觚室吉金文述》卷四·一七,光绪二十八年自写刻本。
⑥ 容庚:《金文编》,张振林、马国权摹补,中华书局1985年版,第856页。
⑦ 杨树达:《积微居金文说》,中华书局1997年版,第3页。
⑧ 陈永正:《西周春秋铜器铭文中的语气词》,《古文字研究》第19辑,中华书局1992年版。

词说不可从。

(3) 王命虞侯矢曰：繇！侯于宜。（《集成》04320 宜侯矢簋，西周早期）

郭沫若将"侯于宜"上一字释为"繇"。① 白川静从之，并认为"繇"是感动词（即叹词）。② 周法高曰："矢簋云'□侯于宜'第一字模糊，白川氏从郭氏释为繇。"③ 现查原拓，因为宜侯矢簋有破损，位于"侯于宜"前的"▨"字，的确很不清晰，只能存疑。

(4) 王若曰：师克，丕顯文武，膺受大命，敷有四方。则繇唯乃先祖考有勳于周邦，捍御王身，作爪牙。王曰：克，余唯經乃先祖考，克令臣先王。昔余既命汝，今余唯申就乃令命，命汝更乃祖考䚱司左右虎臣。（《集成》04467～04468 师克盨，西周晚期）

(5) 王若曰："逨，丕顯文武，膺受大命，敷有四方，则繇唯乃先聖祖考，夾詔先王，闢勤大命，奠周邦。余弗遐望（忘）聖人孫子，余唯閈乃先祖考，有勳于周邦。[《通鉴》02501～02502 卌二年逨鼎，西周晚期（宣王世）]

(6) 王若曰："逨，丕顯文武，膺受大命，敷有四方，则繇唯乃先聖祖考，夾詔先王，闢勤大命，奠周邦。肆余弗遐望（忘）聖人孫子，昔余既命汝胥榮兌䚱司四方虞林，用宮御。今余唯經乃先祖考，有勳于周邦，申就乃命，命汝官司歷人，毋敢妄寧，虔夙夕惠雍我邦小大猷。[《通鉴》02503～02511 卌三年逨鼎，西周晚期（宣王世）]

(7) 王若曰："逨，丕顯文武，膺受大命，敷有四方，则繇唯乃先聖祖考，夾詔先王，闢勤大命。今余唯經先聖祖考，申就乃命，命汝胥榮兌䚱司四方虞林，用宮御。[新收 757 逨盘，西周晚期（宣王世）]

例（4）～（7）皆为"则繇唯"连用。

郭沫若认为："则繇佳乃先祖考有勲于周邦"之"繇（由）"："繇谓由于也。"④

李零认为："则繇佳乃先圣且考。读'则由唯乃先圣祖考'。第二字，原文从言，严格隶定是对应于'繇'，而不是'繇'。它在铭文中是相当于表示原因的'由'字。"⑤

周晓陆同之："'繇'发语词，亦可释为'由'、'因为'。'则繇佳乃先圣且考'，意为只是由于你的圣明的祖先。"⑥

郭沫若、李零和周晓陆认为"则繇唯"之"繇"训为"由于""因为"，到底对不对，我们要看铭文的上下文之间有无因果关系。

例（4）《师克盨》"则繇唯乃先祖考有勳于周邦，捍御王身，作爪牙。"此段落陈述的是原因。"昔余既命汝，今余唯申就乃令命，命汝更乃祖考䚱司左右虎臣。"此为结果。张振林认为这种因果关系是存在的："由于过去师克之祖先对周邦和先王有功，所以

---

① 郭沫若：《矢·铭考释》，《考古学报》1956 年第 1 期。
② 白川静：《金文通释》第 10 辑，日本神户白鹤美术馆 1965 年版，第 539 页。
③ 周法高：《金文诂林补》第 12 卷，"中研院"史语所 1982 年版，第 3774 页。
④ 郭沫若：《师克盨铭考释》，《文物》1962 年第 6 期。
⑤ 李零：《读杨家村出土的虞逨诸器》，《中国历史文物》2003 年第 3 期。
⑥ 周晓陆：《〈逨鼎〉读笺》，《西北大学学报》2003 年第 4 期。

有今日王对师克的册命和赏赐。"① 这说明郭沫若读"繇"为"由"训"由于"是对的。而且,上文所引高亨《古字通假会典》"繇"通"由"例证,说明音韵上也是有根据的。

同样,例(5)《卌二年逑鼎》"则繇唯乃先圣祖考,夹诏先王,闻勤大命,奠周邦"和"余弗遐望(忘)圣人孙子,余唯闭乃先祖考,有勋于周邦"之间有因果关系。

例(6)《卌三年逑鼎》"则繇唯乃先圣祖考,夹诏先王,闻勤大命,奠周邦"和"肆余弗遐望(忘)圣人孙子,昔余既命汝胥荣兑鞫司四方虞林,用宫御。今余唯经乃先祖考,有勋于周邦,申就乃命,命汝官司历人,毋敢妄宁,虔夙夕惠雍我邦小大猷"之间有因果关系,而且西周金文表示因果关系的成对关联词语为"繇(由)……,肆……"。例(7)《逑盘》"则繇唯乃先圣祖考,夹诏先王,闻勤大命"与"今余唯经先圣祖考,申就乃命,命汝胥荣兑鞫司四方虞林,用宫御"之间有因果关系。

以上三器铭文的因果关系分析,张振林有类似的分析②。而"则繇唯"为三个词,"则"为承接连词,"唯"为引导介词,而"繇"应该就是管燮初《西周金文语法研究》一书中所说的表原因的副词③。

如果上文例(2)中的"繇"不是叹词,那么,上下文之间有没有因果关系呢?

"繇自乃祖考有勋于周邦,佑闢四方,惠天命,汝肇不惰"与"余易汝秬鬯一卣、金车、贲幬较、贲朱鞹靳、虎冟朱里、金筩、画輯、金轭、画轉、马四匹、鉴勒"之间也存在因果关系,因为彔伯戏先祖有功于周邦,所以时王要赏赐彔伯戏。那么例(2)中的"繇"也是读为"由"训"由于"。

(8) 唯四月既死霸,虢仲令柞伯曰:"才乃圣祖周公繇有共于周邦,用昏无殳,广伐南國。今汝其率蔡侯左至于昏邑。"(《通鉴》02488 柞伯鼎,西周晚期)

"才乃圣祖周公繇有共于周邦,用昏无殳,广伐南国"与"今汝其率蔡侯左至于昏邑"之间有因果关系,而这因果关系的纽带在于"昏邑"。

(9) 王呼作册尹册命眈,曰:"戠乃祖考繇有▨(共)于先王,亦弗望(忘)乃祖考,登里厥典,奉于服。[通鉴05386 眈簋,西周中期后段(懿王世)]

"戠乃祖考繇有▨(共)于先王"与"亦弗望(忘)乃祖考,登里厥典,奉于服"有因果关系。

三、结　语

"繇₁"通"犹",用于判断句中,即例(1)"淮夷繇(犹)我帛晦臣"。

"繇₂"通"由"训"由于",用于介词"自"之前,即例(2)"繇自乃祖考有勋于

---

① 张振林:《"则繇隹"解》,《古文字研究》第26辑,中华书局2006年版,第177页。
② 张振林:《"则繇隹"解》,《古文字研究》第26辑,中华书局2006年版,第177页。
③ 管燮初:《西周金文语法研究》,商务印书馆1981年版,第189页。

周邦";用于介词"唯"之前,即例(4)"则繇唯乃先祖考有勋于周",例(5)(6)"则繇唯乃先圣祖考,夹诏先王,闻勤大命,奠周邦",例(7)"则繇唯乃先圣祖考,夹诏先王,闻勤大命"。用在动词"有"前,即例(8)"才乃圣祖周公繇有共于周邦",例(9)"戬乃祖考繇有■(共)于先王"。

总之,"繇$_2$"通"由"表原因,用在介词和动词前,为副词。

原载于西南大学出土文献综合研究中心、西南大学汉语言文献研究所:《出土文献综合研究集刊》第 8 辑,巴蜀书社 2019 年版

语法律考释

——论语法在金文考释中的作用

杨树达在《积微居金文说·自序》中提出金文研究的方法"每释一器，首求字形之无牾，终期文义之大安，初因字以求义，继复因义而定字。义有不合，则活用其字形，借助于文法，乞灵于声韵，以假读通之。"

杨树达这段话很经典，首先提出了金文研究就是要求做到"字形无牾"和"文义大安"，这指的是从微观的字形考证到宏观的铭文通读的目标。具体的方法有五种：因字求义，因义定字，活用字形，借助文法，乞灵声韵和通假。

杨树达明确提出金文考释要借助于文法。其实前贤时哲，还有笔者本人，在金文研究的实践中，已经认识到语法在金文考释中的重要性。我们在此基础上，进一步强调语法的重要性，提出"语法律考释"。本文主要就是笔者由低到高逐次从词法、句法、篇章语法的角度，阐述语法在金文考释中的重要性。

一、词　法

（一）蔑曆（1）

西周金文常用词语"蔑曆"在清代已经引起了学者的重视。阮元释为"蔑歷"，他认为"古器铭每言'蔑歷'，按其文义皆勉力之义，是'蔑歷'即《尔雅》所谓'蠠没'，后转为'密勿'，又转为'黾勉'；《小雅·十月之交》云'黾勉从事'，《汉书·刘向传》作'密勿从事'是也。"

然"蠠没/密勿/黾勉"皆联绵词，因"蔑曆"不符合联绵词的语法特征而遭到吴大澂的反对："古器文'蔑历'二字有不连属者，毕仲孙子敦'王蔑段历'，伯雒父敦'蔑录历'，若训为黾勉，义不可通矣。"

孙诒让则进一步说明了不可通的原因："凡古书双声叠韵连语之字，并以两字连属为文，不以他字参侧其间。如云'黾勉'，不云'黾某勉'；云'蠠没'，不云'蠠某没'；云'密勿'，不云'密某勿'也。金刻'蔑曆'两字连文者固多，然间有作'蔑某曆'者，如《敔敦》云'王蔑敔曆'，《毕中孙子敦》云'王蔑段曆'，并以作器者之名著于'蔑曆'两字间。若释为'黾勉'，则《敔敦》乃云'王黾敔勉'；《毕中孙子敦》亦云'王黾段勉'：其不辞甚矣！窃谓此二字当各有本义，不必以连语释之。"

这可以说是金文研究史上首次从语法角度对于考释做出评判。

(二)"明保"为人名

隹(唯)八月辰才(在)甲申,王令周公子明保,尹三事四方,受卿事寮。丁亥,令夨告于周公宫,公令䚅同卿事寮。隹十月月吉癸未,明公朝至于成周,䚅令舍三事令,眔卿事寮、眔者尹、眔里君、眔百工、眔者(諸)侯,侯、田、男,舍四方令,既咸令。甲申,明公用牲于京宫。乙酉,用牲于康宫,咸既,用牲于王。明公歸自王,明公易(賜)亢師鬯、金、小牛,曰:用䙷。易(賜)令鬯、金、小牛,曰:用䙷。廼令曰:今我唯令女二人,亢眔夨,奭左右于乃寮㠯乃友事。乍(作)册令敢揚明公尹氒(厥)室,用乍(作)父丁寶隋(尊)彝,敢追明公賞于父丁,用光父丁。(06016 夨令方尊)

对于"明保"是否人名,亦有歧见。罗振玉曰:"'子明保'犹《洛诰》言'明保予冲子',《多方》言'大不克明保享于民命'。'王命周公子明保'盖命周公掌邦治",罗振玉以"明保"为动词。吴闿生从之,于省吾亦从之,并引"《诗·访落》'休矣皇考,以保明其身',保明即明保"来证明"明保"为动词,杨树达亦从之。赵光贤引王引之《经义述闻》"孟与明古同声而通用,故勉谓之孟,亦谓之明",说"明"是副词,"保"是动词。李学勤从之,亦坚持将"明保"读为动词。

吴其昌不同意罗振玉等的观点,他是通过语法分析,以证"明保"非动词而为人名:"况在西周,则其简稚之文法亦已犁然可推,故《尚书》周诰及彝器文法,名,动,宾,介,呼,属,皆已具体成立;一语之中,皆有一定之则。动词之下,必接以名词或主词,庶动词有所系属。即如《洛诰》云:'明保予冲子,''明保'为动词,'予冲子'为主词。《多方》云:'大不克明保享于民,''明保'为动词,'于'为介词,'民'为名词亦为主词。皆与原始之词例不背,故'明保'得为动词,以有所系属也。若此'王命周公子明保'一语,'明保'以下,更无名词或主词,则'明保'字无所系属;所明保者为何物乎?故此'明保'决不能以动词释之,亦决不能以为断句。'周公子明保'乃一整名。下'尹'字始为动词,'三事四方',始为宾词也。金文文例:《伯晨鼎》云:'王命鞄侯伯晨曰:邵乃且考!'《静敦》云:'王命静䣅射学宫,'《不嬰敦盖》云:'王命我羞追于西除',与此文法正同。此'周公子明保'之地位,正当'鞄侯伯晨''静''我'之地位;'尹'字之地位,正当'邵''䣅射''羞追'之地位。'尹'字之上,不必更有'明保'等动词,犹'邵''䣅射''羞追'之上,之不必更有其他任何之动词也"。

吴其昌的语法术语"主词",似同于今所谓"受事/宾语"者。即《尚书》中"明保"作动词有受事/宾语之为系属,而本铭若将"明保"视为动词,则无受事之为系属,故决不能以动词释之。而且吴氏以金文相同之文例进行比勘,以证"明保"不必为动词,在"王令周公子明保尹三事四方"一句中,"明保"与"鞄侯伯晨""静""我"地位相同,在句中作兼语。吴氏语虽嫌绝对,然语法分析可谓缜密。

唐兰、容庚、陈梦家、谭戒甫、白川静、马承源、杜勇和沈长云等皆以"明保"为人名。而郭沫若在《令彝令殷与其他诸器物之综合研究》一文中引作册䰜卣铭辞"唯明保殷成周年"为例证,并与《传卣》"令师田父殷成周年"对勘,来证明"明保"为人名,以金证金，故"明保"为人名当无疑；如果把"明保"视为动词，不仅语法上有不妥之处，更与"唯明保殷成周年"的文例相悖，故不可从。

（三）见服

唯公大史见服于宗周年，才（在）二月既望乙亥，公大史咸见服于辟王，辨于多正。粵四月既生霸庚午，王遣公=大=史=（公大史，公大史）在豐，賞乍（作）册魖馬，揚公休，用乍（作）日己旅障（尊）彝。（05432 作册魖卣）

陈梦家是这样分析的："'见服'与'咸见服'是一事，谓在宗周见服于王。见的主词是大史，服是直接宾词而王是间接宾词。公大史率诸侯使见于王，故曰咸见服。"然而陈梦家也在犹豫："又此句可有另一解说，以'见服'为一动片语，与'辨'并立，谓公大史自己'见服'于王，'辨'于多正，故曰'咸'。若如此解，则'见服'指公大史自己之朝见辟王。"

此处问题的关键是在于"服"在西周金文中到底是用作名词还是动词。

巠（經）念乓（厥）聖保且（祖）師華父，勵克王服，出内（納）王令，（02836 大克鼎）

不（丕）顯皇且（祖）考，……廣啟乓（厥）孫子于下，勵于大服，（04326 番生段蓋）

王曰：服余，令女（汝）更乃且（祖）考事，疋備中龢（司）六臼（師）服，（10169 吕服余盘）

王令毛白（伯）更虢城公服，（04341 班段）

毓文王=（王王）夙聖孫，隥（登）于大服，廣成乓（厥）工，（04341 班段）

王令炎（荣）眔内史曰：葊井侯服，（04241 炎作周公段）

王乎（呼）内史册令趞更乓（厥）且（祖）考服，（06516 趞觶）

乓（厥）取乓（厥）服，堇尸（夷）俗。（04464 驹父盨）

豙不敢不敬畏王命逆見我，乓（厥）獻乓（厥）服，（04464 驹父盨）

女（汝）妹（昧）辰（晨）又（有）大服。（02837 大盂鼎）

女（汝）母（毋）敢豙在乃服，（02841 毛公鼎）

尹其亘萬年受乓（厥）永魯，亡競才服，（05431 高卣）

以上诸例，"服"皆为名词。所以此铭（05432 作册魖卣）中"见服/咸见服"之"服"为名词，是"见"的宾语。

另有例同"见事"见：

己亥，揚見事于彭，車弔（叔）商（賞）揚馬，用乍（作）父庚障（尊）彝。（02612~02613 揚方鼎）

（四）白川静《金文通释》的特点就是"语法律考释"

王後叛克商，在成白（師），周公易（賜）小臣單貝十朋，用乍（作）寶障

(尊）彝。（06512 小臣单觯）

对于"王后阪克商"一句郭沫若是这样理解的："此武王克商时器，阪即阪字，假为反若叛。……师渡孟津克商，故此云'后反'也。"陈梦家认为，将此句第三字释为"㞢"字，假作"屈、诎、绌、黜"，"王后绌克商，是成王第二次克商，即克武庚之叛"。

针对郭沫若和陈梦家的研究，白川静提出了自己的观点："後を從來はすべて副詞に解している。郭陳二氏らの釋はみな時間的なの意とし、……かつ金文には後を副詞に用いた例なく、後人・後男・後民・聖人之後のように最も多く後嗣子孫の意に用いている。他には曶鼎'師氏眔有嗣後或'のように後國の語がある。これを以ていえば、後阪は後國と同じ語例で名詞であると思われ、この場合軍旅の名、編隊の稱のようにである。"原文大意为郭沫若和陈梦家将"后"解释为时间副词，然而金文没有副词的用例。"后人""后男""后民""圣人之后"，最多是后嗣子孙的意思。还有曶鼎"师氏眔有嗣后或"中有"后国"一词，"后国"跟"后阪"是用作名词的同样的文例，在该铭中是军旅的名词，表示（后面的）编队。

二、句　法

（一）蔑曆（2）

孙诒让因之释"蔑，劳也，曆即历之借字。历，行也，凡云某蔑曆者，犹言某劳于行也，云王蔑某曆者，犹言劳某之行也"。徐同柏谓："王蔑敔历即东晋古文尚书予懋乃德之意。"其后，郭沫若认为："余读蔑为免，读曆为函。免函犹言解甲也。"刘师培认为："蔑曆者犹言嘉劳其所历试也，……王蔑敔历事即嘉勉敔绩也。"黄公渚释为"伐阅"："余谓蔑乃伐之叚。历，阅也，所积之功也。伐犹夸也，伐录历者，夸张录所积之功也。与《论语》'愿无伐善者'、《左传》'小人伐其技'句法同。"陈小松释为"叙功叙绩"："蔑历……其间字用者，则为叙某之功绩，若美某之功历也。"赵光贤认为："'某蔑某历'，即某人赞美，或嘉奖某人的劳绩之意。"蒋大沂释为"明功善"："'蔑……历'义为明他人历来的功善。"徐中舒认为"蔑历即简阅其所经历之功伐也。"

我们在《"蔑曆"新说》一文中证明了"蔑某历"是"动词+宾语$_1$+宾语$_2$"，并根据"蔑某历"的语法结构对各家考释进行进一步考察。

我们认为，根据"蔑某历"的语法结构，各家提出的"劳某之行""懋某之德""免某之函""嘉某之历""伐某之阅""叙某之绩""美某之劳""明某之善""阅某之功"解释就很难通过了，因为双宾语句法只能将"蔑某历"释读为"蔑某以历"。我们认为"蔑某曆"是"加某礼"之义。"加某（以）礼"也是"动词+宾语$_1$+宾语$_2$"句式。除了"加礼"外，上古汉语动词"加"带双宾语的例证还有一些，例如：

> 加我数年，五十以学《易》，可以无大过矣。（《论语·述而》）
> 欲加之罪，其无辞乎？臣闻命矣。（《左传·僖公十年》）

锡者何？赐也。命者何？加我服也。(《公羊传·庄公元年》)

(二) 主动与被动

王令辟井侯出坏（坯），侯于井，雩若二月，侯见于宗周，亡尤，迨王飨荠京酊祀。雩若翌日才（在）璧雍，王乘于舟，为大丰（礼），王射大龏禽，侯乘于赤旂舟从，死咸。之日，王曰侯内于寝，侯易（赐）玄周（琱）戈。雩王才（在）廙，已夕，侯易（赐）者㚤臣｛二百｝家，剂用王乘车马，金勒、冂衣、巿、舄，唯归，遘天子休，告亡尤，用龏义宁侯，觐孝于井侯。乍（作）册麦易（赐）金于辟侯，麦扬，用乍（作）宝陴（尊）彝，用爯侯逆徙，遘明令，唯天子休于麦辟侯之年鋯，孙=（孙孙）子=（子子），其永亡冬，冬用寍德，妥多友，亯（享）奔走令。(06015 麦方尊)

对于"侯易（赐）玄周（琱）戈"和"侯易（赐）者㚤臣｛二百｝家"两句，郭沫若认为："二'侯易'言井侯被锡于王，与下'侯作册麦易金于辟侯'同例，言侯之作册之麦被锡金于我主井侯也。古文动词用例，主动与被动无别，如《小臣謎段》'小臣謎蔑历眔易贝'以正轨之文法译出之，当为'小臣謎被免其函并被锡以贝'。古人朴拙，即此已可达意。"

郭沫若所说"古文动词用例，主动与被动无别"当然没错，但在西周金文中，主动句和被动句语序还是不同的，试比较：

隹（唯）十又一月，井（邢）侯征噩于麦=（麦。麦）易（赐）赤金，用乍（作）鼎，用从井（邢）侯征事，用飨（飨）多者（诸）友。(02706 麦方鼎)

井侯光氒（厥）吏麦，噩于麦宮（宫），侯易（赐）麦金，乍（作）盉，用从井侯征事，用奔徒（走）凤夕，噩御事。(09451 麦盉)

比照麦三器，知"井侯赐麦赤金"一事也，而句法则有所不同，09451 麦盉用主动句"S + V + O_1 + O_2"："侯赐麦金"；06015 麦方尊用被动句式"O_1 + V + O_2 + 于 + S"："乍（作）册麦赐金于辟侯"；02706 麦方鼎用被动句式的省略式"O_1 + V + O_2"："麦赐赤金"。

(三) "A 唯 B" 句式

张振林在《〈毛公肇鼎〉考释》一文中考释"毛公肇鼎亦隹段"时指出："'隹'是本句关键的谓语，其义和'若、像、是'差不多，考释本铭的学者似还未有人提到过。《诗·大雅·生民之什·板》：'价人维藩，大师维垣，大邦维屏，大宗维翰。怀德维宁，宗子维城。'这六句六个'维'字，都是谓语动词用法。本句'毛公肇鼎亦隹段'，即毛公旅鼎也是段，作为行旅之器，兼有煮食器和盛食器功能。"张振林指出"隹"用为判断动词。

赵诚亦指出隹（唯/维）有这种用法："金文隹或唯的这种用法近似于一种动词，某些学者称之为系词，或称之为系动词。如果细加比较分析，隹或唯的这种用法，的确具有一定的系词性质，也可能是处于起源时的特征。"赵诚举出的例证有《史喜鼎》的"厥日隹（唯）乙"、《九年卫鼎》的"厥隹颜林"等。

赵诚认为："'厥隹颜林'即'厥为颜林'亦即'厥是颜林'。'隹'有'是'义非常突出。"此为代词"厥"作判断句的主语。此例与"其唯我诸侯百姓"句法亦完全相同，都是"代词主语（判断前项）+唯+名词性谓语（判断后项）"。

淮尸（夷）舊我員（帛）畮（贿）人，母（毋）敢不出其員（帛）、其責、其進人，其賈母（毋）敢不即次、即市，敢不用令，則即井撲伐；其隹（唯）我者（諸）侯百生（姓），氒（厥）賈母（毋）不即市，母（毋）敢或入䜌宄賈，則亦井（刑）。（10174 兮甲盤）

"唯"既然是判断词，"其唯我诸侯百姓"之"其"当为主格代词。那么"其"字所指为何？我们将通过篇章分析来得出结论。"其唯我诸侯百姓"是铭文这一层次的首句，从篇章角度说"其"是更端之词。而"淮夷旧我員（帛）畮（贿）人"是上一层次的首句，同样为判断句，以名词"淮夷"发端。它们在篇章中是平行句，相互比照下来，"其"当指"淮夷"。所以"诸侯百姓"和"員（帛）畮（贿）人"都是"淮夷"的判断后项，上下层次所言为一事。上下层次的严厉的训诫警告语气相同，上一层次为"毋敢不……毋敢不……敢不……，则即井扑伐"，下一层次为"毋不……毋敢……，则亦井（刑）"。上一层次的"其贾"与下一层次的"厥贾"中"其/厥"所指亦相同。

学者多以"淮夷"与"诸侯百姓"相对立，以之为二事，当是不明"其唯我诸侯百姓"为判断句、"其"字承上指"淮夷"所致。如郭沫若认为："淮夷有力役之征，而诸侯百姓则仅有关市之征，此可见待遇之有差别"；杨树达亦认为：（下一层次）"不言扑伐，此就诸侯百姓而言，与警淮夷者异也"；陈公柔亦然："此篇'王命'，可以分成两个部分：一是针对南淮夷；另一是针对诸侯百姓"。如果以"淮夷"与"诸侯百姓"相对立，"其"字则无所着落。而且在上一层次的首句中，"淮夷"是判断句的前项，而在下一层次的首句中，"诸侯百姓"是判断句的后项，从句法位置上讲，也不相对。淮夷为"我員（帛）畮（贿）人"和"我诸侯百姓"，均表明淮夷在西周晚期纳贡臣服的名分。据《逸周书·作雒》，殷、郮、徐、奄、熊、盈都属淮夷，淮夷之称诸侯百姓，亦言之有据。

三、篇章语法

（一）杨树达借助于文法

"女嬰菫于王，癸日，商（赏）嬰貝二朋，用乍嬰䵼（尊）彝。（此铭为02579 嬰方鼎，第二句杨文原释为"贝朋"，查《殷周金文集成》，原拓为"贝二朋"）

杨树达在《积微居金文说·女嬰彝跋》有如此按语："按菫当读为觐……《春秋》宣公元年经曰：'公子遂如齐逆女。三月，遂以夫人妇姜至自齐。'《公羊传》曰：'遂何以不称公子？一事而再见者，卒名也。'《何注》云：'卒，竟也。竟但举名者，省文。'此铭首称女嬛，再三见则第称嬛，与春秋再见卒名之例相合，知周代文律皆然，不始于《春秋》矣。"

杨树达此一观点例证又见《高等国文法》《我国古代之文法学》。杨树达借助于《春秋公羊传》总结的文法"再现卒名"，来说明《女嬛彝/嬛方鼎》。杨树达所借助的文法"再现卒名"，超越了句法层面，已经是篇章语法了。

（二）"昭王"非王号

> 王肇遹省文武，堇疆土，南或（國）𠄔子敢臽處我土，王𢦏（敦）伐其至，戮（撲）伐氒（厥）都，𠄔子乃遣閒來逆卲（昭）王，南尸（夷）東尸（夷）具見，廿又六邦。[00260 𪓐鐘（宗周鐘）]

孙诒让按："昭王者见王也"，唐兰从之，除力证"卲（昭）"为动词外，还从器制、铭辞、文字、书体及史迹五个方面证明器主𪓐为周厉王胡，而非郭沫若所称周昭王瑕。郭氏之说为："此钟余以为乃昭王所作，铭中之'𠄔子乃遣閒来逆卲王'即昭王，卲乃生号，非死谥。"杨树达从之，并将伐𠄔子与周昭王伐楚之史实相联系。

自从1978年陕西扶风出土𪓐簋，可以说进一步证实唐氏之说，学者更信之无异词，如张政烺、张亚初、何琳仪、黄锡全等。《殷周金文集成》在断代方面相当谨慎，一般只标明各个时代的早、中、晚期，只有为数不多的标明某王时器，04317 𪓐簋、00260 𪓐钟就明确标明为厉王时器。

唐氏在证明"卲（昭）"为动词时，有这样一段话："凡他器之称王号者，皆于文中初见时称之，此铭于上文已两称王，而于此始出王号，非例也"，这是从人名复现的角度来立论。按照西周金文复现省称的通则，"昭王"如果是王号，应该在篇章中首现，复现则可省称"王"。而𪓐钟首现再现都只是单称"王"，三现时才称"昭王"，不符合复现省称的通则，因而作为一个有力的证据，当可以证明"昭"不是王号，而应该是动词，训"见"。不过此条王号再现省称的通则，其条件为单记一王之事，且通常为时王。例如：

> 隹（唯）十又五年五月既生霸壬午，龏（恭）王才（在）周新宮，王射于射盧（廬）。（02784 十五年趞曹鼎）

此例复现链为"恭王……王……"。

> 隹（唯）四月初吉甲午，懿王才（在）射廬，乍（作）象𥁕，匡甫巤二，王曰休。（05423 匡卣）

此例复现链为"懿王……王……"，亦为复现省称。

> 隹（唯）六月既生霸，穆王才（在）菱京，乎（呼）漁于大沱（池），王鄉（饗）酉（酒），遹御亡遣，穆=（穆穆）王窺（親）易（賜）遹鞞，遹拜首頴首，敢對揚穆=（穆穆）王休，用乍（作）文考父乙障（尊）彝，其孫=（孫孫）子=（子子）永寶。（04207 遹簋）

此例复现链为"穆王……王……穆王……穆王……"。此例有些特殊，再现省称，三现、四现却均无省称,但关键是首现不省。

如果猷钟以"卲(昭)王"为王号,那么其复现链为"王……王……昭王……王……",这就是唐氏认为"非例也"之原因。

四、结 论

语法是存在于语言之中当然也是存在于金文之中的客观规律。在古文字材料包括金文的考释研究当中,语法不仅是可以借助的,而且是必须参照的。不管是以形释义,还是同音通假,都必须通过语法这一关。甚至可以说不参照语法,就不能做出正确评判和选择、得出正确的结论。

参考文献
白川静. 金文通释:第3辑 [M]. 神户:日本白鹤美术馆,1963.
陈公柔. 先秦两汉考古学论丛 [M]. 北京:文物出版社,2005.
陈梦家. 西周铜器断代(二)[J]. 考古学报,1955(10).
陈梦家. 西周铜器断代:上册 [M]. 北京:中华书局,2004.
陈小松. 释古铭辞蔑历为叙动专用辞 [J]. 中和,1942,3(12).
杜勇,沈长云. 金文断代方法探微 [M]. 北京:人民出版社,2002.
郭沫若. 两周金文辞大系图录考释 [M]. 北京:科学出版社,1957.
郭沫若. 殷周青铜器铭文研究 [M]. 北京:科学出版社,1961.
何琳仪,黄锡全. 猷簋考释六则 [M] //四川大学历史系古文字研究室. 古文字研究:第7辑. 北京:科学出版社,1982.
黄公渚. 周秦金石文选评注 [M]. 上海:商务印书馆,1935.
蒋大沂. 保卣铭文考释 [M] //中华书局上海编辑所. 中华文史论丛:第5辑. 北京:中华书局,1964
李学勤. 令方尊、方彝新释 [M] //中国古文字研究会,中华书局编辑部. 古文字研究:第16辑. 北京:中华书局,1989.
刘淇. 助字辨略 [M]. 上海:开明书店,1940.
刘起釪. 古史续辨 [M]. 北京:中国社会科学出版社,1991.
刘师培. 古器铭蔑历释 [M] //刘师培. 左盦集. 北京:修绠堂刻本,1928.
罗西章,等. 陕西扶风发现西周厉王猷簋 [J]. 文物,1979(4).
罗振玉. 辽居杂著 [M]. 石印本,1929.
马承源. 商周青铜器铭文选 [M]. 北京:文物出版社,1988.
容庚. 商周彝器通考 [M]. 上海:上海人民出版社,2008.
阮元. 积古斋钟鼎彝器款识 [M]. 自刻本,1804(嘉庆九年).
孙诒让. 古籀拾遗 [M]. 自刻本,1890(光绪十六年).
谭戒甫. 周初矢器铭文综合研究 [J]. 武汉大学学报,1956(1).
唐兰. 作册令尊及作册令彝铭文考释 [J]. 国立北京大学国学季刊,1934,4(1).
吴大澂. 说文古籀补 [M]. 增辑本,1898(光绪二十四年).
吴闿生. 吉金文录 [M]. 香港:万有图书公司,1968.

吴其昌. 矢彝考醳［J］. 燕京学报, 1931 (9).
徐同柏. 从古堂款识学［M］. 蒙学报馆影石校本, 1906（光绪三十二年）
徐中舒. 西周墙盘铭文笺释［J］. 考古学报, 1978 (2).
杨树达. 积微居小学述林［M］. 北京：中华书局, 1983.
杨树达. 积微居金文说（增订本）［M］. 北京：中华书局, 1997.
杨树达. 高等国文法［M］. 上海：上海三联书店, 2014.
于省吾. 双剑誃吉金文选［M］. 北京：中华书局, 1998.
张亚初. 周厉王所作祭器㝬簋考［M］//中山大学古文字研究室. 古文字研究：第5辑. 北京：中华书局, 1981.
张政烺. 周厉王胡簋释文［M］//中华书局编辑部. 古文字研究：第3辑. 北京：中华书局, 1980.
赵诚. 金文的隹·唯（虽·谁）［M］//广东炎黄文化研究会. 容庚先生百年诞辰纪念文集. 广州：广东人民出版社, 1998.
赵光贤. 释"蔑历"［J］. 历史研究, 1956 (11).
赵光贤. "明保"与"保"考辩［M］//朱东润, 李俊民, 罗竹风. 中华文史论丛：1982年第1辑. 上海：上海古籍出版社, 1982
朱其智. 西周铭文篇章指同及其相关语法研究［M］. 石家庄：河北大学出版社, 2007.
朱其智. 蔑厤（历）新说［J］. 中山大学学报（社会科学版）, 2010 (6).

原文于"首届古文字与出土文献语言研究国际学术研讨会"（2016年12月16日华南师范大学）上宣读，与朱学斌合作

第四部分 其 他

韩礼德篇章衔接理论的中国源头

不管是结构主义,还是形式主义,都以句子为语法研究的最大单位。而以韩礼德(M. A. K. Halliday)为创始人的系统功能语言学,最显著的一个特点就是在语法分析中引进篇章的概念。韩礼德和哈桑(R. Hasan)*Cohesion in English*[1](《英语的衔接》)一书的出版,标志着篇章衔接理论的创立,这为语言学研究开辟了一个新的领域。词项衔接(lexical cohesion)、代词指称(reference)、替代(substitution)、省略(ellipsis)和关联词语(conjunction)等都是他在《英语的衔接》一书中提出的基本的篇章衔接手段。

对于韩礼德语篇分析理论的源头,黄国文跟语言学界的普遍观点是一致的:"直可追溯到上世纪30年代伦敦语言学派奠基人J. R. Firth探讨语境中言语意义的研究。这个学派对语篇分析的研究是最早的,在应用语言学和语言教学领域影响很大;discourse analysis这一术语也是这个学派的先驱者之一Z. Harris(1952)首先提出来的。"[2]

除了国外的源头,胡壮麟则在韩礼德的中国导师王力那里找到了篇章衔接理论的中国源头,发现在照应、省略、替代、连接、词汇搭配等方面基本上韩礼德和王力是一致的或相似的,[3-4]而且胡壮麟要"从举例上告示读者王力的思想发表在先。作为王力的学生,韩礼德有很大可能看到过有关材料"[4]11。

篇章衔接理论的创立,在中国源头这一方面,仅追溯到王力还是不够的。我们在下文将根据韩礼德的生平、学术研究和个人表述继续往前追溯。

一、韩礼德其人其言

胡壮麟对于韩礼德的生平和学术活动做了介绍: "英国当代语言学家韩礼德(M. A. K. Halliday),1925年生于英格兰约克郡里兹。青年时期在伦教大学主修中国语言文学。1947—1949年在我国北京大学深造,导师罗常培;1949—1950年转入岭南大学,导师王力。回英后又在剑桥大学的弗斯(Firth)等著名语言学家的指导下攻读博士学位。1955年完成了用我国十四世纪北方官话译的《元朝秘史》一书的语言学分析,获得剑桥大学哲学博士的学位。……在韩礼德的博士论文《〈元朝秘史〉汉译本的语言》(1959)和《现代汉语的语法范畴》(1956)等两种著述中,他运用结构主义的描写方法以及弗斯关于系统和搭配(collocation)等观点分别对我国十四世纪北方官话和现代汉语进行了分析。"[5]

韩礼德既是世界著名的语言学家,也是一个汉学家。他学习汉语多年,并师从中国著名学者罗常培和王力研究汉语,其博士学位论文和专著更是以汉语为研究对象,《韩礼德文集 8·汉语语言研究》收录了 9 篇这方面的论文[6]。他创立的篇章衔接理论受到中国传统语言学的影响应该说是完全可能的，也是很自然的。他 1985 年在 Systemic Background（《系统语言学的背景》）一文中是这样表述的：

> In China, Luo Changpei gave me a diachronic perspective and an insight into a language family other than Indo-European; and Wang Li taught me many things, including research methods in dialectology, the semantic basis of grammar, and the history of linguistics in China. [7]

此段英文的汉译为："在中国，罗常培给了我对印欧语系以外的语言历时观和见识。王力教了我很多东西，包括方言学的研究方法、语法的语义基础和中国语言学的历史。"韩礼德的这段表述比较笼统。

在 1998 年英国 Cardiff 大学召开的第 25 届系统功能语言学大会上，Manuel Hernandez 要求韩礼德介绍中国语言学如何影响他的学术思想，韩礼德说这具体包括两个方面："第一个直接来自中国语言学史，它有两千多年的传统。早期的中国学者主要是音韵学家，一千年后才与印度的音系学家有接触，但背景不同，印度的音系学基于语音学，而中国的音韵学是非常抽象的系统，因为没有语音学。第二个方面来自他的导师王力，他既是语法学家，也是音系学家和语音学家，也是方言学家。王力教了他非常有价值的方言调查方法，也教了他基础理论。"[4]

根据 1998 年 Hernandez 对韩礼德的访谈，我们知道，韩礼德承认他除了受到导师王力的影响以外，还受到了中国传统语言学的影响，这主要是音韵学方面。笔者在下文经过比对研究，发现韩礼德篇章衔接理论还受到中国传统语法学影响的具体例证。

二、篇章衔接理论溯源

（一）前目后凡

韩礼德和哈桑在 1976 年出版的《英语的衔接》一书中提出了词项衔接（lexical cohesion）的概念。篇章利用词项重复、同义词、近义词和上义词（superordinate）–下义词（hyponym）等的复现（reiteration）达成衔接。下例是上义词 car 回指下义词 Jaguar（捷豹）的例子和分析：

> [6:5] d. Henry's bought himself a new Jaguar. He practically lives in the car.
> ...] d (d), *car* refers back to *Jaguar*; and *car* is a SUPERORDINATE of *Jaguar*—that is a name for a more general class. [1]278

杨树达 1930 年在《我国古代之文法学》举出的第四个例证为：

> 僖公五年，公及齐侯、宋公、陈侯、卫侯、郑伯、许男、曹伯会王世子于首戴。秋八月，诸侯盟于首戴。《公羊传》曰：诸侯何以不序？一事而再见者，前目而后

凡也。[8]408

所谓"前目而后凡","前目"即前详列名目"（僖）公、齐侯、宋公、陈侯、卫侯、郑伯、许男、曹伯"，"后凡"即后文概言之"诸侯"。"诸侯"与"（僖）公、齐侯、宋公、陈侯、卫侯、郑伯、许男、曹伯"之间的语义关系即上义词（所谓"凡"）与下义词（所谓"目"）的关系。

所不同的是韩礼德和哈桑例子中的下义词只有一个"Jaguar（捷豹）"，而杨树达所举《春秋公羊传》例子中的下义词有多个而已。

而且，"一事再见（现）"，"一事"即"前目"和"后凡"两者所指相同的语义关系，"再见（现）"即复现（reiteration），胡壮麟将其翻译为"重复"。[9] 韩礼德和哈桑在讨论"Lexical relations"时，有这样的陈述："... there must be identity of reference between the two"[1]282，这句英文中的 identity of reference 义为指称的同一，这就是对"一事再见（现）"之"一事"最好的诠释。

虽然《四库全书总目》称《公羊传》为汉公羊寿传，但是按照唐代徐彦《春秋公羊传注疏》引《戴宏序》的说法："子夏传与公羊高，高传与其子平，平传与其子地，地传与其子敢，敢传与其子寿。至汉景帝时，寿乃与弟子齐人胡毋子都著于竹帛"[10]2189，《公羊传》的作者可以追溯到公羊寿的五世祖、孔子的再传弟子公羊高。早在先秦，中国学者公羊高就总结了达成衔接的篇章语法（text grammar）复现规则：上义词回指下义词——前目后凡，并指出了这个规则应用的语义条件——一事再见（现）。

杨树达指出："今日所谓文法之学，在周代已有其萌芽。其尤显著者，为孔子之《春秋》及传《春秋》之《公羊》《穀梁》二传，盖孔子本以正名为主旨者也。"[8]405 是言可信。

（二）蒙上省（anaphoric ellipsis）和探下省（cataphoric ellipsis）

韩礼德和哈桑在"省略（ellipsis）"一章中还分析了省略的篇章衔接作用：

> Like substitution, ellipsis is a relation within the text, and in the great majority of instances the presupposed item is present in the preceding text. That is to say, ellipsis is normally an anaphoric relation. [1]144

此段英文的汉译为："就像替代一样，省略是语篇内的关系。而且大多数例子中，前置词都是出现在语篇的上文中，也就是说，省略通常是蒙上省。"

韩礼德和哈桑举出的都是蒙上省的例子，并做了相应的分析：

[4: 3] Would you like to hear another verse? I know twelve more.

... The second sentence contains a nominal group twelve more, consisting of a Numerative only, for which we have to supply a Head noun verses presupposed from the first sentence. [1]143

此例 [4: 3] 第二句只有数词 twelve more，twelve more 后蒙上省了名词中心词 verses。

[4: 5] c. This is a fine hall you have here. I've never lectured in a finer.

> ... and it would be quite natural to add *hall* after *finer*.[1]146

此例［4：5］c第二句finer后蒙上省略了hall，那么如上文韩礼德和哈桑指出的：很自然的应该在finer一词后加上hall。

虽然西方语言也有省略现象和相应的研究，但是anaphoric（名词为anaphora）、cataphoric（名词为cataphora）这两个术语在西方语言学历史上从未出现过，这是韩礼德的首创。韩礼德和哈桑的解释前者是to preceding text（指向上文），后者是to following text（指向下文）[1]13，再根据他们对于省略例证的分析，anaphoric/anaphora和cataphoric/cataphora其实就是中国传统语言学所说的"从上/蒙上"和"从下/探下"。

麦梅翘指出，中国最早使用"省文"这个名称的是东汉的何休，古人对"省文"的看法有四种，其中第二种含义是"在叙述中依靠上下文的关系，可以省去一部分而意思仍然完整、明白"。麦梅翘认为"只有第二种看法，语法观念比较强，能根据句子的结构，从上下文去探索，因而得出的结论比较鲜明，所谓'省文'的部分也容易确切地补足出来"[11]。这第二种省文才是我们所研究的省略（ellipsis）。

从句子组织和上下文关系去观察省文，最早是唐代的孔颖达。他在《春秋左传正义》中将省文的方式归纳为"从上省""从下省""从一省""以可知省""一事再见省"等五种。根据麦梅翘[11]的研究，"从一省"是词语搭配中的"连类相及"现象，"从可知省"是指从常识和推想而知，"一事再见省"就是我们上文研究的"一事再现，前目后凡"：它们都不是严格意义上的省略。我们认为，只有"从上省"和"从下省"才是真正的省略。

孔颖达指出了《左传·襄公九年》中"从上省"的例子并进行了分析：

> "二师令四乡正敬享、祝宗用马于四墉，祀盘庚于西门之外"。《正义》曰："……故所有祭祀皆祝宗同行，此事别命祝宗，使奉此祭，非乡正所为也。文承二师命，下亦是二师命之。不复言命者，亦从上省文也。"[10]1941

二师既命四乡正，又命祝宗，而"祝宗"前没有"二师令"，孔颖达认为是从上文而省。

孔颖达指出了《左传·成公七年》中"从下省"的例子并进行了分析：

> "鼷鼠食郊牛角，改卜牛，鼷鼠又食其角，乃免牛"。《正义》曰："……'改卜牛'下重言'鼷鼠又食其角'、不重言'牛'者，何休云：'言角，牛可知，后食牛者，未必故鼠，故重言鼠，改卜被食角者'。言'乃免牛'，则前食角者，亦免之矣，从下'免'省文也。"[10]1903

孔颖达认为不仅后食角的牛被免除充当祭品，先食角的牛也被免除，经文中为什么没有提呢，是因为探下文"免牛"而省。

《正义》中"何休云：'言角，牛可知'"，何以故？这不是省略的问题，而是指称问题。上文言"鼷鼠食郊牛角"，下文言"鼷鼠又食其角"，"其"字是代词，承上文指称"郊牛"。有关代词在篇章中的指称问题，中国传统语言学并未做系统探讨。

"从上省"和"从下省"是两种主要的省略方式。清代俞樾在《古书疑义举例》一书中也提到了这两种方式，不过他将术语改为"蒙上文而省"和"探下文而省"，并有说："夫两文相承，蒙上而省，此行文之恒也。乃有逆探下文而预省上字，此则为例更变，而古书亦往往有之"。[12]38

下文是俞樾"蒙上省"的例子和分析：

> 定四年《左传》："楚人为食，吴人及之。奔，食而从之。"此文"奔"字一字为句，言楚人奔也。"食而从之"四字为句，言吴人食楚人之食，食毕而遂从之也。"奔"上当有"楚人"字，"食而从之"上当有"吴人"字，蒙上而省也。[12]38

下文是俞樾"探下省"的例子和分析：

> 《诗·七月》篇："七月在野，八月在宇，九月在户，十月蟋蟀入我床下。"《郑笺》云：自"七月在野"至"十月入我床下"，皆谓蟋蟀也。按：此亦探下文而省，初无意义。[12]39

中国传统语言学有关"省文/省略"的研究，从汉代何休到唐代孔颖达再到清代俞樾，一脉相承，形成了最基本的分析体系。韩礼德和哈桑的篇章衔接理论有关 anaphoric ellipsis（蒙上省）和 cataphoric ellipsis（探下省）的研究，可以说完全吸收了这方面的成果。

"蒙上"（anaphoric/anaphora）和"探下"（cataphoric/cataphora）是篇章衔接理论的基本概念，韩礼德和哈桑将其从省略扩展到指称、替代和关联词语：在指称中就有 anaphoric reference（前指）和 cataphoric reference（下指）[1]33，在替代中就有 anaphoric substitution 和 cataphoric substitution[1]90，在关联词语中就有 cataphoric temporal conjunction[1]263。韩礼德和哈桑以"蒙上"和"探下"为根基，建构起篇章衔接理论的宏观框架。

三、结　语

对于篇章衔接理论的中国来源，胡壮麟运用文献比较的方法追溯到王力[3-4]，我们认为这是远远不够的。我们运用文献比较的方法，将篇章衔接理论的来源追溯到中国古代，篇章衔接理论中的一些基本概念和规则都可以在中国传统语法学中找到源头。

复现规则我们一直追溯到先秦，追溯到正统的儒家经典《春秋公羊传》，追溯到孔子的再传弟子公羊高；省略规则我们追溯到汉代何休，再到唐代孔颖达的《春秋左传正义》，再到清代俞樾的《古书疑义举例》：一脉相承，绵延不断。

我们对篇章衔接理论的溯源研究并不是牵强附会，而是有一连串非常咬合的证据链。这就是"前目后凡"的篇章语法复现规则及其应用条件"一事再见（现）"和"蒙上""探下"的核心语法范畴等都有中国源头，证据相当充足了。

当然，我们无意抹杀韩礼德等创立篇章衔接理论的贡献，但同样不可抹杀的事实就是中国传统语法学的影响。可以说篇章衔接理论即篇章语法的研究，在我国传统语言学研究中源远流长。

参考文献

[1] Halliday M A K, Hasan R. Cohesion in English（英语的衔接）[M]. New York：Longman，1976/北京：外语教学与研究出版社，2001.

[2] 黄国文. 中国的语篇分析研究[J]. 外语教学，2007（5）.

[3] 胡壮麟. 王力与韩礼德[J]. 北京大学学报·英语语言文学专刊，1991（1）.

[4] 韩礼德的中国梦[J]. 中国外语，2015（6）.

[5] 胡壮麟. 韩礼德[J]. 国外语言学，1983（2）.

[6] Halliday M A K. The Collected Works of M. A. K. Halliday：Volume 8（Studies in Chinese Language）（韩礼德文集8·汉语语言研究）[M]. London：Continuum，2006/北京大学出版社，2007.

[7] Halliday M A K. The Collected Works of M. A. K. Halliday：Volume 3（Systemic background，On Language and Linguistics）（韩礼德文集3·论语言和语言学）[M]. London：Continuum/北京：北京大学出版社，1985/2003/2007，P188.

[8] 杨树达. 我国古代之文法学[M]//杨树达. 积微居小学述林全编. 上海：上海古籍出版社，2007.

[9] 胡壮麟. 语篇的衔接与连贯[M]. 上海：上海外语教育出版社，1994.

[10] 阮元. 十三经注疏[M]. 北京：中华书局，1980.

[11] 麦梅翘. 古汉语中的"省文"[J]. 中国语文，1961（6）.

[12] 俞樾，等. 古书疑义举例五种[M]. 北京：中华书局，1956.

本文为提交由广东省中国语言学会2010年11月在澳门大学举办的"第三届汉语语法南粤论坛"的参会论文，收入本书时做了较大修改。

"中"与"排中"

一、儒家的执两端而用中

"中庸"一词源于《论语·雍也》。孔子说:"中庸之为德也,其至矣乎!民鲜久矣。""中庸"在孔子那里是一种最高的道德准则。朱熹认为:"所谓中庸,即上章好问用中之事也","中庸"即"用中"。那么,怎么把握"中"这个概念呢?朱熹注曰:"中者,无过无不及之名也。"《论语·先进》有这样的记载:"子贡问:'师与商也孰贤?'子曰:'师也过,商也不及。'曰:'然则师愈与?'子曰:'过犹不及。'"朱熹在注文中这样评价:"道以中庸为至。贤知之过,虽胜于愚不肖之不及,然其失中则一也。"孔子和朱熹都认为"过"和"不及"都不好,因为都偏离了中道。怎样才能达到中庸的境界呢?孔子认为是:"执其两端,用其中于民",朱熹注曰:"盖凡物皆有两端,如小大厚薄之类,于善之中又执其两端,然后用之,则其择之审而行之至矣"。在两个极端之间,走中庸(用中)之道,即"执两端而用中"。就是说,一个人立足社会,无论是做人还是做事,不要太过,也不要不及,要恰到好处,不走极端。当代新儒家冯友兰哲学体系中的重要观念仍然是"道中庸"。儒家是提倡入世的,中庸之道是为人处世之道,影响了两千多年的中国人的思维方式和行为方式。

二、道家的避两端而守中

道家可以说是逃避现实的。《庄子·山木》有一则寓言,大树因不材而终其天年,雁因为不材而被杀,面对弟子"先生将何处"的问题,庄子的回答是"处于材与不材之间"。"材"与"不材"是事物的两端,庄子既不愿意成为有材的大树而被砍,也不愿意成为不材的雁而被杀,他只能躲在"材"与"不材"之"中",这就是老子在《道经》第五章中所提倡的"守中"。这种思维方式与儒家的中庸之道是一致的,然而,这是一种处于乱世在夹缝中求生存的消极哲学。当代哲学家汤一介认为"知识分子是经常处于'自由'与'不自由'之间,要学会在夹缝中讨生活"。道家的避两端而守中,是消极的退隐。大隐既不是隐于山林,也不是隐于都市,而是隐于"材与不材之间",隐于"自由"与"不自由"之间。

三、佛教的非两端而悟中

印度古代高僧龙树创立了大乘中观流派，认为诸法缘起性空，为此在《中论》篇首提出"八不中道"："不生亦不灭，不常亦不断，不一亦不异，不来亦不出（去）"。生灭、常断、一异、来出（去）是一组对立范畴，诸法是不生（存在）不灭（消灭）的，是不常（永恒）不断（短暂）的，是不一（同一）不异（差异）的，是不来不出（去）的。华东师范大学教授唐忠毛将"八不中道"解读为："不可偏执于生或灭，不可偏执于常或断，不可偏执于一或异，不可偏执于来或去"，"中道就不执两端，非有非无，有无双谴"。现代佛学家吕澂有更精到的论述："龙树以'中'解空，……此即一方面'非有'，同时也是'非无'"。中道观就是既不能执着于有，也不能执着于无，否则就会堕入"有执"或"无执"的偏见。唯有不落于有无两边，立于中道，才能见于佛性。把对于"有""无"的执着都否定掉，通过否定两端来领悟中道。"中道观"是大乘空宗整个理论体系的核心，是一种东方式的思维方式。

四、"中"在现代汉语语法中的体现

北京大学教授杨德峰认为"不……不……"格式是中庸思想在现代汉语中的体现，如：

不偏不倚　不大不小　不长不短　不胖不瘦　不前不后　不上不下　不好不坏
不方不圆　不快不慢　不干不湿　不明不暗　不多不少　不紧不慢　不死不活

杨德峰认为："这些词语的组成方式就是否定两头，取中间状态，这正好就是中庸之道所倡导的思想。实际上，严格地说来，有些事物是不存在中间状态的，或很难有中间状态。外国人，特别是西方人，常常很难理解，像'不方不圆''不好不坏''不快不慢'，这样的中间状态是什么样的，谁能说清楚呢？恐怕谁也说不清楚。但是，说话人和听话人似乎都很清楚，似乎在心理上达成了某种默契，彼此心照不宣，其实这正是中庸心理，是中庸思想在每个人的思想中潜移默化的结果。"

我们同意杨德峰的分析，不过从语言的构成方式来说，我们认为"不……不……"结构更接近佛教空宗八不中道"不生不灭、不常不断、不一不异、不来不去"的语言格式。

汉语中还有"上中下、左中右、前中后、好中差"的表达方法，这里的"中"字，就是"不……不……"结构所要表达的意念，"不上不下"即"上中下"之"中"，"不左不右"即"左中右"之"中"，"不前不后"即"前中后"之"中"。但是，没有"长中短""胖中瘦""方中圆""快中慢"等序列，那么，要表达"中"的意念，只能通过"不……不……"格式来表达。

对于"不……不……"格式的理解，中国人之间有一种心理的默契，而西方人在学习汉语时却很难理解这种"不……不……"结构所表达的中间状态，其原因就在于西方人的逻辑思维方式。

五、亚里士多德的排中律

古希腊时期，亚里士多德对排中律做过全面系统研究，他关于排中律的思想集中在《形而上学》等著作之中。亚里士多德认为："在相反叙述之间也不能有间体，于一个主题我们必须肯定或否定一个云谓。""相似地，一主题倘已明确为对成之一端则对成之间的间体也不能属之于此主题，主题若是白的，我们就不该说这是既不黑也不白，正因如此，跟着也可以说这个是白又是不白了；那个复合叙述的两项〈'不黑与不白'〉中其第二项实际与白相矛盾。"所谓"间体"就是"居中项"，中山大学学者梁彪有这样的解读："亚里士多德强调矛盾判断之间不容许有居中项，因而必须在二者中择一。"排中律就是"A 或者非 A"，用现代逻辑符号来表示，即 $A \vee -A$。排中律和与之紧密相关的矛盾律、同一律等已经成为西方逻辑学的常识和西方人的思维方式。

六、"用中"与"排中"的碰撞

按照排中律，儒家对于"过"和"不及"必须做出选择，或者是"过"，或者是"不及"。"过犹不及""无过无不及"是违反排中律的要求，犯了"两不可"的逻辑错误。同样按照排中律，佛教中道观的"不生不灭、不常不断、不一不异、不来不去"的说法是不合逻辑的，"不生"是"灭"，"不灭"就是"生"，一个事物不可能同时存在或不存在。同理，一个事物不能既是永恒的，又是短暂的；不能既是同一的，又有差异；不能既来了又去了。这样同样陷入"两不可"的境地。亚里斯多德的排中律要排除"不黑不白"的灰色地带，现代汉语却有"不大不小、不长不短、不胖不瘦、不前不后、不上不下、不好不坏、不方不圆、不快不慢、不干不湿、不明不暗、不多不少、不紧不慢、不死不活"这样的表达方式，像"大""小"、"长""短"、"胖""瘦"等这样矛盾和相反的概念之间怎么能存在居中项呢？台湾地区领导人马英九提出的"不独不统"，很有东方智慧，可是欧美人不懂，"不独"就是"统"，"不统"就是"独"，何来"不独不统"？"材"与"不材"之间有生存空间吗？排中律根本不允许存在，难怪庄子要逍遥游。

这样，东西方文化在"用中"还是"排中"问题上产生了碰撞。中国文化核心价值"中"，却被西方形式逻辑轻易地排除掉了。在西风东渐的今日，我们好像习惯地认为"排中律"具有普世价值，但是笔者认为，它不适用于中国语言、中国文化和中国人的思维方式。

现代著名学者林语堂认为："中庸之道在中国人心中居极重要之地位，盖他们自名其国号曰'中国'"。中国文化的核心价值就是"中"。如果一个外国人能够理解"中庸"之"中"、"守中"之中、"中观"之中、"中国"之"中",就可以更好地了解中国文化,就可以更好地学习汉语了。

原载于安然、崔淑慧:《文化的对话:汉语文化与跨文化传播》,北京大学出版社2010年版

跋

《朱其智学术论文自选集》一书能够顺利出版,首先要感谢中山大学发展规划办"使用2018年学科建设经费出版高水平学术专著"计划的鼎力资助;其次要感谢周小兵教授反复斟酌、仔细推敲,为本书写作序言;再次要感谢中山大学出版社李海东老师一丝不苟地进行编审;最后要感谢博士生赖丽琴等同学认真负责地校稿。

当然文责自负,拙书有什么问题由作者承担,还望大家批评指正。

是为跋。

朱其智
2019年12月30日